$\mathcal{P}$ERLAS PARA
CUERDOS

$\mathcal{D}$ANIEL $\mathcal{V}$ARGAS $\mathcal{M}$ENA

Ibukku es una editorial de autopublicación. El contenido de esta obra es responsabilidad del autor y no refleja necesariamente las opiniones de la casa editora.

PERLAS PARA CUERDOS
Publicado por Ibukku
www.ibukku.com
Diseño y maquetación: Índigo Estudio Gráfico
Copyright © 2018 Daniel Vargas Mena
ISBN Paperback: 978-1-64086-247-0
ISBN eBook: 978-1-64086-248-7
Library of Congress Control Number: 2018960322

Para

_____

De

_____

DEDICATORIA

A mi Dios quien es no solo mi Señor, sino mi Padre, amigo fiel, quien nunca me deja, que me ama y me lo muestra cada día cuando me corrige. Él es quien levanta mi cabeza y en mis alturas me hace andar. Tu eres mi confianza, mi esperanza y sé que lo mejor está por venir.

A mi esposa Maira, nunca la puedo dejar fuera en ninguno de mis escritos, porque aunque ella no se entera ni siquiera cuando escribo, y eso es porque está siempre muy ocupada cuidándome a mí y a los hijos espirituales que Dios nos ha confiado.

A mis hermanas carnales Flor, Tauny y Ana, compañeras en el santo ministerio y quienes siempre se han ocupado de mí, aunque soy mayor que ellas, me tratan como si fuera uno más de sus hijos. Ustedes son mujeres de Dios, sin complicaciones, llenas de fe y de amor por toda la familia, confió en Dios que siempre será así.

A mis compañeros de promoción de médicos de la Universidad Autónoma de Santo Domingo, quienes en el 2017 cumplimos 40 años de graduados y con quienes nos reconectamos después de tantos años de no vernos y quienes han sido una fuente de inspiración para mí por su sabiduría y los logros alcanzados por cada uno de ellos a los cuales admiro y respeto.

PERLAS PARA CUERDOS

PRÓLOGO

Desde que comencé a incursionar de una manera más activa en las redes de comunicación social a finales del año 2008, lo primero que pensé fue, ¿cómo puedo compartir de lo mucho que Dios me ha dado?

Si Dios me ha permitido entrar en estos medios, pensé, no es simplemente para que yo esté hablando cosas sin sentido, ni exhibiendo mi privacidad en un público que no me conoce ni le interesa enterarse de mis problemas.

Fue entonces que pensé en dar por gracia lo que por gracia he recibido. En ese entonces, no recuerdo a nadie-conocido por mí- que estuviera compartiendo el mensaje de las buenas nuevas por las redes, y comencé a cada día después de orar a escribir algo que el Señor trajera a mi mente o que estuviera preparando como un mensaje para la congregación que pastoreo.

Los peligros eran muchos, porque, los depredadores estaban al acecho y publicaban cosas e imágenes que reñían con mis creencias. Fueron muchas las veces que tuve que resistir la tentación de salir de las mismas y dejar de publicar, porque parecía que el mensaje no llegaba, porque no veía el cambio en mis contactos.

Un día por una razón que no recuerdo dejé de publicar e inmediatamente un sin número de amigos me escribieron, públicamente y en privado para decirme que se levantaban y lo primero que leían era mis publicaciones. Luego comencé a ver cómo otros amigos y compañeros del ministerio comenzaron a publicar y las redes están llenas hoy del mensaje de las buenas nuevas.

Este libro de reflexiones es producto de algunas de esas publicaciones. Están hechas con ciertas fechas de celebraciones en mente y los textos Bíblicos a menos que digan lo contrario son de las Reina Valera del 1960 y 1977.

PERLAS PARA CUERDOS

INTRODUCCIÓN

Mateo 13:45-46. *También el reino de los cielos es semejante a un mercader que busca buenas perlas, / que habiendo hallado una perla preciosa, fue y vendió todo lo que tenía, y la compró.*

Estos textos nos hablan de la importancia de recibir la palabra de Dios y el Reino de los cielos como perla preciosa. Todo lo demás que poseamos es opacado por el valor de esta perla.

Para los que no lo saben, las perlas son gemas valiosas que se desarrollan en el interior de la concha de ciertos moluscos (Ostiones y mejillones) producto de una irritación ocasionada por algún agente externo, la cual es cubierta por diversas capas formadas de secreciones de células epiteliales. Esta secreción es semejante en su composición a la madre perla o Nacar que es la capa interior de la concha.

Lo que nos enseña, que no importa por la irritación que estés pasando en este día, desde lo más profundo de aquel que le dio origen a tu existencia, va a salir algo que va a cubrir tu herida y te hará semejante a aquel que te formó. Y sobre todo vas a ser de gran valor y las personas venderán lo que tienen para tenerte a ti cuando vean que tienes la misma naturaleza de aquel que te formó.

Pero el origen del título de esta serie de reflexiones está basado en el evangelio según San Mateo capítulo 7 verso 6. *No deis lo santo a los perros, ni echéis vuestras perlas delante de los cerdos, no sea que las pisoteen, y se vuelvan y os despedacen.*

Si la perla es la palabra de Dios y es valiosa en tal grado que cuesta todo lo que tenemos, entonces a los que la menosprecian y pisotean son tenidos como cerdos de acuerdo a este último texto.

Pero, estas reflexiones no están escritas para cerdos, sino, para cuerdos. Y es que uno de los valores que hemos perdido en los últimos tiempos es la cordura, que es definida como la capacidad de reflexionar antes de tomar una decisión. Quien tal haga podemos decir que está en sus plenas facultades mentales, que es prudente.

Al comenzar estas reflexiones diarias espero que sea para ustedes el inicio de una nueva temporada. Que lo que veas de hoy en adelante sea una versión mejorada y ampliada de lo que hasta ahora has visto en tu vida.

Lo mejor de tu vida no está en el espejo retrovisor de tu existencia, no está en tu historia, sino que está en tu futuro, está en tus sueños. No dejes de soñar.

Dios te bendiga.

Enero

PERLAS PARA CUERDOS. Enero 1

Conforme a la fe murieron todos éstos sin haber recibido lo prometido, sino mirándolo de lejos, y creyéndolo, y saludándolo, y confesando que eran extranjeros y peregrinos sobre la tierra. **Hebreos 11:13.**

El capítulo 11 del libro a los Hebreos es considerado "el salón de la fama" de los hombres y mujeres de fe. Si lo leemos completo nos daremos cuenta que los personajes allí mencionados, no eran perfectos, pero, sí creyeron lo que Dios le prometió, aunque algunos no lo recibieron durante su vida, tuvieron la esperanza de que sus descendientes lo harían.

Podemos decir que en el año pasado:
Perdimos muchas oportunidades que recibimos.
Hemos desperdiciado muchas ventajas que nos fueron dadas.
Hemos maltratado a personas que nos han amado.
Hemos mal usado o desusado grandes recursos puestos en nuestras manos.
Hemos menospreciado valiosas contribuciones por seguir vanidades ilusorias.

Al evaluar nuestras conductas y lo que pudimos haber hecho y no hicimos, nos damos cuenta que no hay nada que solucione nuestros pasados yerros, lo único que podemos hacer es confiar en que vendrán tiempos mejores.

Otra cosa que podemos hacer en vista de lo por venir, y es enmendar donde sea posible, no volverlo a repetir, nunca dejar de soñar, y jamás perder la capacidad de esperar.

Y por último que ni nuestras malas actitudes ni la nefanda conducta de los malvados nos deshumanicen como para no ver lo mejor en la gente y esperar lo mejor del cielo.

PERLAS PARA CUERDOS. Enero 2

Por tanto, nosotros también, teniendo en derredor nuestro tan gran nube de testigos, despojémonos de todo peso y del pecado que nos asedia, y corramos con paciencia la carrera que tenemos por delante, **Hebreos 12:1**

Amados al comenzar toda nueva jornada con sus doce diferentes estaciones quisiera desearle a cada uno de ustedes los que corren junto conmigo esta carrera llamada vida, desde lo más profundo de mi corazón un feliz y productivo trayecto.

Recuerden que en ese recorrido habrán muchos que te saludarán, te ayudarán y estimularán a seguir tu carrera, pero, habrán algunos esporádicos y dispersos anónimos, que te provocarán a sacar tus credenciales y mostrar señales que sean motivos de su aprobación y lo peor que podemos hacer es seguir su juego o recordarles a esos insignificantes pordioseros de atención de dónde proceden ellos y si lo hacemos habrán conseguido su objetivo; enlentecer nuestros pasos para que vayamos a su velocidad.

Con nuestra actitud mostremos de qué material estamos hechos.

Disfrutemos lo que Dios ha preparado para nosotros con gente que nos ama de verdad, y si nos dan la oportunidad estaremos en la primera fila de los que celebran sus victorias sin gozarnos de los fracasos de los que se burlaban.

¡Feliz nuevos comienzos!

PERLAS PARA CUERDOS. Enero 3

Y todo lo que hagáis, hacedlo de corazón, como para el Señor y no para los hombres; **Colosenses 3:23.**

Una persona apasionada es creativa, pro-activa, pone excelencia en lo que hace.

Si hacemos las cosas para Dios debemos ponerle ese extra, en otras palabras, lo haremos lo mejor que podamos.

Por cada hombre excelente, hay centenares de mediocres, por cada ser exitoso hay millares de fracasados y por cada ser apasionado hay millones de acostumbrados.

No hay peor cosa para Triunfar en cualquier área que la rutina.

No podrás ver cosas nuevas haciendo las mismas cosas y de la misma forma.

Me declaro un ferviente admirador de quienes hacen las cosas muy bien porque su nombre está en juego y si hacen algo para la iglesia o los hijos de Dios le ponen un toque de distinción porque saben que tendrá alta valoración y recompensa de lo alto.

Filipenses 1:21. *Porque para mí el vivir es Cristo, y el morir es ganancia.*

Las personas son muy interesantes: alargan las experiencias dolorosas de la vida cada vez que la traen a la memoria y la reviven cuando la vuelven a contar.

Aun la muerte puede ser y está supuesta a ser una experiencia satisfactoria para el creyente y no de derrota.

Mi amada esposa siempre dice que "los creyentes valemos mas muertos que vivos" Sal de la habitación de la amargura de espíritu y disfruta de la vida que tienes por delante de la mano de tu hacedor.

La depresión y el stress lo único que hacen es iniciar o alimentar enfermedades ocultas. Suelta ese peso que limita tu transitar y regocíjate en las pequeñas cosas de la vida.

No podrás salir de la situación en que te encuentras mientras tengas contentamiento en ella. Siéntete incomodo, enójate y propón en tu corazón que no pasarás un día más con eso que no te pertenece. Sea enfermedad, escasez, esclavitud, pecado, vicios, tristeza, rencor, resentimientos, soledad, queja, chisme etc.

Sirve a Jesús y Di conmigo: "No me pertenece" y sal de eso.

¡Verás la Gloria de Dios!

PERLAS PARA CUERDOS. Enero 5

Mateo 2:1-2. *Cuando Jesús nació en Belén de Judea en días del rey Herodes, vinieron del oriente a Jerusalén unos magos,[2] diciendo: ¿Dónde está el rey de los judíos, que ha nacido? Porque su estrella hemos visto en el oriente, y venimos a adorarle.*

En muchas partes se celebra un día como hoy, el día de los Reyes magos. Una costumbre que aunque sacada de la historia Bíblica, no recuerda en realidad el acontecimiento de hace dos mil años atrás. Se han tergiversado, añadido o alterado los datos, los hechos, los nombres, el número, el significado etc.

Pero si algo debemos recordar de esa fecha es que unos estudiosos de los astros recorrieron una distancia muy larga para llegar hasta palestina a ver al rey que había nacido.

Es interesante porque los niños de la realeza no nacían siendo reyes, sino príncipes, pero este nació siendo Rey, por su previa existencia en la eternidad, lo que hubo fue un traslado de su residencia. Por eso fue que *"Herodes se turbó y toda Jerusalén con él"*

La historia no nos dice sus nombres, ni su cantidad, aunque la tradición supone que eran tres por los regalos que trajeron. Pero, una cosa entiendo que verdaderamente eran hombres sabios, porque pudieron escuchar la voz de Dios que les advirtió sobre Herodes.

Ojalá los verdaderos adoradores modernos reconozcan los infiltrados que lo que hacen es aprovecharse de la devoción del pueblo y oigan la voz de Dios en revelación que les dice váyanse por otro camino.

Ojalá en estos días se levanten hombres y mujeres sabios que tengan visión, revelación, que sean obedientes a Dios y en vez de buscar beneficios en sus talentos, traigan ofrendas al que merece nuestra adoración y dejar solos a los infiltrados, que los gusanos se harán cargo de ellos.

PERLAS PARA CUERDOS. Enero 6

"Porque yo sé a quién he creído, y estoy seguro que es poderoso para guardar mi depósito para aquel día. **2 Timoteo 1:12**

En la economía del Reino, Jesús nos manda a hacer tesoros en el cielo; *sino haceos tesoros en el cielo, donde ni la polilla ni el orín corrompen, y donde ladrones no minan ni hurtan. / Porque donde esté vuestro tesoro, allí estará también vuestro corazón.* **Mateo 6:20-21**.

El apóstol Pablo nos habla de un depósito; La palabra que en el original se usa para depósito es -*parathēkē*- que es algo que se pone adelante. Es un *trust fund* o Fideicomiso o fondo fiduciario, que es una variedad de activos asignados por un otorgante y destinados a proporcionar beneficios a un individuo u organización lo cual le proporciona seguridad financiera a esa persona que regularmente es un hijo, nieto o entidad sin fines de lucro. Ahora bien, un hijo no accede a su depósito hasta que no alcanza la madurez.

Tenía una pequeña cuenta de ahorros en mi país para poder usar la moneda nacional cuando fuera de visita. Un día noté que no tenía acceso a los fondos en ella, fui al banco y me dijeron que había estado inactiva por falta de movimientos en los últimos 6 meses, la activé y pude acceder a mi depósito.

Pensé que así mismo ocurre con las bendiciones depositadas en el creyente, están allí, pero están inactivas por falta de acceso. Declaro sobre tu vida que hoy se activan tus depósitos y que la bendición de Jehová trae riqueza sin tristeza sobre tu vida.

Eclesiastés 3:1. *Todo tiene su tiempo, y todo lo que se quiere debajo del cielo tiene su hora.*

Los cambios de la vida la hacen interesante, son como las estaciones de las temporadas del año, todas son diferentes, y cada una tiene su razón de ser.

Pero, por más que prefiramos una estación sobre la otra, si las características de una se presentan en la otra, no nos gusta, no es placentero. No es buena la nieve en época de verano.

Debemos seguir adelante, cuando hemos agotado una temporada.

No vivamos estancados en relaciones que no clausuraron, no procuremos volver a entrar por puertas que ya se cerraron o que a través de la cuales salimos.

Nos olvidamos que vivíamos en soledad en medio de la multitud, silencios prolongados cuando había que hablar, cosas que no se dijeron en su momento. Necesidad de aclaraciones, de lo que pudo haber sido y no fue, posibilidad de recrear un momento que se fue y no volverá.

Disfruta tu actual temporada y no trates de volver a la que ya se fue.

Dios les bendiga.

Mateo 11:28. *Venid a mí todos los que estáis trabajados y cargados, y yo os haré descansar.*

El éxito en lo que emprendemos, si tiene que ver con gente, depende de la impresión o buena valoración que obtengamos, y ellas no pueden estar basadas en apariencias sino en la Verdad.

Las apariencias son como los andamios que usa el constructor para poder trabajar en las partes altas de un edificio, mientras estés edificando las vas a necesitar, pero luego que has terminado hay que removerlas, afean la estructura.

Las apariencias son como los cosméticos y las cosas artificiales que usamos las gentes; cuando vas a descansar te los quitas, no tiene sentido usarlos mientras duermes, porque no tienes público y ellos (los cosméticos) solo sirven para ser vistos por otros, para que las personas se hagan una buena opinión de nosotros.

El salmista dice: *En lugares de delicados pastos me hará descansar; Junto a aguas de **reposo** me pastoreará.* **Salmos 23:2.**

Lo bueno de cuando tienes un buen reposo, es que amaneces al natural.

Proverbios 27:10. *"Es mejor el vecino cerca que el hermano lejos"*

Cuando somos jóvenes nos atraen las cosas que traen riesgo, buscamos amor permanente, vamos contra la corriente, hacemos muchos amigos y sufrimos cosas que al momento no sentimos, pero que saldrán luego.

Cuando nos ponemos viejos, nos aislamos, nos quedamos solos, los golpes y las traiciones van endureciendo el corazón y nos ocultamos de los demás. Ya no vamos a los lugares que antes íbamos, ya no se contesta las llamadas y nos hacemos críticos y cínicos de primera línea.

He propuesto, según envejezco, conservar las buenas cosas de la juventud y vivirlas con la prudencia de la madurez.

Retener mis viejos amigos y hacer muchos nuevos, porque, *"Es mejor el vecino cerca que el hermano lejos"*

Durante los años de mi estancia en Venezuela, aprendí un refrán popular que dice: Que cuando hay santos nuevos, los viejos no hacen milagros"

El Sabio Salomón dijo: *El hombre que tiene amigos ha de-mostrarse amigo; Y amigo hay más unido que un hermano.*

No permitas que por una situación temporal, se estropee una relación de años, conserva tus Buenos amigos. Llámalos y simplemente dile "Te llamé para decirte que estaba pensando en ti, y lo importante que eres para mí.

Dios te bendiga.

PERLAS PARA CUERDOS. Enero 10

Génesis 15:5-6. *Y lo llevó fuera, y le dijo: Mira ahora los cielos, y cuenta las estrellas, si las puedes contar. Y le dijo: Así será tu descendencia. Y creyó a Jehová, y le fue contado por justicia*

Quizás hoy estés pensando que las promesas de Dios se tardan, pero nada de lo que Dios ha dicho pasará desapercibido. Será notorio a todos.

En algún lugar de la geografía terrenal hay alguien mortal pero con destino imperecedero que como Abraham sale fuera y cuenta las estrellas y sabe que las bendiciones espirituales no tienen número y que los nubarrones de los malos augurios no le opacarán.

Las bendiciones terrenales son como la arena del mar, que cuando más picado está se acrecenta su número. Los que esperan a Jehová son cómo David que aunque encerrado en la cueva de Adulam y rodeado de amargados, la miel de su alabanza contagia y les imparte su carácter.

Hay alguien en algún lugar en quien el propósito de Dios está presto a cumplirse.

Josué 1:5. *Nadie te podrá hacer frente en todos los días de tu vida; como estuve con Moisés, estaré contigo; no te dejaré, ni te desampararé.*

Cuando un nuevo líder asume una posición debe respetar el liderazgo y la unción de sus predecesores. Porque cada vez que usa la lengua o usa las letras para descalificarlos, está sembrando una semilla, que tendrá una cosecha abundante.

Los nuevos líderes deben aprender de Josué, quien entendió que para ser aceptado en el pueblo, no tuvo que desacreditar a Moisés.

La gracia viene de Dios quien te dice, como estuve con tu antecesor, así estaré contigo. Deben entender que un nuevo líder significa una nueva clase de liderazgo.

Josué es el líder, Moisés había fallecido. Su liderato no estaba basado en su persona. Moisés significa salvado de las aguas. Josué; Jehová es salvación.

El liderazgo de Moisés es del desierto, el de Josué es de la tierra prometida. Si tu visión reta al sistema tradicional de ministerio de un solo hombre de seguro que enfrentará oposiciones.

No te busques enemigos gratuitos al murmurar al descalificar a quien como tú peleó las batallas de su Señor.

PERLAS PARA CUERDOS. Enero 12

2 Reyes 23:25. *No hubo otro rey antes de él, que se convirtiese a Jehová de todo su corazón, de toda su alma y de todas sus fuerzas, conforme a toda la ley de Moisés; ni después de él nació otro igual.*

Josías fue un reformador que comenzó a reinar cuando era un niño de 8 años. Muchas cosas tuvo que deshacer este jóven monarca, comenzando por lo que su padre había hecho.

Seguro que estaban presente en su memoria el ajusticiamiento que había sido objeto su padre, pero, El decidió afianzarse en Dios y sus promesas para cumplir su destino profético.

Gózate, disfruta lo que la vida trae y lo que las circunstancias quitan.

No le des gusto a aquellos que te quieren ver siendo un apóstrofe o reducir tu existencia a ser un acento de una vocal débil.

Los seres insatisfechos consigo mismos son los que se sacian con las desgracias ajenas, no tienen luz propia y buscan a alguien que esté pasando por momentos obscuros para consolarse de sus perennes tinieblas.

Tu eres una oración contestada de alguien, la respuesta del cielo y el complemento de un ser destinado a triunfar y que sin ti no lo podrá lograr.

Job 3:1-3. *Después de esto abrió Job su boca, y maldijo su día. 2 Y exclamó Job, y dijo: 3 Perezca el día en que yo nací, Y la noche en que se dijo: Varón es concebido.*

Muchas veces en medio del dolor de la prueba, nuestra boca profiere palabras llenas de veneno que en vez de ayudar empeoran la situación en la que estamos envueltos.

Pero, al igual que este justo patriarca, una época de tu vida no dictará el resto de tu existencia. ¡Tu final no será como tu principio!

Si al dejar este mundo la gente vuela desde todos los lugares para estar contigo y todos saben qué hacer y nadie tiene que preocuparse por dónde vas a pasar el resto de tus días; es porque has cumplido tu asignación. El mundo es mejor que cuando llegaste.

Pero, si por el contrario, todos corren a poner excusas para no estar contigo, nadie sabe qué hacer ni a dónde acudir, solo los acreedores se presentan, solo dolor de cabezas dejaste y la gente llora no porque te fuiste, sino porque un día llegaste; es porque no fuiste una buena influencia para aquellos que afectaste con tu paso por este mundo.

Piensa, hoy que estas bien, a cuál de los 2 grupos perteneces. Y si crees que al segundo, comienza a hacer cambios, no es muy tarde.

Ellos, cuando oyeron que vivía, y que había sido visto por ella, no lo creyeron Pero después apareció en otra forma a dos de ellos que iban de camino, yendo al campo. Ellos fueron y lo hicieron saber a los otros; y ni aun a ellos creyeron Finalmente se apareció a los once mismos, estando ellos sentados a la mesa, y les reprochó su incredulidad y dureza de corazón, porque no habían creído a los que le habían visto resucitado."
Marcos 16:11-14.

La vida Cristiana es más que una actividad; es un proceso que comienza creyendo, recibiendo lo que otros nos dicen, pero que al final tendremos que verificar por nosotros mismos.

Los discípulos estaban entristecidos por la muerte reciente de su Señor y Salvador, pero, en su luto ellos no se acordaban de lo que les había dicho que nadie le quitaba la vida, sino que El la ponía y que la volvía a tomar, que era la resurrección y la vida

En ese proceso de discipulado, se aprende y se enseña y llegamos satisfactoriamente al final estableciendo metas.

Quien no tiene metas claras en esta carrera, tiene dos resultados que son frustrantes o llega a cualquier sitio o no llegará a ningún lado.

Si en el proceso de enseñanza discipular no sabemos a dónde nos dirigimos y la importancia estratégica de ponernos metas, aunque estemos estacionados, nos sentiremos perdidos.

Menciona en tu mente, la meta, antes de llegar a la próxima estación. Si no tienes metas, tienes que ser discipulado.

2 Corintios 5:15. *Y por todos murió, para que los que viven, ya no vivan para sí, sino para aquel que murió y resucitó por ellos.*

Algunas personas confunden el cristianismo con religión. La verdad es que religión es lo que el hombre trata infructuosamente de hacer para agradar a un dios airado. Cristianismo es relación y más que relación es comunión con Dios.

Si lo que hoy vemos en nosotros no trae honra a Dios, es porque debemos volver al diseño original {Cristo} y ver que no estamos viviendo para El.

Cristo es el prototipo, el diseño original que los hombres deben imitar, si no lo estamos haciendo, seremos parte del estereotipo.

Podemos ser parte del designio del Padre por medio de un reposicionamiento {Cambio de mente que es lo que conocemos como arrepentimiento}

Cuando estemos alineados {Con la misma mentalidad y/o sentir} y la imagen que vemos en el espejo{La palabra} sea el original {Génesis}, entonces seremos como El es.

Efesios 4:13. *Hasta que todos lleguemos* a la unidad de la fe y del conocimiento del Hijo de Dios, a un varón perfecto, a la medida de la estatura de la plenitud de Cristo.

PERLAS PARA CUERDOS. Enero 16

Génesis 2:18.*Y dijo Jehová Dios: No es bueno que el hombre esté solo; le haré ayuda idónea para él.*

Dentro de la sabiduría de Dios entendemos que El no hizo al ser humano para que estuviera solo, sino para que compartiera sus dones y particularidad con su semejante.

Si la voluntad de Dios hubiera sido la soledad, entonces no necesitaríamos de cónyuges en quienes reproducirnos.

Claro está que debemos aclarar que no es lo mismo estar solo que sentirse solo.

Una persona puede estar rodeada de gente y aún sentirse solo(a)

La posición de poder es la más solitaria "en la bolita el mundo"

Gracias a Dios por la sencillez y la simplicidad de la vida en la verdad, sin complicaciones.

*Dios hizo al hombre recto, pero **él** se buscó muchas perversidades.* **Eclesiastés 7:29**.

Si tienes compañía y vives como si no la tuvieras, es tiempo de reavivar ese amor, ese fuego, esa pasión y puedes comenzar con pequeños detalles.

Lo bueno que tiene es amor es que es un recurso espiritual renovable.

PERLAS PARA CUERDOS. Enero 17

Isaías 59:19. *Y temerán desde el occidente el nombre de Jehová, y desde el nacimiento del sol su gloria; porque vendrá el enemigo como río, más el Espíritu de Jehová levantará bandera contra El.*

Dios no es el autor de nuestras desgracias, es el enemigo. Pensar lo contrario es atribuirle despropósito.

Eso sí, no hay cosa que suceda en nuestras vidas que Dios no esté enterado. El permite las dificultades para probar nuestro carácter y afirmar el fundamento.

Todo lo que edifiquemos en esta vida; sea relaciones, posiciones o posesiones será sometido a la prueba de los fundamentos.

El buen fundamento es cuando edificas sobre la Roca y está basado en que oyes la palabra de Dios; y la haces.

El mal fundamento es lo que es edificado sobre cualquier otra cosa. La prueba, que es identificada como lluvias, ríos, vientos; darán fuerte sobre aquello que has edificado. El buen fundamento resistirá la prueba, el mal fundamento traerá grande ruina.

La pregunta que debemos hacernos en cualquier cosa que hagamos o tengamos es; ¿Cuál es el fundamento? ¿Resistirá la prueba? ¿Traerá gloria a Dios?

Ahora bien, entendiendo que el mal no proviene de Dios, si este toca tu puerta, busca la ayuda de Dios, porque cuando el enemigo venga como río, el Espíritu levantará bandera contra él. Se levantaba bandera solo cuando ya el enemigo estaba derrotado.

PERLAS PARA CUERDOS. Enero 18

Proverbios 28:13. *El que encubre sus pecados no prosperará; Mas el que los confiesa y se aparta alcanzará misericordia.*

Todos los seres humanos luchamos con algún área de vulnerabilidad y como un mecanismo de defensa tendemos a cubrirla; unos por vergüenza o temor y otros para no ser imitados.

En mi caso, no practicaré el síndrome de la "ventana rota" otros no imitarán el mal que descubrí, sino que seré libre de toda impureza, porque confesaré mi pecado a Dios y me apartaré de eso.

En los que son guiados por el Espíritu; manifiestas son las obras de la carne"

Yo estoy listo para sacar la basura de mi vida, para que el camión de la Sanidad se la lleve.

La gloria no es de quien saca la basura sino de quien se la lleva.

Creo que de las pocas cosas que el "hombre" no compite ni comparte es la basura. Solo los que no quieren mejorar la guardan. El pecado es basura!

No guardes basura en tu vida, ni la pongas en el patio, ni en algún cuarto secreto. Los disposofobicos, ni cuenta se dan de la basura acumulada. Recuerda que el camión solo se lleva la que nosotros sacamos.

PERLAS PARA CUERDOS. Enero 19

Lucas 18:1. *También les refería Jesús una parábola sobre la necesidad de orar siempre, y no desmayar,*

Orar es hablar con Dios. Es comunicarse con nuestro creador en intimidad y esperar su respuesta. Dios nos habla a nuestros espíritus y por su palabra.

Orar es señal de dependencia en Dios. El cristiano que no ora es altivo, malicioso, auto-suficiente, falto de relación.

Hay quienes piensan que la oración es un castigo porque de pequeños le obligaron a orar, por tanto, no oran. Pero, orar, es un acto de amor. Si alguien dice que te ama y no le hablas; le crees? Otros piensan que si es Dios, El lo sabe todo y no necesita nuestra perorata, pero, El mismo es quien nos dice que debemos orar en todo tiempo.

No conozco a alguien que haya tenido mayor revelación de la gracia y mayor testimonio de su relación con Dios que Pablo y es el mismo Pablo quien recomienda a orar sin cesar, a orar en todo tiempo.

Cuando oramos podemos decir que dependemos de Dios y de su gracia para todo. Oramos aunque tengamos lo que pedimos, porque al hacerlo reconocemos de donde viene nuestra provisión. Debemos orar antes de tomar cualquier decisión, y después de tomarla. Orar es una necesidad.

Por último orar no es repetir expresiones escritas por otros, Jesús dijo que cuando oremos, no usemos repeticiones vanas como los gentiles que creen que por su palabrería serán oídos. Mateo 6:7.

Se ora al Padre, no al hijo, ni al Espíritu Santo, ni a ningún ser creado. Y se pide en el nombre de Jesús, **Juan 14:13; 15:16; 16:23**, o sea, quién nos garantiza ser escuchados es el que está a la diestra del Padre, por lo que hizo Jesús en la cruz, El es el único mediador entre Dios y los hombres. **1 Timoteo 2:5**. Todos los demás son impostores. No lo digo yo, o una religión, lo dice su palabra.

¿Estás orando?

PERLAS PARA CUERDOS. Enero 20

Pero si vosotros no perdonáis, tampoco vuestro Padre que está en los cielos, perdonará vuestras ofensas. **Marcos 11:26**

Una de las razones por las que no nos gusta perdonar, es porque pensamos que al hacerlo estamos justificando la conducta de los que nos han herido. Lo más importante no es que el otro cambie; quizás no lo haga, pero, quien perdona cambia y le quita el control al ofensor.

Cuando no perdonamos le vemos hasta en la sopa, y ocupa nuestro espacio, nuestro tiempo y parte de nuestra energía.

Alguien dijo que cuando somos ofendidos (Real o imaginariamente) se abre una herida, cuando estamos heridos, hay dolor, esto trae una deuda, que debe ser pagada o cancelada.

Cuando ocurre esto, el ofensor se mete en una prisión, y si nos vengamos o resentimos, nos encerramos con esa persona, pero, si perdonamos, salimos de ella.

Esperar que sea el otro que cambie para cambiar una situación, es producto de mentes limitadas que todavía dependen de lo que haga el otro; Si cambiamos nuestra manera de pensar, cambiarán nuestros sentimientos y luego nuestras acciones y por tanto, todo nuestro mundo cambiará, aunque los demás se mantengan inmutables.

No permitas que sea otro quien determine, si hay fiesta en tu vida o no, y mucho menos la música que tu disfrutas, lamentablemente hay muchos que se van a la tumba sin gozar lo que le gusta porque siempre había otro que dictaba lo que debía hacer. Decide hoy amar, escoge perdonar.

Génesis 33:4. *Pero Esaú corrió a su encuentro y le abrazó, y se echó sobre su cuello, y le besó; y lloraron.*

Esta es la historia de dos hermanos que habían estado separados por muchos años y una relación conflictiva que los enemistó con amenazas de muerte. Pero este texto nos revela su re-encuentro y muestras de aprecio, es una historia de intervención Divina y perdón sellada por abrazos y besos.

Cada 21 de Enero se celebra el día internacional del Abrazo, y no necesitas dar más que eso para festejarlo.

Con una sonrisa de tus labios, con el calor de un simple abrazo o con tu sola presencia; renuevas todas mis fuerzas y transformas toda mi existencia.

Señor enséñame a amar sin esperar ser amado a cambio.

Sumérgeme en tu justicia para aprender a dar a todos no por lo que han hecho sino en base al perdón que yo he recibido.

Ayúdame a regresar a cambio del mal que me puedan hacer, el bien que no se merecen.

Permite que mis palabras sean empoderadas con tu aliento para crear puentes de amistad y derribar murallas de incomprensión.

En otras palabras, hazme de nuevo, quiero ser como tú y por mi mismo no puedo. Te lo pido por los méritos de Cristo Amén.

PERLAS PARA CUERDOS. Enero 22

Pero gran fuente de ganancia es la piedad acompañada de contentamiento; porque nada hemos traído a este mundo, y sin duda nada podremos sacar. Así que, teniendo sustento y abrigo, estemos contentos con esto. **1 Timoteo 6:6-8**.

Cada tercer Lunes de Enero desde el 2005, se celebra en EUA el *"Blue Monday"* o Lunes triste. -Ya quedan pocos días del año sin nombre- Y la naturaleza se confabula porque en nuestra zona se torna oscuro y frío.

Aunque esto no tiene asidero científico, los sociólogos y estudiosos del comportamiento de las masas, le atribuyen a este, el ser el día mas depresivo del año, y la razón entre otras cosas es; porque mucha gente ha abandonado la euforia de los días festivos navideños y ha vuelto a la realidad; porque tiene que pagar los impuestos; porque ya las resoluciones de año nuevo se han ido al traste, por las deudas que incurrimos en gastos innecesarios etc.

Señores, no vivamos por vanidades ilusorias, *"Las misericordias de Dios son nuevas cada mañana"* como dice mi esposa, "lo mejor que Dios ha hecho es un día detrás de otro" todo en esta vida es cíclico, no nos aferremos a nada todo es transitorio, no perdamos el tiempo quejándonos, ni las oportunidades de mejorar, ni desperdiciemos las palabras en críticas.

Vivamos con sabiduría porque lo mejor está por venir.

PERLAS PARA CUERDOS. Enero 23

Examinaos a vosotros mismos para ver si estáis en la fe; probaos a vosotros mismos. ¿O no os conocéis bien a vosotros mismos, que Jesucristo está en vosotros? A menos que estéis reprobados. **2 Corintios 13:5.**

Tenemos que constantemente someternos a un exámen de fidelidad, no sólo de lo que creemos, sino, de cómo actuamos. Hoy día, pareciera que mientras más conocimientos teológicos tenemos menor nivel de obediencia.

Hay que mirarse en el espejo de la verdad, y si lo que ves no está de acuerdo al diseño original, no limpies el espejo, que el problema está en ti. Recuerda la reflexión solo te dice lo qué hay, pero tú debes corregir lo que está mal.

Muchos de los que enseñan a las multitudes, no cualifican ni como creyentes, porque dicen y no hacen, son hipócritas, porque como dice Jesús ponen cargas sobre los demás que ellos mismos ni con un dedo quieren llevar.

Leyendo el libro de Santiago, me doy cuenta, cuán necesitados estamos de cambios; de arrepentimiento, cambios de mentalidad, de corazón, de actitud, de dirección.

Dios no puede echar el vino nuevo de su Espíritu en los viejos odres de la ley, de la carnalidad, de la religión.

Este, va a ser un año de muchos desafíos, pero, los que están dispuestos a hacer los cambios necesarios en su vida, en su casa, en sus viejos patrones, saldrán adelante. Los que no, serán arrastrados por el alud de lodo por el que están rodeados.

Es tiempo de dejar las ñoñerías y amarrarse los pantalones de la madurez y hacer los correctivos necesarios.

Mateo 17:20. *Jesús les dijo: Por vuestra falta de fe; porque de cierto os digo, que si tenéis fe como un grano de mostaza, diréis a este monte: Pásate de aquí allá, y se pasará; y nada os será imposible.*

Todo es cuestión de fe, no es lo mismo creer en Dios que creerle a Dios. La Biblia dice que los demonios creen y tiemblan.

El verbo creer en el original en que fue escrito el libro sagrado tiene implícita la idea de escuchar con la intención de obedecer.

Si oímos el consejo de Dios y no obedecemos, sino que razonamos o interpretamos, eso, no es creer.

Hay retos que todos enfrentamos, hay montañas que tenemos que mover con nuestra fe. Si lo piensas bien, todos tenemos uno. ¿Cuál es el tuyo?

Puede ser la lectura de un libro, terminar una tarea, aceptar un desafío que creas imposible.

Solo quiero decirte que tú puedes y que te pongas delante de tu "Reto" y le digas o te mueves o te muevo y emprende los primeros pasos para ver desaparecer ese monte.

Recuerde que en Cristo los montes se allanan y los valles se elevan.

Pasa a la otra página de ese libro.

PERLAS PARA CUERDOS. Enero 25

Proverbios 4:18. *Mas la senda de los justos es como la luz de la aurora, Que va en aumento hasta que el día es perfecto.*

Somos muy tendientes a criticar lo que está mal o nos parece, de acuerdo a nuestro standard, que no está bien. Pero, pocos aportan soluciones.

Tengo un conocido con aspiraciones políticas que siempre critica al síndico o alcalde de su ciudad por la basura acumulada en su área, por lo que le sugerí que esa era una buena oportunidad para formar un grupo de limpieza y hermosear su cuadra o su barrio y cuando la gente vea eso, tendrán una alternativa en las próximas elecciones; pero no, le vi la cara que puso, como de, ese no es mi trabajo.

Es muy fácil ladrarle a las tinieblas, pero, infructuoso, es más fácil y mejor, encender una luz.

No es que no se condene lo que está mal, pero, para tener credibilidad, hay que hacer algo en ese sentido, aportar soluciones; si solo criticamos, somos parte del problema.

Si los justos no actúan lo que predomina es la prevaricación; Si los buenos se cansan la maldad prevalece, si los hijos de luz no alumbran, las tinieblas obscurecen el ambiente.
Por tanto no calles, no ceses de hacer el bien, no te rindas; que el único recurso que el mal tiene contra ti es el desaliento.
Un viejo himno decía "Brilla en el sitio donde estés, puedes con tu luz algún perdido rescatar"

Seamos faros de luz en vez de riscos de encallamiento, alumbremos el camino para otros, pero, nadie puede dar lo que no tiene, para alumbrar, hay que estar llenos de luz y solo Cristo dijo, que El es la luz del mundo y quien le sigue no andaría en tinieblas, sino que tendría la luz de la vida.

PERLAS PARA CUERDOS. Enero 26

Mateo 22:12. *Y le dijo: Amigo, ¿cómo entraste aquí, sin estar vestido de boda? Más él enmudeció.*

En la Biblia el estar desvestido o mal vestidos está relacionado con vivir fuera de la voluntad de Dios o en pecado.

El que vive en pecado, aunque esté vestido hasta las narices, delante de los ojos de Dios está desnudo.

Así lo demuestra este caso de la parábola de uno que entró sin vestido apropiado a una boda.

El pecado es un hecho misterioso que hace que la persona actúe irracionalmente para luego no encontrar la respuesta esperada a sus acciones.

El verdadero creyente no racionaliza el pecado, por el contrario se aleja de él y de los que lo practican, por lo menos como dice la escritura, no participan de las obras infructuosas de las tinieblas.

Si nuestros amigos y familiares no se sienten incómodos diciendo improperios, siendo indecentes, mintiendo, abusando o actuando fuera de los límites morales delante de nosotros, entonces no hemos sido un ejemplo para ellos, somos como Lot, que se sentaba con los habitantes de las llanuras de Sodoma y los llamaba hermanos.

¡Cuidado! No te vayas a quedar fuera de la boda.

Efesios 5:18. *"No os embriaguéis con vino, en lo cual hay disolución; antes bien sed llenos del Espíritu..."*

Ser llenos es una palabra muy interesante, en el original en que fue escrito el Nuevo Testamento es -plēroō- que significa estar repletos o completos, estar satisfechos, o terminados.

El modo verbal es imperativo, no es una opción, es un mandato.

Lo que Pablo quiere decir en otras palabras es que para vivir la vida cristiana satisfactoriamente, el creyente debe ser lleno o dirigidos por el precioso Santo Espíritu, como el barco de vela es empujado por el viento.

La unción nos llena de valentía, nos dirige a la realización de los sueños Divinos, nos empuja para llegar a nuestro destino.

Si tenemos la unción del santo como dice 1 Juan 2:20, entonces se manifiesta el poder, sale a flote la vida, de nuestros labios proceden palabras de fe, de ánimo, de esperanza.

El Espíritu Santo no puede ser prisionero de nuestros temores, de nuestras inactividades y nuestro pesimismo.

¡La unción pudre el yugo!

Sed llenos del Espíritu Y si estamos llenos, activémoslo, que se vea.

Aprovechando bien el tiempo, porque los días son malos.
Efesios 5:16.

Estamos viviendo tiempos peligrosos especialmente para la gente de fe, porque, la amenaza mayor no está en los peligros de confrontación bélica, ni en la inseguridad social o en las pestes que acosan o en el cambio climático, sino, en el acostumbramiento a las normas y patrones de la cultura secular, lo cual, trae como consecuencias una falta de pasión para las cosas espirituales.

Ya no hay tiempo para congregarse, ni involucrarse en las cosas de Dios, siempre hay algo más apremiante.

El descanso físico después de mucho trabajo, no nos hace pensar en trabajar menos, sino, en ausentarnos más de las cosas sagradas.

La presión de tener "todo" lo que otro posee, nos controla y nos hace razonar que para pagar las facturas debemos trabajar más, aunque para ello, nos alejemos de las cosas de Dios, y abandonemos las buenas prácticas de la fidelidad en nuestras finanzas, pero, no pensamos en bajar los gastos.

Si hay que ocuparnos en cosas importantes como la familia, reducimos el tiempo a Dios, porque es el que no se queja, pero, no dejamos de ver el deporte o la novela favoritos. Ponemos en competencia a Dios con otras cosas que también merecen nuestra atención, pero, pocas veces se escucha a alguien decir; voy a trabajar menos.

En fin, nos vamos deslizando, hasta que nos hemos apartado totalmente del fuego de la hoguera y nos convertimos en fogones apagados.

PERLAS PARA CUERDOS. Enero 29

Así que, el que piensa estar firme, mire que no caiga. **1 Corintios 10:12**

Este versículo se refiere a no caer de la fe, de la gracia que hemos recibido y a permanecer firmes, constantes, y a no desviarnos de las sanas enseñanzas que hemos recibido.

No es bueno apartarse de los preceptos morales que desde la infancia nos fueron inculcados, porque pasarán su cuota de culpabilidad y condenación aunque sea subconscientes.

Cuando pasan los años también debemos velar por las caídas físicas por causa de la fragilidad de los huesos.

Tuve una caída, pero, mientras me ayudaban a incorporar unas cariñosas damas que me acompañaban, pensé en lo fácil que es caerse de sus pies cuando no tenemos una buena base de sustentación. Lo difícil es levantarse.

Después de una caída, lo menos riesgoso es quedarse en el suelo, así no volvemos a caer. Pero, los seres humanos no fueron diseñados para vivir arrastrándose, ni para aspirar el polvo, eso es para los reptiles.

Si has caído, no te quedes en el suelo. Si siete veces cae el justo, siete veces el Señor lo levantará.

¡Aparte de un ego quebrantado, todo estuvo bien!

Los antepasados me enseñaron que los viejos se mueren de una de estas tres cosas; y todas comienzan con C: Corazón, Caídas y Correderas.

PERLAS PARA CUERDOS. Enero 30

Y había en Jerusalén un hombre llamado Simeón; este hombre era justo y devoto, aguardando la consolación de Israel; y el Espíritu Santo estaba sobre él. Y el Espíritu Santo le había comunicado que no vería la muerte antes de haber visto al Cristo del Señor. Y movido por el Espíritu, vino al templo; y cuando los padres introducían al niño Jesús para hacer lo que la costumbre de la ley prescribía sobre él, él le tomó en brazos, y bendijo a Dios, diciendo: Ahora, Soberano Señor, puedes dejar que tu siervo se vaya, Conforme a tu palabra, en paz; **Lucas 2:25-29**

Tú vas a recibir lo que esperas. Simeón, aunque era un anciano, tenía un sueño. Él no estaba esperando la muerte, sino ver la Gloria de Dios, al Mesías.

El ser viejo no es sinónimo de oler a mentol, arrastrar los pies, ni vivir con la esperanza caída, no es un asunto de años de vida; es una situación del alma.

No te sujetes al patrón social de que ser jóven es tener salud sin recursos y ser viejo es tener recursos para gastarlo en medicinas.

Yo no me muero cuando se mueran los que no creen, yo no me muero cuando se muere la mayoría de mi familia, yo no me muero de la enfermedad que murieron mis antepasados, no me muero cuando el diablo quiera; hasta que se cumpla mi propósito no moriré, sino que viviré, veré mi tercera y cuarta generación lograr cosas que yo soñé, viviré hasta que vea la gloria de Dios.

Muchos ya han logrado bastante porque fueron los primeros que se graduaron en su familia, pero, hay cosas no realizadas, status no alcanzados, que uno de tus descendientes va a lograr; todavía hay cosas qué inventar, mejoras que obtener, mientras puedas soñar estarás vivo y después de eso, tu memoria nunca morirá en realidad mientras haya quien te recuerde. A volar alto, que eres águila y no gallina.

PERLAS PARA CUERDOS. Enero 31

El hombre bueno, del buen tesoro de su corazón saca lo bueno; y el hombre malo, del mal tesoro de su corazón saca lo malo; porque de lo que le rebosa del corazón habla su boca.
Lucas 6:45.

La basura que no se ve en el cuarto secreto de nuestra existencia, viene de los diferentes lugares donde hemos estado, y solo se ve cuando entramos en una relación profunda, y se somete a presión, pero cuando eso ocurre, ya es muy tarde.

Si ya hemos dicho algo que nos daña personalmente o a los nuestros; ¿Qué debemos hacer? Sugiero estos tres sencillos pasos.

Rectificar - Revocar - Reemplazar.

Primero, debemos reconocer que hemos hecho una declaración equivocada y cambiar de mentalidad (Metanoia: arrepentimiento)

Segundo, debemos revocarla, esto quiere decir, que debemos cancelar y/o desecharla.

Tercero, debemos reemplazar la declaración o confesión con la correcta.

Estos tres pasos tomados en fe puede librarnos de los lazos de nuestra propia boca.

Cuando estás conociendo a alguien y te das cuenta que tiene cosas escondidas, piensa lo que será vivir con esa basura 24 horas al día. No pienses que le puedes arreglar, porque mientras más saques, más aparece.

Febrero

PERLAS PARA CUERDOS. Febrero 1

Colosenses 3:23. *Y todo lo que hagáis, hacedlo de corazón, como para el Señor y no para los hombres;*

Una persona apasionada es creativa, es pro-activa y no re-activa, pone excelencia a lo que hace y no sigue a los medio-cres, es prototipo y no del estereotipo.

Si hacemos las cosas para Dios debemos ponerle ese extra, en otras palabras, lo haremos lo mejor que podamos. No vamos a ver las dificultades sino las oportunidades.

Por cada hombre excelente, hay centenares de mediocres, por cada ser exitoso hay millares de fracasados y por cada ser apasionado hay millones de acostumbrados.

No hay peor cosa para Triunfar en cualquier área que la ruti-na. No podrás ver cosas nuevas haciendo las mismas cosas y de la misma forma.

Me declaro un ferviente admirador de quienes hacen las co-sas muy bien porque su nombre está en juego y si hacen algo para la iglesia o los hijos de Dios le ponen un toque de distin-ción porque saben que tendrá alta valoración y recompensa.

Son los que toman decisiones que van a marcar su vida para siempre. Deciden no sentarse en la mesa del rey de este si-glo, prefieren morir creyendo que vivir en incredulidad, prefie-ren como Moisés ser maltratados como pueblo de Dios, antes de gozar con los deleites temporales del pecado. Tienen por mayores riquezas el vituperio de Cristo que los tesoros del mundo. Conquistan reinos y hacen justicia y no comprometen sus principios, son los que alcanzan las promesas de Dios, son los que sacan fuerzas de debilidad, son los que ponen en fuga a los ejércitos del mal.

Éxodo **8:9-10.** *Y dijo Moisés a Faraón: Dígnate indicarme cuándo debo orar por ti, por tus siervos y por tu pueblo, para que las ranas sean quitadas de ti y de tus casas, y que solamente queden en el río. 10 Y él dijo: Mañana. Y Moisés respondió: Se hará conforme a tu palabra, para que conozcas que no hay como Jehová nuestro Dios.*

Cuando Moisés fue delante de Faraón para quitar la plaga de ranas por medio de la oración de fe, le preguntó que cuando quería que le quitara la plaga y este dijo; Mañana. Yo no sé usted, pero yo le hubiera dicho, ahora mismo. Pero, eso implica reconocer a Dios como el Soberano de toda la creación.

Las personas son muy interesantes: alargan las experiencias dolorosas de la vida cada vez que la traen a la memoria y la reviven cuando la vuelven a contar.

Aún la muerte puede ser y está supuesta a ser una experiencia satisfactoria para el creyente y no de derrota.

Sal de la habitación de la amargura de espíritu y disfruta de la vida que tienes por delante de la mano de tu hacedor.

La depresión y el stress, son las ranas modernas, lo único que hacen es iniciar o alimentar enfermedades ocultas. Suelta ese peso que limita tu transitar y regocíjate en las pequeñas cosas de la vida.

No podrás salir de la situación en que te encuentras mientras tengas contentamiento en ella. Siéntete incómodo enójate y propón en tu corazón que no pasarás un día más con eso que no te pertenece. Sea enfermedad, escasez, esclavitud, pecado, vicios, tristeza, rencor, resentimientos, soledad, queja, chisme etc.

Sirve a Jesús y di conmigo: "No me pertenece" y sal de eso. ¡Verás la Gloria de Dios!

PERLAS PARA CUERDOS. Febrero 3

2 Timoteo 1:12. *"Porque yo sé a quién he creído, y estoy seguro que es poderoso para guardar mi depósito para aquel día.*

En la economía del Reino, Jesús nos manda a hacer tesoros en el cielo; *sino haceos tesoros en el cielo, donde ni la polilla ni el orín corrompen, y donde ladrones no minan ni hurtan. / Porque donde esté vuestro tesoro, allí estará también vuestro corazón.* **Mateo 6:20-21**.

El apóstol Pablo nos habla de un depósito; La palabra que en el original se usa para depósito es-*parathēkē*- que es algo que se pone adelante. Es un trust fund o Fideicomiso o fondo fiduciario, que es una variedad de activos asignados por un otorgante y destinados a proporcionar beneficios a un individuo u organización lo cual le proporciona seguridad financiera a esa persona que regularmente es un hijo, nieto o entidad sin fines de lucro. Ahora bien, un hijo no accede a su depósito hasta que no alcanza la madurez.

Tenía una pequeña cuenta de ahorros en mi país para poder usar la moneda nacional cuando fuera de visita. Un día noté que no tenía acceso a los fondos en ella, fui al banco y me dijeron que había estado inactiva por falta de movimientos en los últimos 6 meses, la activé y pude acceder a mi depósito.

Pensé que, así mismo ocurre con las bendiciones depositadas en el creyente, están allí, pero están inactivas por falta de acceso. ¿Cuál de las promesas que Dios te ha hecho de una manera personal, o por su palabra, no ves que esté activa en tu vida?

Declaro sobre tu vida que hoy se activan tus depósitos y que la bendición de Jehová trae riqueza sin tristeza sobre tu vida.

PERLAS PARA CUERDOS. Febrero 4

Job 5:2. *"...Al necio lo mata la ira, y al codicioso lo consume la envidia"*
Proverbios 14:30. *"Corazón apacible es vida de la carne; más la envidia es carcoma de los huesos".*

Los días 4 de Febrero, se celebra el día del cáncer. Podemos decir que cáncer es la multiplicación rápida de células anormales que se extienden más allá de sus límites habituales Todos los cánceres son malos, pero, uno de los peores es el que pasa indetectable, porque afecta el alma, se trata de la envidia.

La Envidia desde el punto de vista psicológico es una emoción de la conciencia de sí, junto con la vergüenza, el orgullo, la culpa, celos etc.; estas emociones se desarrollan en etapas tempranas de la vida (3-4 años), pero surgen más tardíamente porque requieren ciertas habilidades cognoscitivas para su desencadenamiento.

La envidia al igual que otras emociones negativas de la conciencia de si, ocurren por una comparación o evaluación de la conducta (de otro) con ciertos patrones, reglas o metas y encontrar que se ha fallado.

El envidioso vive atormentado no solo por el mal que le sucede a él mismo, sino por el bien que le sucede a los demás.

Calígula el tristemente famoso emperador Romano mató a su hermano porque era joven y hermoso.

En Roma había un ciudadano llamado Mutius, que era tan envidioso que Publio viéndolo un día triste dijo: o algo muy grave le ha pasado a Mutius o algo muy bueno a otro.

Alguien dijo:"Como no hay sombra donde no hay luz, así no hay envidia donde no hay prosperidad, según aumenta el gozo del agradecido, así aumenta el pesar del envidioso" La envidia es el reconocimiento de los fracasados a tu labor, regocíjate.

PERLAS PARA CUERDOS. Febrero 5

Eclesiastés 3:1. *Todo tiene su tiempo, y todo lo que se quiere debajo del cielo tiene su hora.*

Si hay alguien que puede hablar de los problemas que enfrenta la vida y de las posibles soluciones es Salomón. Nadie como El supo estar en la cima del éxito y en el abismo de la dificultad. Siendo el humano nacido de hombre más sabio que ha existido y el hombre más rico de la historia pudo experimentar la soledad a pesar de estar rodeado de gente, el desamor aunque tuvo cientos de mujeres, el vacío, teniéndolo todo.

El mismo pudo decir que Dios todo lo hizo hermoso en su tiempo, y puso eternidad en el corazón, sin que alcance el hombre a entender la obra que ha hecho Dios desde el principio hasta el fin. **Eclesiastés 3:11**.

Los cambios de la vida la hacen interesante, son como las estaciones de las temporadas del año, todas son diferentes, y cada una tiene su razón de ser.

Pero, por más que prefiramos una estación sobre la otra si las características de una se presentan en la otra, no nos gusta, no es placentero. No es buena la nieve en época de verano.

Debemos seguir adelante, cuando hemos agotado una temporada. No vivamos estancados en relaciones que no clausuraron, no procuremos volver a entrar por puertas que ya se cerraron o de aquellas a través de la cuales salimos.

Nos olvidamos que vivíamos en soledad en medio de la multitud, silencios prolongados cuando había que hablar, cosas que no se dijeron en su momento. Necesidad de aclaraciones, de lo que pudo haber sido y no fue, posibilidad de recrear un momento que se fue y no volverá.

Disfruta tu actual temporada y no trates de volver a la que ya se fue.

PERLAS PARA CUERDOS. Febrero 6

Mateo 11:28. *Venid a mí todos los que estáis trabajados y cargados, y yo os haré descansar.*

El éxito en lo que emprendemos, si tiene que ver con gente, depende de la impresión o buena valoración que obtengamos, y ellas no pueden estar basadas en apariencias sino en la Verdad.

Las apariencias son como los andamios que usa el constructor para poder trabajar en las partes altas de un edificio, mientras estés edificando las vas a necesitar, pero luego que has terminado hay que removerlas, afean la estructura.

Las apariencias son como los cosméticos y las cosas artificiales que usamos las gentes; cuando vas a descansar te los quitas, no tiene sentido usarlos mientras duermes, porque no tienes público y ellos (los cosméticos) solo sirven para ser vistos por otros, para que las personas se hagan una buena opinión de nosotros.

El salmista dice: *En lugares de delicados pastos me hará descansar; Junto a aguas de reposo me pastoreará.* **Salmos 23:2.**

Lo bueno de cuando tienes un buen reposo, es que amaneces al natural.

Una de las grandes dificultades y retos a vencer que tiene la actual generación, es a deshacerse de la necesidad de lo urgente. La tensión emocional es la base de la mayoría de los problemas y enfermedades modernos.

La solución a este problema del cansancio y agotamiento tanto físico como espiritual, es el reposo en Dios. Y el Señor promete "Yo os haré descansar" Agustín de Hipona en el primer párrafo de Las confesiones escribe: "Mueves al hombre a tener placer en tu alabanza, porque nos hiciste para ti, y nuestro corazón no hallará descanso hasta que lo halle en ti.

PERLAS PARA CUERDOS. Febrero 7

Proverbios 27:10. *"Es mejor el vecino cerca que el hermano lejos"*

Cuando somos jóvenes nos atraen las cosas que traen riesgo, buscamos amor permanente, vamos contra la corriente, hacemos muchos amigos y sufrimos cosas que al momento no sentimos, pero que saldrán luego.

Cuando nos ponemos viejos, nos aislamos, nos quedamos solos, los golpes y las traiciones van endureciendo el corazón y nos ocultamos de los demás. Ya no vamos a los lugares que antes íbamos, ya no se contesta las llamadas y nos hacemos críticos y cínicos de primera línea.

He visto un mal común entre los hombres que han estado en las alturas de cualquier carrera, que tienden a morir solos, sin amigos. Sin alguien quien celebre con ellos sus aciertos y lloren con ellos cuando yerran.

He propuesto, según envejezco, conservar las buenas cosas de la juventud y vivirlas con la prudencia de la madurez.

Retener mis viejos amigos y hacer muchos nuevos, porque *"Es mejor el vecino cerca que el hermano lejos"*

Durante los años de mi estancia en Venezuela, aprendí un refrán popular que dice: Que cuando hay santos nuevos, los viejos no hacen milagros"

El Sabio Salomón dijo: *El hombre que tiene amigos ha demostrarse amigo; Y amigo hay más unido que un hermano.*

No permitas que por una situación temporal, se estropee una relación de años, conserva tus Buenos amigos. Llámalos y simplemente dile "Te llamé para decirte que estaba pensando en tí, y lo importante que eres para mí.

PERLAS PARA CUERDOS. Febrero 8

Génesis 15:5-6. *Y lo llevó fuera, y le dijo: Mira ahora los cielos, y cuenta las estrellas, si las puedes contar. Y le dijo: Así será tu descendencia. Y creyó a Jehová, y le fue contado por justicia.*

Este pasaje de la Escritura nos muestra a un hombre llamado Abraham que estaba pasando por una crisis existencial porque no estaba viendo el resultado de las promesas que le habían sido dadas, con lo que había soñado y ya estaba en una edad madura pasado los 70 años y su esposa estéril y no tenía descendencia.

Dios lo saca afuera y lo pone a soñar y le dice en otras palabras que tenga visión que crea aunque las circunstancias no les favorecían y lo mejor de la historia es que Abraham le creyó a Dios.

Quizás hoy estés pensando que las promesas de Dios se tardan, pero nada de lo que Dios ha dicho pasará desapercibido. Será notorio a todos.

En algún lugar de la geografía terrenal hay alguien mortal pero con destino imperecedero que sale fuera y cuenta las estrellas y sabe que las bendiciones espirituales no tienen número y que los nubarrones de los malos augurios no le opacarán.

Las bendiciones terrenales son como la arena del mar, que cuando más picado está se acrecenta su número. Los que esperan a Jehová son cómo David que aunque encerrado en la cueva de Adulam y rodeado de amargados, la miel de su alabanza contagia y les imparte su carácter.

Hay alguien en algún lugar en quien el propósito de Dios está presto a cumplirse.

PERLAS PARA CUERDOS. Febrero 9

Josué 1:5. *Nadie te podrá hacer frente en todos los días de tu vida; como estuve con Moisés, estaré contigo; no te dejaré, ni te desampararé.*

Es menos difícil tener buenos resultados cuando estamos sirviendo al lado de alguien que sabemos, y los hechos a sí lo prueban, que tiene el favor de Dios. Que todo lo que hace prospera. Pero, cuando nos ha tocado a nosotros ser los directores de la orquesta, los jefes de la casa, los líderes de la empresa, la duda y la incertidumbre invaden nuestro ser.

Necesitamos como Josué una palabra de parte de Dios asegurándonos la continuidad de su favor y la seguridad de su presencia.

Cuando un nuevo líder asume una posición debe respetar el liderazgo y la unción de sus predecesores. Porque cada vez que usa la lengua o usa las letras para descalificarlos, está sembrando una semilla, que tendrá una cosecha abundante.

Los nuevos líderes deben aprender de Josué, quien entendió que para ser aceptado en el pueblo, no tuvo que desacreditar a Moisés.

La gracia viene de Dios quien te dice, como estuve con tu antecesor, así estaré contigo. Deben entender que un nuevo líder significa una nueva clase de liderazgo. Josué es el líder, Moisés había fallecido. Su liderato no estaba basado en su persona. Moisés significa salvado de las aguas. Josué; Jehová es salvación.

El liderazgo de Moisés es del desierto, el de Josué es de la tierra prometida. Si tu visión reta al sistema tradicional de ministerio de un solo hombre de seguro que enfrentará oposiciones.

No te busques enemigos gratuitos al murmurar al descalificar a quien como tú peleó las batallas de su Señor.

2 Reyes 23:25. *No hubo otro rey antes de él, que se convirtiese a Jehová de todo su corazón, de toda su alma y de todas sus fuerzas, conforme a toda la ley de Moisés; ni después de él nació otro igual.*

Josías fue un reformador que comenzó a reinar cuando era un niño de 8 años. Muchas cosas tuvo que deshacer este jóven monarca, comenzando por lo que su padre había hecho.

Seguro que estaban presentes en su memoria el ajusticiamiento que había sido objeto su padre, pero, El decidió afianzarse en Dios y sus promesas para cumplir su destino profético.

Nosotros no tenemos que seguir el mismo destino que nuestros antepasados y para ello, debemos romper con todo lo que trajo maldición a nuestras familias y buscar a Dios de todo corazón.

Gózate, disfruta lo que la vida trae y lo que las circunstancias quitan.

No le des gusto a aquellos que te quieren ver siendo un apóstrofe o reducir tu existencia a ser un acento de una vocal débil.

Los seres insatisfechos consigo mismos son los que se sacian con las desgracias ajenas, no tienen luz propia y buscan a alguien que esté pasando por momentos obscuros para consolarse de sus perennes tinieblas.

Tu eres una oración contestada de alguien, la respuesta del cielo y el complemento de un ser destinado a triunfar y que sin ti no lo podrá lograr.

PERLAS PARA CUERDOS. Febrero 11

Job 3:1-3. *Después de esto abrió Job su boca, y maldijo su día. ² Y exclamó Job, y dijo: ³ Perezca el día en que yo nací, Y la noche en que se dijo: Varón es concebido*

Casi todos hemos leído o al menos escuchado la historia de Job, de cómo este justo hombre de quien el mismo Dios testifica, cae en la desgracia y pierde toda su familia, todas sus posesiones y su salud. Y como las únicas personas cercanas a él, entre ellos su esposa y sus amigos lo que hacen es acusarlo de ser él la causa de su infortunio e invitarlo a que reniegue de su fe. Pero, no él tuvo una mayor experiencia con su Dios y pudo al final decir: *"De oídas te había oído, pero ahora mis ojos te ven"* Y Dios le devolvió multiplicado lo que había tenido y pone en sus manos el destino de sus amigos.

Muchas veces en medio del dolor de la prueba, nuestra boca profiere palabras llenas de veneno que en vez de ayudar empeoran la situación en la que estamos envueltos. Pero, al igual que este justo patriarca, una época de tu vida no dictará el resto de tu existencia. Tu final no sera como tu principio!

Si al dejar este mundo la gente vuela desde todos los lugares para estar contigo y todos saben qué hacer y nadie tiene que preocuparse por dónde vas a pasar el resto de tus días; es porque has cumplido tu asignación. El mundo es mejor que cuando llegaste.

Pero, si por el contrario, todos corren a poner excusas para no estar contigo, nadie sabe qué hacer ni a dónde acudir, solo los acreedores se presentan, solo dolor de cabezas dejaste y la gente llora no porque te fuiste, sino porque un día llegaste; es porque no fuiste una buena influencia para aquellos que afectaste con tu paso por este mundo.

Piensa, hoy que estas bien, a cuál de los 2 grupos perteneces. Y si crees que al segundo, comienza a hacer cambios, no es muy tarde.

PERLAS PARA CUERDOS. Febrero 12

Marcos 16:11-14. *Ellos, cuando oyeron que vivía, y que había sido visto por ella, no lo creyeron Pero después apareció en otra forma a dos de ellos que iban de camino, yendo al campo. Ellos fueron y lo hicieron saber a los otros; y ni aun a ellos creyeron Finalmente se apareció a los once mismos, estando ellos sentados a la mesa, y les reprochó su incredulidad y dureza de corazón, porque no habían creído a los que le habían visto resucitado."*

Cuantas hermosas enseñanzas en este pasaje de la palabra de Dios. Este relata la experiencia de los discípulos el día después de la resurrección.

El Señor nos enseña que si algunos no nos creen a nuestra experiencia de vida con el Cristo resucitado, él se las ingeniará para seguir apareciendo y reprendiendo la incredulidad, hasta que ellos también lo puedan ver.

La vida Cristiana es más que una actividad; es un proceso que comienza creyendo, recibiendo lo que otros nos dicen, pero que al final tendremos que verificar por nosotros mismos.

En ese proceso se aprende y se enseña y llegamos satisfactoriamente al final estableciendo metas.

Quien no tiene metas claras en esta carrera, tiene dos resultados que son frustrantes o llega a cualquier sitio o no llegará a ningún lado.

Si en el proceso de enseñanza discipular no sabemos a dónde nos dirijimos y la importancia estratégica de ponernos metas, aunque estémos estacionados, nos sentiremos perdidos.

Menciona en tu mente, la meta, antes de llegar a la próxima estación. Si no tienes metas, tienes que ser discipulado(a)

2 Corintios 5:15. *Y por todos murió, para que los que viven, ya no vivan para sí, sino para aquel que murió y resucitó por ellos.*

Algunas personas confunden el cristianismo con religión. La verdad es que religión es lo que el hombre trata infructuosamente de hacer para agradar a un dios airado. Cristianismo es relación y más que relación es comunión con Dios.

Si lo que hoy vemos en nosotros no trae honra a Dios, es porque debemos volver al diseño original {Cristo} y ver que no estamos viviendo para El.

Cristo es el prototipo, el diseño original que los hombres deben imitar, si no lo estamos haciendo, seremos parte del estereotipo.

Podemos ser parte del designio del Padre por medio de un reposicionamiento {Cambio de mente que es lo que conocemos como arrepentimiento} la mente carnal lo que hace es hinchar nuestra existencia de vanidad lo que provoca es entremeterse en lo ajeno y nos priva de nuestro premio. **Colosenses 2:18.**

Cuando estemos alineados {Con la misma mentalidad y/o sentir que Cristo Jesús} y la imagen que vemos en el espejo {La palabra de Dios} sea el original {Génesis, es decir lo que Dios planificó}, entonces podemos decir que somos como El es.

Efesios 4:13. *Hasta que todos lleguemos* a la unidad de la fe y del conocimiento del Hijo de Dios, a un varón perfecto, a la medida de la estatura de la plenitud de Cristo;

PERLAS PARA CUERDOS. Febrero 14

El amor sea sin fingimiento. Aborreced lo malo, seguid lo bueno. **Romanos 12:9.**

Cada catorce de Febrero celebramos el día del amor, pero, en esta generación estamos cada vez más distante del verdadero amor. Y las gentes simulan amar con tal de sacar ventaja sobre personas

Estamos viviendo en tiempos malos en donde las personas pretenden si no son y si no tienen, solo para aparentar. La palabra que en el griego koiné original en que se escribió en Nuevo Testamento para fingir es -*anupokritos*-que traduce falta de sinceridad, en otras palabras; Hipócritas.

Conocí una persona que por cierta razón dio por sentado que yo era de su nacionalidad. Esa persona con frecuencia visitaba mi país y hablaba primores de mis connacionales. Un día, en privado me dijo una expresión muy dura contra mis paisanos, a lo que le dije; ¿tú sabías que yo soy de allá? Su vergüenza fue tal que se puso gago.

Cuando alguien ama, lo muestra por su conducta tanto en público como en privado. Si hay amor, también debe haber compromiso, dedicación e inversión.

Quien ama se compromete a serle fiel a esa persona; le dedica tiempo al ser amado, e invierte sus pensamientos, sus emociones, sus energías y recursos en honrar al ser amado.

Si amas a Alguien, es tiempo de mostrarlo no sólo con palabras, sino con hechos, que sean esas personas el objeto de nuestro afecto. El verdadero amor no depende de lo que haga la persona amada, sino de lo que Es el que ama. Nosotros no tenemos nada amable, sin embargo Dios nos amó. El es todo amable y nosotros le menospreciamos. Sam Keen dijo: Aprendemos a amar no cuando encontramos a la persona perfecta, sino cuando llegamos a ver de manera perfecta a una persona imperfecta.

Génesis 2:18. *Y dijo Jehová Dios: No es bueno que el hombre esté solo; le haré ayuda idónea para él.*

Dentro de la sabiduría de Dios entendemos que El no hizo al ser humano para que estuviera solo, sino para que compartiera sus dones y particularidad con su semejante.

Si la voluntad de Dios hubiera sido la soledad, entonces no necesitaríamos de cónyuges en quienes reproducirnos. Claro está que debemos aclarar que no es lo mismo estar solo que sentirse solo.

El objetivo de abandonar la más importante relación hasta el momento, no es para quedarse como chivo sin ley, sino, para unirse (esa palabra significa en el original; estar pegados como con "Crazy glue") de tal manera que si se separan uno se lleva la piel del otro.

Debemos tener cuidado, y no tener distorsionadas las prioridades. Si no le damos el primer lugar en el ámbito natural a nuestras parejas. Nuestro cónyuge debe ser antes que cualquier otra relación.

Hasta los hijos se van, nos abandonan, hacen sus propias vidas, y es bueno amarlos, y es bueno quererlos, pero déjame decirte Dios te ha dado esa persona que está a tu lado y que tiene ojos, tiene boca, tiene pies, y sobre todo tiene sentimientos no solamente para que te sirva, sino para que le cuides, para que le protejas y sobre todo para que le prefieras.

Existen personas expertas en fantasías que prefieren vivir en soledad y amar en relaciones imaginarias que enfrentar los compromisos reales.

Estos pueden resultarles amenazadores y le infunden temor. Por eso, la oración a Dios que conoce los corazones y el tiempo que revela todas las cosas son muy importantes para poder conocer el verdadero carácter de la persona con que nos asociamos.

PERLAS PARA CUERDOS. Febrero 16

Todo me es lícito, pero no todo conviene; todo me es lícito, pero no todo edifica. Ninguno busque su propio interés, sino el del otro. **1 Corintios 10:23-24**

Cuando vayamos a comunicar o hacer algo, debemos someterlo a estos 3 sencillos principios Bíblicos; ¿Conviene? ¿Edifica? ¿Es de interés de todos?

A veces perdemos personas de nuestra lista de amigos que quisiéramos conservar, simplemente por imprudencia, porque hacemos o decimos algo que no deberíamos en ese grupo. Porque herimos susceptibilidades sin miramientos o porque hablamos de una sola cosa que no es de interés para todos en esa comunidad.

Hay muchas cosas que pienso, que creo y practico que si las dijera públicamente, perdería mucha de mis contactos, pero, la gente no quiere saber la vida del cartero, sino que le entregue el mensaje que lleva.

A veces tenemos tan baja autoestima que nos convertimos en patanes, intentando congraciarnos, queriendo ser graciosos lo que hacemos es una morisqueta.

Un principio que aprendí hace tiempo dice: "Cuando no tienes nada que decir, mejor te conviene callar"

Si como dice Pablo, no buscamos nuestro propio interés sino el del otro, vamos a reunir los tres requisitos de una buena relación y lo más importante es que la vamos a conservar.

Así también, todo buen árbol da buenos frutos, pero el árbol malo da frutos malos. No puede el árbol bueno dar malos frutos, ni el árbol malo dar frutos buenos. Todo árbol que no da buen fruto, es cortado y echado en el fuego. Así que, por sus frutos los conoceréis. **Mateo 7:17-20.**

Mi madre decía "a ese muchacho le retoña la maldad" Cuánta verdad encerrada en esas pocas palabras. Los humanistas han dicho que lo que el mundo necesita es más educación, pero, al ver la actitud de ciertas personas estudiadas, me acuerdo de mi madre y de las palabras de Jesús: *No puede el mal árbol dar buenos frutos, no puede el de corazón malo hacer lo bueno.* Sin un cambio en el corazón lo único que tendremos es un insensato educado.

Si conoces a alguien de esos que dedican espacio a la impureza y a la provocación: "No permitas que ellos envilezcan tu propósito, envejezcan tu alma, enrarezcan tu ambiente.

Lo mejor es a esa gente quitarle nuestros oídos para que se queden sin audiencia, cerrarle nuestros ojos para no tengan testigos y borrarlos de nuestra lista para que se queden sin contactos. No celebres vagabunderías.

No permitas que la actitud de los malignos afecte tu buen corazón y mucho menos que te saquen de tu posición. Cuando veas que los cielos se oscurezcan y la desgracia azote, no preguntes por qué, solo Alaba a Dios,

¡Él sabe lo que se mueve y necesita ser quitado!

Él me volvió a decir: Te ruego que te eches sobre mí y me mates, porque se ha apoderado de mí la angustia; pues mi vida está aún toda en mí. **2 Samuel 1:9**.

Este texto pertenece a la triste historia de Saúl, un rey atormentado por una existencia azarosa por haber vivido a espaldas a la voluntad de Dios y quien toda su vida se la pasó entre persecuciones, envidias, posesiones demoníacas y victorias pírricas que no le condujeron a nada.

Al final de sus días, luego de ser herido en una batalla en la que perdió a sus hijos, se encuentra que no puede ni matarse y le pide a un amalecita que lo mate, porque todavía "tenía mucha gasolina en el tanque" Es interesante que porque no quiso destruir a los amalecitas fue una de las razones que Dios le quitó su reinado, ahora moriría en manos de uno de ellos.

"Si a tu enemigo apocas, en sus manos mueres" Hay cosas que Dios nos ha mandado a quitar de nuestras vidas y nos hemos dedicado a cultivarlo, simplemente por ser socialmente aceptables.

Hay quienes ya su carnaval pasó, pero, parecieran carros híbridos que cuando se les acaba la carga, todavía tienen gasolina en el tanque.

Usa el tiempo que tienes de vida, para hacer cosas que alimentan el alma, que levantan a los demás, que vivifican el espíritu, que agradan a Dios.

PERLAS PARA CUERDOS. Febrero 19

Salmos 138:8. *Jehová cumplirá su propósito en mí; Tu misericordia, oh Jehová, es para siempre; No desampares la obra de tus manos.*

No es fácil entender los procesos de Dios, pero una cosa debemos saber; Que nada de lo que nos pueda suceder coge a Dios por sorpresa. El sólo permite que sea quitado lo que está de más en nuestras vidas de acuerdo a su propósito.

Lo que es difícil comprender es que muchas veces lo que nosotros tenemos como prioridad, no es lo más importante para Dios y lo que Dios va a cumplir es su propósito en mí

Se cuenta que durante la Gran Depresión, un hombre bueno perdió su trabajo, agotó sus ahorros y perdió su casa. Su pena le fue multiplicada por la muerte repentina de su preciosa esposa . La única cosa que le fue dejada fue su fe y ésta debilitaba.

Un día, mientras andaba por el vecindario buscando trabajo, se detuvo a mirar a algunos hombres que hacían la cantería en un templo en construcción. Uno de estos hombres cincelaba diestramente un pedazo triangular de piedra. No pudiendo ver un lugar donde esa piedra tan singular cupiera, él le preguntó al obrero: "¿Dónde va a poner eso?" El hombre señaló hacia la cima del edificio y dijo, "¿Ve ese apertura cerca del tope en espiral? Ahí es donde va. "Yo le doy forma aquí abajo de modo que quepa allá arriba."

Eso le dio respuesta a sus grandes pérdidas y encontró paz.

Si algo te está pasando aquí abajo, es para que quepas en el lugar que Dios tiene asignado para tí allá arriba. Lo que te está sucediendo ahora mismo es que te están quitando lo que está de más.

Hechos 3:19. *Así que, arrepentíos y convertíos, para que sean borrados vuestros pecados; para que vengan de la presencia del Señor tiempos de refrigerio.*

La problemática del pecado no se resuelve ni con consejos ni con estudios ni con buenos deseos. Solo con arrepentirse de sus pecados y cambiar de manera de vivir.

Dios no está interesado en nuestra religión, sino, que tengamos una relación con El. Que seamos sus hijos.

Hay una gran diferencia entre relación y religión. La primera viene por arrepentirse, que es un cambio de forma de pensar en cuanto a Dios y por nacer de nuevo, que es una nueva naturaleza.

La segunda viene de los fallidos intentos del ser humano de agradar a Dios por sus buenas acciones sin que haya cambios en su naturaleza pecaminosa.

Cuando hay un verdadero arrepentimiento, este no se puede ocultar. Los frutos nos delatan. Hay un genuino pesar por haber ofendido a Dios. Hay un cambio de mente, de corazón y de dirección. Hay una nueva naturaleza porque se ha nacido de nuevo.

Coincido con lo dicho por Karl Marx en 1844; Die Religion... Sie ist das Opium des Volkes) "La religión es el opio del pueblo" porque la religión trata de ocultar una conciencia culpable por medio de ritos y prácticas que no tienen ningún valor delante de Dios.

Cuando los pecados son borrados por medio del arrepentimiento, vienen tiempos de refrescamiento por causa de la relación con Dios, porque a todos los que le reciben, a los que creen en su nombre le da potestad de ser hechos hijos de Dios, por tanto ya no eres enemigo, sino familia por adopción.

PERLAS PARA CUERDOS. Febrero 21

No os dejéis engañar; las malas compañías corrompen las buenas costumbres. **1 Corintios 15:33**.

Las costumbres de los pueblos son vanidad, dijo el profeta Jeremías.

Y podemos añadir que muchas de las costumbres están fundadas en la ignorancia de ciertas épocas que se han transmitido y las hemos recibido y adoptado como verdades.

Claro está, hay buenas y malas costumbres, y hay como dice el texto "costumbres corrompidas" que no son más que prácticas que en su inicio comenzaron como inocentes, pero luego se dañaron por la injerencia de mentes que buscaban su propio gusto.

Siempre recuerdo las guardias que hacíamos en Los Andes Venezolanos, eran largas y tediosas y para pasar el tiempo les enseñé a hacer el "Morir soñando" wao, fue un palo la idea, pronto muchos, aunque no estuvieran de guardia, iban a la nuestra para compartir el Preciado jugo. Ya terminado mi tiempo en el HULA, un día volví y estaban haciendo el morir soñando; ¡qué cosa mala! Le habían añadido otros ingredientes además de alcohol.

Cito del diccionario Fairfax: La ignorancia es falta de cultura del entendimiento; la tontería falta de cultura de la razón; la necedad es ignorancia o tontería acompañada de presunción.

Les dejo con esta declaración de Isaac Asimov (1920 - 1992) "Si es cierto que el conocimiento puede crear problemas, no es a través de la ignorancia que lo podremos resolver".

PERLAS PARA CUERDOS. Febrero 22

Proverbios 20:29. *La gloria de los jóvenes es su fuerza, Y la hermosura de los ancianos es su vejez.*

Con todo el bullicio que han tenido en los medios de comunicación el bullying tanto escolar como cibernético y la violencia doméstica como de género; pero se han olvidado de un sector que por años han sido maltratados y acosados sin que se levante la voz.

Me refiero al maltrato a los ancianos.

La gente ya no respeta a los ancianos, las noticias recientes nos lo recuerdan al ver cómo un nonagenario fue atacado por un joven de origen latino en NYC.

En los últimos años de vida de mi madre, por causa de un ACV que le dejó hemipléjica, y requiriendo atención constante; nos vimos sus hijos en la necesidad de recluirla en un centro de cuidado permanente en la Florida.

Mi madre era una devota cristiana que por sus convicciones personales y sus limitaciones en el idioma no participaba de muchas de las actividades sociales del centro, por lo que se aislaba y aparentemente daba la impresión de deterioro mental. Pero, ella conservó hasta el final sus facultades intelectuales.

Un día se me quejó por teléfono de que alguien del personal la había maltratado, por lo que tomé un avión y me presenté al hospital, me identifiqué como médico e hijo de la Señora Mena y luego de presentar la denuncia y la consabida amenaza de demanda si había otra queja; removieron a otros lugares a algunos de los empleados.

No hubo más quejas, gracias a Dios; pero, siempre pensé y ¿qué de aquellos que por incapacidad no se pueden quejar? y ¿qué de los que no tienen a quien quejarse?

La regla de oro nos dice que: "Lo que quieras que hagan por ti, debes hacer con los demás"

¡Levantemos la voz por ellos!

PERLAS PARA CUERDOS. Febrero 23

Y le hablaron diciendo: Dinos: ¿con qué autoridad haces estas cosas?; ¿o quién es el que te ha dado esta autoridad? **Lucas 20:2.**

¿Cuál es la base, el origen, el fundamento, la razón de la autoridad? La palabra autoridad en el griego koiné en que fue escrito el nuevo testamento es "exousia" que significa poder legal, permiso para actuar.

¿De dónde venía la autoridad de Jesús? Primero, De ser el hijo de Dios. Por eso cuando va a comenzar su ministerio, lo primero que sucede en su bautismo por Juan es que se le abren los cielos, el Espíritu de Dios desciende sobre él como paloma y se oyó la voz de los cielos que decía: Este es mi hijo amado, en quien tengo complacencia. Mateo 3:13-17. Nuestra autoridad viene por la relación, no por formación. Mientras más conscientes estemos de ello, mayor autoridad. No tienes que hacer nada para ganártela, no te dejes embaucar por el enemigo. Solo tener identidad.

Segundo. Por la palabra de Dios y el testimonio de su Espíritu Santo. El no tenía que demostrar nada a nadie para mostrar sus credenciales. La autoridad de los rabinos de su época estaba por la escuela en donde habían estudiado la palabra de Dios, pero, Jesús dijo; "ellas dan testimonio de mi" Juan 5:39

Tercero. Del poder que salía de Él, no solo de filosofía, de teoría, sino de la praxis, por eso cuando Lucas escribe el libro de los hechos dice que estaba poniendo en orden las cosas que Jesús comenzó a hacer y a enseñar" Hechos 1:1. Es decir que el método pedagógico del Señor era sencillo, primero hacía ver al ciego y luego decía; "Yo soy la luz del mundo" Pero, El no hacía nada que no le dijera el Padre. Eso nos lleva a la

Cuarta razón de su autoridad; Estaba bajo autoridad. Hay quienes demandan obediencia absoluta, pero, ellos no se sujetan a nadie.

De nada nos sirve reclamar autoridad cuando nuestras palabras no van precedidas por los hechos.

PERLAS PARA CUERDOS. Febrero 24

Se puso a hablar el rey y dijo: ¿No es ésta la gran Babilonia que yo edifiqué con la fuerza de mi poder, para residencia real y para gloria de mi majestad? **Daniel 4:30.**

Dios le dio al hombre poder y dominio sobre todo lo que había en la creación, menos sobre sus congéneres pero, el hombre en su pecado ha perdido el control sobre todo hasta de sí mismo y quiere dominar sobre lo único que le fue negado.

Una de las personas intentar ejercer control sobre los demás es a través de un ego inflado, una sobrevaloración personal. La megalomanía Es la Tendencia a sobrevalorar las propias capacidades físicas, intelectuales, sexuales o sociales. Es una condición psico patológica que algunos consideran "normal" en la infancia y que cuando se presenta en el adulto seria una reactivación de la misma. Es considerada un mecanismo de defensa ante las pérdidas y separación en la vida diaria.

Fue conocida históricamente como desorden narcisista de la personalidad y se caracteriza por fantasías de omnipotencia y relevancia y una autoestima inflada.

Algunos de los héroes militares y políticos conocidos y un sin número de personas relacionadas con el arte y la religión fueron o son megalómanos. Usted los reconoce porque les gusta promover sus imágenes y sus nombres. Trujillo el dictador Dominicano era un megalómano que quiso perpetuar su nombre y ponía sus iniciales e imagen en cada lugar, hogar, hecho y cosas. Son conocidos los hechos de que nombró la capital del país en su nombre y el slogan Rectitud, Libertad, Trabajo y Moralidad que identificaban su PD, no eran más que las siglas de su nombre. La ironía de la historia es que casi nadie lo recordó el día de ayer, ya ni para celebrar la muerte del chivo, se acordaron de Él.

Los megalómanos como Nabucodonosor y Trujillo que no reconocen que el poder y la grandeza son de Dios, terminan comiendo yerbas. Dios humilla a los soberbios y da gracia a los humildes.

PERLAS PARA CUERDOS. Febrero 25

Así que, si el Hijo os liberta, seréis verdaderamente libres.
Juan 8:36.

Hay leyes y principios espirituales que rigen nuestras vidas y conductas que muchas veces son ignorados o pasan inadvertidos sin que prestemos mucha atención y se van repitiendo ante nuestros propios ojos simplemente porque no los creemos, pero, nuestra lógica no los invalida.
Me explico: Los hijos tienden a repetir lo que han visto en sus progenitores. Si estos han sido dominados por un mal hábito, esa va a ser el área conque van a luchar sus descendientes.

Conozco una familia que tuvo un solo hijo, y este no conoció de una manera cercana a sus relativos quienes eran jugadores compulsivos y este niño, tenía una gran lucha con este problema y aunque no lo hacía de una manera pública, lo practicaba en privado vía internet, perdiendo sumas importantes de dinero.
Una hija de un amigo alcohólico no "heredó" su problema, pero, todos los novios que tuvo y el matrimonio fallido que tuvo, fue con uno igual a su padre.
Una familia conocida es muy solitaria, no tienen muchos amigos, aunque si muchos hijos, la mayoría quedaron solteros y cada uno de los que se casaron se buscaron otra persona igual de solitaria con quien pudieran estar a solas. En otras palabras, se sumaron dos solitarios que no se hacen compañía sino mayor soledad.
Quizás para algunos es una virtud pero, Dios dijo: "No es bueno que el hombre este solo" y "Ay del sólo, porque cuando caiga no habrá un segundo que le levante"
La buena noticia es que esos patrones se pueden romper, no tenemos ni que sufrirlos ni transmitirlos a nuestros descendientes. Pero, hay que reconocerlos y tener la voluntad y determinación de no repetirlos.
Revise los patrones que se repiten en sus familias, sean de divorcios, enfermedades, malos hábitos, situaciones sociales como encarcelamientos, muertes repentinas, miserias, pleitos, enemistades etc.

Confiéselos a Dios en oración y renuncie a ellos y entregárselos al Señor, El es quien nos puede liberar.

PERLAS PARA CUERDOS. Febrero 26

Yo soy Jehová, y ninguno más hay; no hay Dios fuera de mí. Yo te ceñí, aunque tú no me conociste, para que se sepa desde el nacimiento del sol, y hasta donde se pone, que no hay más que yo; yo soy Jehová, y ninguno más que yo, que formo la luz y creo las tinieblas, que hago la paz y creo la adversidad. Yo soy Jehová, el que hago todo esto. **Isaías 45:5-7**.

Dios es un ser supremo, invisible pero real, todopoderoso, omnisciente y omnipresente. Es una persona, por tanto tiene todos los atributos de los individuos: Ve, oye, siente, se mueve etcétera.

Como seres pensantes, nosotros queremos imaginarnos a Dios y por tanto le damos forma y atribuimos cosas de los limitados seres que El creó.

Pero, a Dios no lo podemos controlar.

Los seres humanos quieren vivir siempre en control y cuando las cosas se les salen de las manos; lo atribuyen a un acto de la divinidad a quien le piden que les devuelva el control. Pero, ese falso dios a quien invocan es producto de su imaginación y sólo se acuerdan de El cuando no tienen la situación bajo control. Como no les responde, acusan a su dios inventado de ser malo.

Pero lo realmente triste es que seres inteligentes confundan a una caricatura invento de su imaginación con el verdadero Dios.

Si lo que llamamos Dios, no ve, no oye, no habla y hay que cargarlo; es sólo un ídolo y has vivido tu vida engañado.

El verdadero Dios es una persona y establece una relación con los que le sirven y tiene comunión con los que le creen.

PERLAS PARA CUERDOS. Febrero 27

Y estas señales acompañarán a los que crean: En mi nombre expulsarán demonios, hablarán en nuevas lenguas, **Marcos 16:17.**

Vuelve a estar en las páginas noticiosas el viejo fenómeno de las posesiones demoníacas.

Quiero aclarar que no es nueva esta situación, ya que desde principios de la creación se han reportado personas que actúan irracionalmente, siendo esta junto a la fuerza extraordinaria exhibida por los posesos al igual que la emisión de voces guturales que no se compaginan con el cuerpo que las emite lo que identifica la entidad.

Un compañero mio de estudios fue testigo de una manifestación de este tipo, cuando alguien me vino a buscar para que viera en la sala de emergencias del hospital Psiquiátrico a un paciente que decía que era el diablo. Fuimos y allí estaba aquel pobre hombre, delgado, con ojos desorbitados y voz profunda apenas contenido por cantidad masiva de tranquilizantes y más de 20 hombres incluyendo estudiantes, se identificaba a Sí mismo como "Belial".
Yo sabía que con solo una orden de mi boca aquella entidad saldría de aquel cuerpo, pero, tuve que callarme porque, no era ni el lugar, ni la situación adecuada.
Con los años tuve muchas veces que quitarme la bata y ponerme el cuello clerical para "echar fuera" demonios, especialmente cerca de la zona fronteriza de mi país donde se mueven con libertad esos "entes" por la cercanía de zonas dedicadas a las adoraciones Satánicas y entregadas a la maldad.
Muchos de mis paisanos se ufanan de tener poder por sus prácticas ocultistas y no saben que le han entregado su alma al diablo.
Hay puertas que se abren a estas actividades demoníacas cuando se hacen cosas que aparentan ser inocentes como las lecturas de cartas, de la taza, jugar la tabla Quija, las visitas a ciertos curanderos, baños de buena suerte, amarrar las parejas etc. El diablo cuál ladrón, vino a hurtar, matar y destruir, pero Jesús vino a deshacer las obras del diablo.

PERLAS PARA CUERDOS. Febrero 28

Saca mi alma de la cárcel, para que alabe tu nombre Me rodearán los justos, Porque tú me serás propicio. **Salmos 142:7.**

En los tiempos en que David hijo de Isaí era un fugitivo del Reino de Saul, se refugiaba en cuevas del desierto donde se sentía peor que bajo el calor de la envidia del rey. Estaba rodeado de gente a los cuales identificaba como fuertes toros de Bazán.

Estos aliados de David muchos de ellos eran familiares que conocían su valentía y se habían unido a Él, pero, el relato sagrado los describe como; afligidos, endeudados y amargados de espíritu.

Para un lector casual de la Biblia, esto, quizás no significa mucho. Pero, los conocedores de ella, saben que David era un adorador y que su delicia estaba en entonar alabanzas a su Señor con instrumentos inventados por El.

Pero, adorar rodeado de gente, aunque amadas, estaban llenas de odios, resentimientos, quejas, maledicencias; no era fácil, por eso grita desde lo profundo de su ser: "Saca mi alma de la cárcel, para que alabe tu nombre" pero, no solo soñaba con eso, sino poder adorar junto con los justos, los que se gozaban con lo que era su deleite.

Si hoy te encuentras en dificultades con los de afuera, algunos de los cuales has beneficiado, como David a Saúl, pero condiciones internas son tan o más difíciles que la persecución externa, es tiempo de clamar al que puede librarte; Saca mi alma de la cárcel, para que alabe tu nombre"

Recuerda, "Dios habita en medio de la alabanza de su pueblo, y a la presencia de Jehová tiembla la tierra"

Marzo

PERLAS PARA CUERDOS. Marzo 1

Hageo 2:8. *Mía es la plata, y mío es el oro, dice Jehová de los ejércitos.*

Todo lo creado pertenece al Señor por derecho de autor. Creo que todos sabemos eso. Pero, cuando leemos este verso, ¿en cuál oro y plata piensa usted? Casi todos piensan en los que están en las minas. Pero, ¿y qué de los que están en los bancos, o en los bolsillos nuestros?

¿Verdad que allí, como que no nos gusta mucho la interpretación del texto? Porque por naturaleza somos avaros y egoístas.

Dios no usa el Euro, ni el dólar, ni las libras esterlinas ni el peso. El es el creador-Poseedor-del cielo y la tierra y dice "Que la plata y el oro son suyos"

Lo que respalda el valor de las diferentes monedas en la reserva federal es el oro. Abram, dice la Biblia era riquísimo en oro, plata y ganado. Si se dan cuenta la oración está en superlativo.

Hay personas que tienen problemas con aquellos que poseen este metal precioso y con las joyas, pero quieren ir al cielo y allí dice el Apocalipsis que las calles son de oro, por tanto, el oro será el pavimento. Apocalipsis 21:21.

Dios no está en contra de las posesiones materiales, sino con que ellas nos posean a nosotros. Ellas son para ser usadas y no lo contrario, una vez tengas lo suficiente; úsalas para Dios y ayudar a los demás.

No te preocupes por las cosas de este mundo que tu padre sabe de que tú tienes necesidad.

PERLAS PARA CUERDOS. Marzo 2

Y le dicen: ¿Con cuál autoridad estás haciendo estas cosas?, o ¿quién te dio tal autoridad para hacer estas cosas? **Marcos 11:28**.

Siempre que un cristiano militante, tiene algún dilema en cuanto a una decisión moral en su vida se pregunta qué haría Jesús en mi lugar?

Aunque esta frase se leyó primero en el año 1896 en el clásico Cristiano "En sus pasos" de Charles Sheldon, y conocida por sus siglas en Inglés WWJD (What Would Jesus Do) fue en los años 1990's cuando los jóvenes seguidores del Maestro popularizaron esta frase que luego vino a ser mercadeado y usada por cualquiera, pero originalmente fue usada como un recordatorio de su creencia en el imperativo moral de actuar de tal forma que mostrara el amor de Jesús en sus seguidores.

El Señor Jesús estaba interesado en lo que tanto sus seguidores como los demás pensarán de Él. Por eso le preguntó a sus discípulos: Quien decís vosotros que soy yo? Y Pedro le contestó "Tu eres el Cristo el hijo del Dios viviente"

La fe es creer lo que Dios dice de Él, si creemos que es nuestro sanador, nuestras dolencias serán sanadas. Si creemos que es nuestro libertador, las cadenas y la opresión del enemigo no podrán permanecer. Si creemos que es nuestro proveedor, todas nuestras necesidades estarán suplidas y si creemos que es nuestro salvador, seremos librados de la condenación eterna de los que no creen. Y esto se muestra por nuestro "modus vivendis"

¿Quien le dio esa autoridad? El que le envió al mundo (Dios) y los que le creen la confirman.

PERLAS PARA CUERDOS. Marzo 3

Sin embargo, en una o en dos maneras habla Dios; Pero el hombre no entiende. Por sueño, en visión nocturna, Cuando el sueño cae sobre los hombres, Cuando se adormece sobre el lecho, **Job 33:14-15.**

Dios habla y siempre hablará. Pero, encontramos a personas que se burlan y menosprecian a los que dicen haber oído la voz de Dios aduciendo que los que oyen voces tienen enfermedad mental, no entendiendo que esa es simplemente una conceptualización humana y no es una ley.

Pero, también existen los que se aprovechan de la credulidad de la gente de fe para estafarlos y engañarlos.

Recuerdo un amigo que llamó a mi esposa porque había recibido una gran cantidad de dinero por su jubilación y alguien le dijo que Dios le habló diciéndole que le diera ese dinero para una buena obra. Claro está que mi esposa le dijo al hermano que le dijera al aprovechado que El iba a orar para que Dios le hablara a Él.

Una persona madura en la fe entiende que Dios habla, pero la mejor palabra profética es la Biblia. Jesús dijo: "Ellas dan testimonio de mi"

El verdadero carácter de las personas se revela en lo que habla y cómo se conduce, pero la madurez se muestra al buscar confirmación antes de creer lo que alguien dijo.

Dios, habiendo hablado muchas veces y de muchas maneras en otro tiempo a los padres por los profetas, en estos postreros días nos ha hablado por el Hijo, (La palabra encarnada) a quien constituyó heredero de todo, y por medio del cual hizo también el universo; Hebreos 1:1-2.

PERLAS PARA CUERDOS. Marzo 4

"La naturaleza, gime a una como la mujer en parto, con dolores, aguardando la manifestación de los hijos de Dios" **Romanos 8:19,22**
Todos somos criaturas de Dios, pero, solo son hijos los que han recibido a Jesús como salvador y lo muestran por medio de una vida coherente con lo que confiesa. **Juan 1:12**

Los cambios climáticos que tanto cacarean los que "Viven de eso" no son solamente producto de la contaminación ambiental de seres irresponsables en la mayordomía del cuidado del planeta, sino, porque los que son hijos no se han revelado como deben ser y la naturaleza gime como mujer parturienta.

Recuerdo mi primera experiencia en la guardia como médico interno en el hospital Jaime Mota de Barahona, RD. Me tocó asistir a una jovencita de origen Haitiano en su parto, era primeriza. Yo ya era un "experto" en esas labores porque recién había terminado mi ciclo de Gineco/obstetricia en la maternidad. Pero, yo no sabía ni del credo la mitad-como decía mi madre-ante ciertas eventualidades.

En la fase terminal del proceso, de parto, con la cabeza fuera del producto, con el corte perineal ya hecho. Aquella jovencita comenzó con una crisis histérica; a lanzar gritos en Creol, a moverse encima de la camilla de parto, a temblar y al final, se lanzó de la cama con la cabeza fuera. No hubo quien la convenciera para que saliera de debajo de la mesa. Era de madrugada, tuve que llamar al médico de turno, y éste al Obstetra para decapitar la criatura ya muerta y poder así bajo anestesia general extraer el resto del cuerpo. Aquella mujer hizo una septicemia y luego falleció.

Cuando leo éste texto de la Biblia, ese recuerdo viene a mi memoria. Una naturaleza, que grita, como mujer con dolores de parto, aguardando, que salgan los hijos y con sus vidas y actitudes traigan gozo y no luto. Ruego a Dios que la solución no sea decapitar a los que deben manifestarse.

PERLAS PARA CUERDOS. Marzo 5

Y habiendo dicho esto, clamó a gran voz: ¡Lázaro, ven fuera! Y el que había muerto salió, atadas las manos y los pies con vendas, y el rostro envuelto en un sudario. Jesús les dijo: Desatadle, y dejadle ir. **Juan 11:43-44**

Cuando en medio de la circunstancias de la vida te encuentres como que ya los que antes te admiraban te den por terminado, es tiempo de esperar que truene la voz de aquel que dijo: "Yo soy la resurrección y la vida y el que cree en mi aunque esté muerto vivirá"

Para que la vida de aquel que cree se manifieste solo se necesita su muerte y que los hombres le amarren y piensen que hiede.

Las palabras de los hombres mortales pueden ser motivadoras mientras estas vivo, pero, cuando estás muerto, no sirven las palabras positivas, ni los mensajes inspiradores, necesitas la voz de la resurrección y la vida y solo el que dijo "Yo soy..." y creó todas las cosas te puede ayudar.

Las filosofías, las religiones, los hombres sólo te pueden acompañar hasta la tumba y a muchos los envían atados y envueltos en mantos de tradiciones que no sirven para nada, solo para aquietar la conciencia.

Lo importante es que tengas a quien te reciba del otro lado de la muerte, y no puede ser un mortal como tú, que por más títulos que le hayan puesto los hombres de este lado del umbral de la eternidad, no tienen del otro lado una silla donde sentarse y reposar porque son atormentados.

Solo Cristo te puede salvar y librarte de la condenación eterna. Pero para condenarte solo basta conque no creas en aquel que el Padre envió. Tú te condenas y Cristo te salva.

Te invito a que leas San Juan capítulo 3 versos 16 al 21, y toma una decisión hoy.

PERLAS PARA CUERDOS. Marzo 6

2 Reyes 9:19. *Entonces envió otro jinete, el cual llegando a ellos, dijo: El rey dice así: ¿Hay paz? Y Jehú respondió: ¿Qué tienes tú que ver con la paz? Vuélvete conmigo.*

La respuesta a la interrogante: ¿Hay paz? Está en el mismo texto que tomamos base para nuestra meditación hoy. ¿Qué tienes tú que ver con la paz?

Mucha gente no entiende la Biblia y se la aplican a ellos, cuando no tiene nada que ver con ellos. Pero, la buena noticia es que está disponible para todo el que quiera.

Pregúntese usted mismo: Aplicaría la constitución de un país el cual no es el suyo ni en el cual reside para vivir por ella? Creo que no. Eso sería ignorancia y pérdida de tiempo y energías porque no hay quien la re-enforce o la aplique para que se cumpla.

Pero, lamentablemente eso es lo que hacemos muchos de nosotros hoy, aplicándole las promesas del Reino de Dios contenidas en su constitución{La Biblia} a personas que no han nacido en El, ni viven bajo sus leyes; en otras palabras no han nacido de nuevo.

Muchas personas que -como el mensajero que fue donde Jehú- hablando de paz, amor, bendición, prosperidad, salvación y no tienen nada que ver con eso. Por eso la sugerencia debe seguir siendo la misma, "Vuélvete conmigo" en otras palabras sígueme, conviértete y entonces hablaremos de paz.

La palabra que se usa para paz en el Nuevo Testamento es "Eirene" que significa estar a una, o estar de acuerdo con Dios. No se puede tener La Paz de Dios si no se está de acuerdo con Él y su palabra.

PERLAS PARA CUERDOS. Marzo 7

Una vez más quedaos para ver el gran prodigio que Jehová hará delante de vuestros ojos. **1 Samuel 12:16.**

Nunca debemos desistir de hacer lo que nos hemos propuesto simplemente porque hemos fracasado antes. Pero tampoco debemos permitir que éxitos secundarios nos detengan.

A veces como el pueblo de Israel en tiempos del profeta Samuel, nosotros nos damos cuenta que lo que pedimos y recibimos no es lo ideal y nos vemos atrapados por nuestras malas decisiones.

Cuando vemos resultados positivos, ellos no nos deben definir, como tampoco debemos ser estigmatizados porque quedamos cortos en nuestra meta, en todo caso solo demostramos que somos vulnerables.

Los conquistadores vuelven a intentarlo una vez más. Los fracasados agarran miedo y desisten.

No temas intentarlo una vez más, vuelve a comenzar de nuevo.

Pedro volvió a tirar la red cuando no pescó nada durante toda la noche; Naaman se sumergió una vez más, aunque ya llevaba seis zambullidas en el río Jordán sin resultados; Josué no cesó de rodear la muralla de Jericó hasta que esta cayó.

El fiasco es solo parte del proceso.

Es tiempo de volverlo a intentar una vez más, porque nuestro Dios es Dios de nuevas oportunidades.

PERLAS PARA CUERDOS. Marzo 8

Y pondré enemistad entre ti y la mujer, y entre tu simiente y la simiente suya; ésta te herirá en la cabeza, y tú le herirás en el calcañar. **Génesis 3:15.**

Desde el principio de la humanidad, Dios le asignó a la mujer un papel preponderante en el destino de la misma. Y como el enemigo de la justicia sabía eso, ha tratado desde entonces de humillarla, condenarla, relegarla a un segundo plano, ocultarla, borrarla, callarla y por último ha usado la violencia para anularla.

Para esta fecha el mundo ha tomado un momento para reflexionar sobre el valor de la mujer en nuestra sociedad y reconocer sus aportes.

Creo personalmente que Dios preparó a ese ser tan particular para tarea súper especiales que los hombres ni en pesadillas haríamos, como soportar el dolor de las preñeces, traer al mundo y criar los hijos, trabajar fuera y hacer labores domésticas y hacerlo sin esperar nada a cambio, solo el ser amada.

De una mujer nació el salvador del mundo, la simiente que destruyó la obra del engañador y por eso ha estado todo el tiempo enojado con ella.

Detrás de las funciones importantes de la vida, hay una mujer. La madre, la maestra, la enfermera, la hermana, la amiga, la consejera, la guerrera, la que está contigo hasta el final. Por eso cuando Jesús estaba muriendo en la cruz, solo había un discípulo y las demás eran las mujeres que le servían con sus bienes, y que no le dejaron morir solo.

Ellas fueron las primeras que fueron al sepulcro, y las que trajeron al grupo las buenas noticias de su resurrección.

Cuando pienses en algo o alguien que sea notorio, vas a encontrar a una mujer. Valoremos las que tenemos cerca y no despreciemos sus cuidados. Benditas sean todas las mujeres.

PERLAS PARA CUERDOS. Marzo 9

PROVERBIOS PERSONALES

Abriré mi boca en proverbios; Hablaré cosas escondidas desde tiempos antiguos, **Salmos 78:2.**

-Nunca vayas donde no te invitaron. Y si lo hicieron, pon cuchillo a tu garganta.

-No te busques enemigos gratuitos, no abras frentes de guerra sin razón aparente.

-No respondas si no te preguntaron y si lo hacen, sean pocas tus palabras.

-No resaltes las debilidades ajenas, porque, al hacerlo, llamas la atención sobre las tuyas.

-No alejes de ti a quien te ama y te ha sido fiel, y a quien no te quiere, mantenle cerca, así verás mejor sus intentos.

-Respeta a quienes han vivido más que tú, las guirnaldas no se ganan por gustos o preferencias.

-Vive al máximo tu vida, es la única que puedes disfrutar, por qué desperdiciar tú tiempo viviendo la ajena.

-Si piensas que todo y todos hieden, chequea bien, puede que seas tu.

-Si piensas que el futuro es una extensión del pasado, no busques resultados diferentes.

-Si tienes a Dios como un huésped en tu casa, no esperes que se comporte como el Señor.

PERLAS PARA CUERDOS. Marzo 10

Hubiera yo desmayado, si no creyese que he de ver la bondad de Jehová En la tierra de los vivientes. Espera en Jehová; Ten valor y afianza tu corazón; Sí, espera en Jehová. **Salmos 27:13-14.**

Todos los que nos ha tocado vivir en esta época, podemos testificar de los peligros envueltos en estar vivos y salir a las calles. Cuando se piensa mucho, entramos en paranoia y nos encerramos llenos de temor y depresión. Por eso, vivir hoy es prácticamente un acto de fe.

Yo no sé cómo la gente puede vivir sin Dios en estos días. No sé cómo salen a la calle. Cómo se comen lo que ingieren a diario, cómo se montan en un carro o en un avión. Ante tanta traición, cómo tienen amigos.

Es una locura vivir sin Dios. Yo cada día estoy agradecido de haberle conocido a tiempo y estar cobijado bajo su sombra y saber que El es más que un concepto abstracto, sino una persona que me ama y me protege.

En la profesión médica cuando algo es positivo, tiene un significado negativo. En ciencias cuando se suman dos negativos resulta un positivo. Así también en el mundo espiritual, a los que aman a Dios las cosas negativas se suman para bien, es decir, resultan ser positivas. Romanos 8:28. Por tanto si algo negativo está sucediendo en tu vida y tu amas a Dios, gózate porque eso se suma a tu lista de cosas que te benefician.

Leyendo los Salmos me doy cuenta que David hace miles de años enfrentaba los mismos problemas, pero su corazón estaba confiado en Dios. ¡Dios es Maravilloso, ayer, hoy y siempre!

PERLAS PARA CUERDOS. Marzo 11

Isaías 60:2.*Porque he aquí que tinieblas cubrirán la tierra, y oscuridad las naciones; mas sobre ti amanecerá Jehová, y sobre ti será vista su gloria.*

El mundo no está bien, las cosas no están como deberían ser, pero, no es culpa de Dios, sino del "hombre"(humanidad) a quien Dios puso a administrar todo lo creado. Es por eso que cuando el "hombre" pecó, Dios dijo: "Maldita será la tierra por tu causa"

Los humanos sacan a Dios de las escuelas y cuando ocurren matanzas se preguntan dónde estaba Dios? Sacan los 10 mandamientos de las cortes y después se preguntan el porqué del aumento de los juicios y el peculado.

Han sacado a Dios de sus hogares y preguntan el porqué el aumento de los divorcios, de la maldad y la falta de respeto en los chicos de hoy hacia los adultos. No hay espacios vacíos, lo que no ocupa Dios, lo hace el otro.

¡Me producen tristezas las cosas vacías! No me gusta ver abandonados lugares y viviendas que una vez fueron llenas de esplendor y bullicio.

Tampoco me agrada ver cosas o personas en desuso, que no cumplen el propósito para el que fueron creados.

Y aunque sé que todo llega a su final, prefiero ver el Alba que anuncia un nuevo día, que la Aurora que proclama la conclusión del mismo.

Lo que me fascina de la vida a plenitud en Cristo, es que siempre hay una nueva oportunidad para empezar otra vez, que no hay espacios vacíos, ni gente desocupada, en donde todo tiene su tiempo y se restituye hasta los años perdidos y las relaciones rotas. Hoy hay un Nuevo amanecer para tí. ¡Bendiciones!

PERLAS PARA CUERDOS. Marzo 12

Gracia y paz sean a vosotros, de parte de Dios el Padre y de nuestro Señor Jesucristo, el cual se dio a sí mismo por nuestros pecados para librarnos del presente siglo malo, conforme a la voluntad de nuestro Dios y Padre, **Gálatas 1:3-4.**

Algunos piensan que Jesús vino a fundar una religión, otros dicen que a enseñarnos a morir, y otros a dejar un conjunto de reglas para estropearles el gozo. Pero, no es así, El vino a que se cumpliese en El, lo dicho por el Padre desde la antigüedad y devolverle al ser humano, la gloria perdida desde el principio; la imagen de Dios y así librar de la condenación eterna a los que reciben su sacrificio y le creen, viviendo vidas apartadas del mal.

Con todo, la decisión es nuestra.

Dios tiene algo nuevo reservado para ti hoy. "Sus misericordias son nuevas cada mañana" No cierres las puertas a las nuevas oportunidades que el Señor te brinda.

Te sorprenderás que viejos conocidos y viejas situaciones se renovarán para bien. Te reirás de nuevo como lo solías hacer antes de que te marcarán la traición y la mala noticia. Serás fuente y destinatario de buenas noticias.

Cuando mires hacia atrás, lo harás con los ojos puestos en la meta. Ora siempre a Dios que ensanche tu corazón, que estreche tu camino, que multiplique tus fuerzas y los amigos, y que conserves tu integridad.

Y que en tu madurez retengas las buenas memorias que puedas, porque al final del día no está en ti decidir cuál de ellas conservarás.

PERLAS PARA CUERDOS. Marzo 13

Juan 15:15. *"os he llamado amigos, porque todas las cosas que oí de mi Padre, os las he dado a conocer"*

El llamarse hijos de Dios tiene una connotación más amplia de lo que nosotros regularmente le atribuimos. Es ser parte de la familia de Dios, es sentarse a la mesa con el Padre y conocer su corazón.

En la familia palestina la comida principal del día, era al final del mismo. En ella se compartía sus experiencias de ese día, sus secretos, sus éxitos y frustraciones, nada quedaba fuera de la mesa de la familia.

Entre la familia no había nada oculto. Pero si había algo en el corazón de uno de los hijos no comía, como señal de disgusto porque no había comunión. Eso fue lo que le sucedió a Jonathan cuando su padre insistía en la mesa de hablar mal de David; 1 Samuel 10:34 "Y se levantó Jonathan de la mesa con exaltada ira, y no comió pan el segundo día de la nueva luna; porque tenía dolor a causa de David, porque su padre le había afrentado"

No entiendo el concepto de que un hijo de Dios hable mal de otro con quien está supuesto a tener comunión. Cuando hablamos mal de alguien no solo estamos criticando a esa persona sino a quien lo creó. Uno de las calcomanías que más me gusta es aquella que dice: Dios me hizo, y El no hace porquerías. Mírate frente al espejo y repite esas palabras.

El exclusivismo es una de las señales del sectarismo. No hay cosa más peligrosa que una persona que crea que tiene exclusividad en la relación con Dios, y que los demás solo son observadores en su fiesta.

Si es posible, en cuanto dependa de vosotros, estad en paz con todos los hombres. Romanos 12:18

PERLAS PARA CUERDOS. Marzo 14

El principio de la sabiduría es el temor de Jehová; Los insensatos desprecian la sabiduría y la enseñanza. **Proverbios 1:7.**

He visto con frecuencia que algunas personas intentando definir la expresión Bíblica "El temor de Jehová " lo hacen desde una perspectiva errada, basada en los temores humanos y teniendo en mente a seres impositivos y malvados que nos asustan y atemorizan con su sola presencia.

Estos textos a continuación nos describen el temor del Señor como sinónimo a la honra debida a su nombre; Levítico 19:32. *Delante de las canas te levantarás, y honrarás el rostro del anciano, y de tu Dios tendrás temor. Yo Jehová.*

*El hijo honra al padre, y el siervo a su señor. Si, pues, soy yo padre, ¿dónde está mi honra?, y si soy señor, ¿dónde está mi temor?, dice Jehová de los ejércitos a vosotros, oh sacerdotes, que menospreciáis mi nombre. Y decís: ¿En qué hemos menospreciado tu nombre?*Malaquias 1:6.

Temor de Jehová es una actitud de honra, reverencia y respeto hacia Dios motivados por su Amor, su Santidad, su Sabiduría, su grandeza y por el conocimiento de que El aborrece el pecado, lo que nos impulsa a agradarle en todo no por miedo al castigo sino por el riesgo o posibilidad de ofenderle. A Quien teme al Señor le caracteriza un profundo amor y por ello busca complacerle en todo y para ello debe creerle y confiar absolutamente en El.

PERLAS PARA CUERDOS. Marzo 15

Mirad bien, no sea que alguno deje de alcanzar la gracia de Dios; que brotando alguna raíz de amargura, os estorbe, y por ella muchos sean contaminados. **Hebreos 12:15.**

Si es cierto que la traición revela lo que hay oculto en el corazón de personas cercanas, aunque te hayan jurado que te amaban; no es menos cierto que el resentimiento muestra el carácter de que estamos hecho.

Para nadie es un secreto que guardar rencor, no daña a quienes nos han traicionado, sino, a nosotros mismos. Es como tomar veneno de ratas y esperar que sean estas las que se mueran.

Solo los ilusos mantienen su esperanza en aquellos que nos han dañado, pero, para los que son maduros, este acto solo será el impulso que necesitaban para salir de una relación tóxica o una etapa de transición, para entrar en lo verdadero y permanente.

La confianza debe estar en Dios y en su propósito para tí. Una nueva temporada de cosas trascendentales comenzará a los pocos días de la amarga experiencia, si tan solo sales del cuarto oscuro de la desilusión.

En el próximo período, sentimientos que creíamos muertos volverán a nacer y al vernos feliz, los que quisieron hacernos daño, se morirán de envidia y al estar sanos; relaciones significativas rotas serán restablecidas.

Siembras que has hecho en el pasado tendrán abundante cosecha en tu nueva temporada.

Si lo puedes soñar, aún en la noche oscura lo verás, y sin lugar a dudas cantos de júbilo adornarán tu nueva vida y todos querrán estar a tu lado.

PERLAS PARA CUERDOS. Marzo 16

Procura con diligencia presentarte a Dios aprobado, como obrero que no tiene de qué avergonzarse, que usa bien la palabra de verdad. **2 Timoteo 2:1.**

Cuando algo o alguien es aprobado es porque muestra conformidad con lo que se espera de ello, es mostrar satisfacción con el producto.

En el lenguaje Bíblico la palabra que define este término se refiere a lo que después de pasar por el escrutinio de un ensayo; es aceptable.

Todo lo que tiene valor en esta vida se prueba. No solo se prueban los metales y piedras preciosas, sino que también se prueba lo inmaterial, el carácter de la gente.

Se prueba el corazón, las motivaciones, la integridad, la paciencia, la fidelidad, el compromiso, la fe etc.

Así como en metalurgia, en la vida todo es cuestión de Reacción. En el caso del oro. Se le aplica ciertos ácidos (Nítrico y muriático [clorhídrico] a 50% mínimo) y dependiendo de la reacción o cambio de coloración a los irritantes, se determina la calidad,10, 14, 18 quilates en el caso del oro, mientras menos reacción mayor valoración.

En la reacción del carácter el ser desaprobado trae vergüenza. ¿Cuál es nuestra reacción cuando somos probados por las situaciones ácidas de la vida? Mientras más cambiamos de color, menos pureza.

Procura si eres probado que no te descolores.

"Ayúdanos Dios mío"

PERLAS PARA CUERDOS. Marzo 17

Y sin fe es imposible agradar a Dios; porque es necesario que el que se acerca a Dios crea que le hay, y que es galardonador de los que le buscan. **Hebreos 11:6.**

Todo el mundo tiene fe, lo que sucede que al momento de probarlo es que nos damos cuenta la clase de fe que tenemos.

Cuando hablamos de fe debemos entender lo que significa la fe Bíblica.

Muchos saben describirla, pero, pocos saben definirla; Es creerle a Dios, a lo que ha dicho en su palabra y no cualquier cosa que se nos antoje.

Los modernos entrenadores de vida (Life's coach) enseñan a sus seguidores cómo desarrollar su potencial para lograr influir a los demás por medio de la inspiración.

No hay nada en el hombre natural que pueda motivar de una forma permanente a los demás. La verdadera influencia la ejercen aquellas personas que con su fe; llaman la atención del Señor; Si logramos tocar a Dios con nuestra fe, ¿tendremos acceso a lo eterno y a quién no llegaremos?, ¿Qué no lograremos?

¡Dios se deleita, se complace con los que le creen! ¡Si tienes fe dirás a ese monte que se mueva. ¡Para el que cree todo es posible! ¡Si vas a cultivar algo, que sea tu fe. ¡Créele a Dios!

PERLAS PARA CUERDOS. Marzo 18

Y yo, si soy levantado de la tierra, a todos atraeré a mí mismo.
Juan 12:32.

Esas palabras las dijo Jesús previo al magno evento que se efectuó en El Monte Gólgota dónde ofrendó su vida por el pecado de la humanidad.

Para algunos, eso pudo ser un suceso fortuito, pero, en realidad No existe tal cosa como coincidencias. Los indoctos llaman así a las Diosidencias o citas programadas divinamente.

Así, cual Jesús, hay personas que son como imanes. Atraen a las otras personas como un magneto.

Esas personas se caracterizan por tener un espíritu afable, una mirada tierna, una palabra conciliadora y llena de esperanza, unas manos diligentes para ayudar y unos pies presurosos para caminar la milla extra.

Pero, sobre todo tienen un corazón que se compadece del dolor ajeno y que se engrandece ante la adversidad.

Si puedes notar, solo Cristo nos puede dotar de esas cualidades.

Necesitamos individuos imanes que con su carácter semejante al de Cristo atraigan multitudes a vivir en paz, en vez de alejar la gente, pero, son pocos los que quieren pagar el precio de primero ser levantados de esta tierra maldecida por el mayor pecado de todos, vivir la vida sin Dios.

Recuerda si levantas a Jesús, por medio de la fe y la obediencia a su palabra; El te levantará consigo a lugares celestiales para que vivas la vida del cielo aquí en la tierra. Puedes estar en medio de un mundo corrupto sin contaminarte.

PERLAS PARA CUERDOS. Marzo 19

Honra a tu padre y a tu madre, que es el primer mandamiento con promesa; para que te vaya bien, y seas de larga vida sobre la tierra. Y vosotros, padres, no provoquéis a ira a vuestros hijos, sino criadlos en disciplina y amonestación del Señor. **Efesios 6:2-4.**

Las personas física, emocional y espiritualmente huérfanos, no tienen idea de cómo actúan los Padres y cuando tienen sus propios hijos siguen patrones imaginarios de crianza porque no tienen modelos a seguir.

El papel de los Padres no es ser amigos de sus hijos (aunque lo sean) porque los amigos procuran hacerte sentir bien, pero, los padres procuran criarte bien por encima de tus sentimientos.

Por eso, los padres de generaciones pasadas hicieron un mejor papel en criar a sus hijos que los actuales, porque los modernos tratando de corregir los excesos y las distorsiones, crearon nuevas reglas para todos basadas en las correcciones y la sociedad está recibiendo la cosecha de esa siembra.

Mi padre, fue un hombre iletrado, tuvo 15 hijos, y tenía por regla que si uno de sus vástagos varones hacía algo indebido, todos pagaban. Eso nos hizo, velar los unos por los otros y procurábamos que todo estuviera bien, aunque El no estuviera presente.

Tengo el honor de que 2 de mis hermanos han ocupado la más alta posición de oficinas departamentales del Estado y ambos han sido despedidos antes del cumplimiento de su periodo, por negarse a tomar prebendas y no permitir que los que estaban bajo su mando robaran. Todo por esa crianza.

PERLAS PARA CUERDOS. Marzo 20.

Bienaventurado el Varón que no anduvo en consejo de malos. **Salmos 1:1**

Nosotros debemos en estos días tener muy pendiente este Salmo, porque la razón de la felicidad está en que alguien no escuchó el consejo de malos.

El gozo y la felicidad de un creyente fiel, no depende de lo que tenga o deje de tener, sino en su salvación. Conozco algunos casos de personas que abandonan la fe porque Dios no les dio, lo que ellos esperaban. El profeta lo dice así: "Aunque la higuera no florezca, Ni en las vides haya frutos, Aunque falte el producto del olivo, Y los labrados no den mantenimiento, Y las ovejas sean quitadas de la majada, Y no haya vacas en los corrales; Con todo, yo me alegraré en Jehová, Y me gozaré en el Dios de mi salvación". **Habacuc 3:17-18**. Y el Salmista añade; "Vuélveme el gozo de tu salvación, Y espíritu noble me sustente" **Salmos 51:12.**

Muchas veces desperdiciamos nuestro tiempo buscando alguien quien, o algo que nos pueda hacer feliz.

La verdadera felicidad consiste en tener a Dios en nuestras vidas y esto se demuestra al amar y disfrutarlo que ya tenemos y no sentirnos mal por aquello que no tenemos.

El gozo es mayor que la felicidad, el primero es fruto del Espíritu, la segunda depende de las circunstancias.

Celebra en este día y propón en tu corazón ser feliz con lo que tienes y no procures amargarte por lo que no tienes. Aprende a valorar las cosas y los pequeños detalles y verás cuan feliz serás aunque no tengas lo que tiene el vecino.

PERLAS PARA CUERDOS. Marzo 21

Como el águila que excita su nidada, Revolotea sobre sus pollos, Extiende sus alas, los toma, Los lleva sobre sus plumas, Jehová solo le guió, Y con él no hubo dios extraño. Lo hizo subir sobre las alturas de la tierra. Y comer los frutos del campo. Le dio a gustar miel de la peña, Y aceite del duro pedernal; **Deuteronomio 32:11-13.**

De las águilas aprendemos muchas cosas. No es insignificante el hecho de que Dios compare a los que confían en El a estas maravillosas aves.

Por qué no los compara con pollos o gallinas u otros animales, porque como las águilas los que confían en Dios se remontan sobre las alturas y las tormentas de la vida no le detienen sino que le impulsan para volar con menor esfuerzo.

El águila madre- cuando los polluelos han crecido, sacude el nido, para que caigan al vacío y aprendan a volar, el padre águila antes de que ellos se golpeen con el suelo, se mete por debajo y los carga sobre sus lomos y se vuelve a repetir la acción hasta que los aguiluchos se dan cuenta que ellos también lo pueden hacer.

¡Nacieron para volar!

Si ves dificultades en tu vida y pareciera que no recibes ayuda, quizás te estén enseñando a volar para que no dependas de otros.

El hacer cosas que nunca has realizado es un desafío de fe. Acepta el reto y emprende tu asignación; aquello para lo que has nacido.

No esperes más, las cosechas se pierden cuando no se recogen a su tiempo. Y el tuyo ha llegado! ¡Tu tierra Fluye leche y miel! ¡Dios te ha dado más de lo que pides o entiendes. ¡Sacude el nido, remonta el vuelo y sal de tu zona de confort!

PERLAS PARA CUERDOS. Marzo 22

Jeremías 2:13.*"Porque dos males ha hecho mi pueblo: me dejaron a mí, fuente de agua viva, y cavaron para sí cisternas, cisternas rotas que no retienen agua"*

En el Antiguo Testamento encontramos a Dios con frecuencia quejándose de un pueblo que no cumplía con las demandas de la ley y que para "aparentar" buscaba formas alternas de su propia invención de cómo llegarse a Dios, es lo que hoy conocemos como religión.

Sin embargo en el Nuevo Testamento vemos al mismo Dios, satisfecho, con una actitud diferente. Qué hizo la diferencia? Una cruz, un sacrificio, una persona que satisfizo todas las demandas de la ley y pagó con creces el precio del pecado.

El agua de vida no está estancada en pozos es agua corriente, es agua viva.

"El pozo es hondo" le dijo la Samaritana a Jesús. Lo que la comunidad cercana estaba usando para beber y lavar, no es lo que Dios usaría para saciar y limpiar. Para ello no necesitas del cántaro sino de fe.

Los problemas humanos pueden ser profundos y de difícil solución pero para Dios no hay nada difícil. El dilema de la humanidad es que siguen buscando pozos para saciar la sed espiritual y así es imposible, pero, ya Dios no está airado con la humanidad.

No tienes que hacer sacrificios para agradar a Dios, porque solo por fe, creyendo en aquel que pagó el precio del pecado, es que puedes llegarte a Él.

La comunidad internacional celebra el día mundial del agua, como un recordatorio para ahorrar este precioso líquido, pero, el agua espiritual ha sido derramada para saciar la sed de todos y nunca se agota.

PERLAS PARA CUERDOS. Marzo 23

1 Tesalonicenses 5:21. *Examinadlo todo; retened lo bueno.*

Desde que tengo uso de memoria me recuerdo a mi mismo estudiando, investigando, sacando conclusiones de toda información que recibo.

Uno de los grandes problemas que tenemos hoy día es que nos quieren dar todo ya procesado, digerido y esperan a que asimilemos lo que nos dicen como si fuera un hecho consumado.

Por un lado nos enseñan que no hay absolutos, que todo es relativo, pero quieren que creamos las medias verdades que nos ofrecen y que las creamos a ciegas.

Dios nos puso un cerebro en la parte más alta de nuestro ser para que lo usemos. En lo sucesivo cuando leamos o escuchemos una información sometámosla a las siguientes preguntas:

—Quién lo dijo,
—Por qué lo dijo,
—En qué lo beneficia eso que dijo,
—Cuales fueron los parámetros que usó para sacar esa conclusión,
—Está basado en un estudio serio e imparcial o en una agenda personal y por último pero lo más importante;
—Qué dice Dios en su palabra acerca de eso?

Verás cómo cambia su opinión acerca de muchas cosas y cuántas personas insultan a diario nuestra inteligencia.

El apóstol Pablo alabó a los creyentes de Berea, porque eran diligentes en verificar a la luz de las escrituras la información que les estaba suministrando para ver si era así. En una época como la que vivimos caracterizada por la desinformación y la manipulación de la verdad, es loable y aconsejable examinarlo todo y retener lo bueno.

PERLAS PARA CUERDOS. Marzo 24

Mi carne y mi corazón desfallecen; Mas la roca de mi corazón y mi porción es Dios para siempre. Porque he aquí, los que se alejan de ti perecerán; Tú destruirás a todo aquel que de ti se aparta. **Salmos 73:26-27.**

Junto con el Salmista pienso que los que viven sus vidas sin Dios son suicidas en potencia. Andan, -como decía mi señora madre- con la soga arrastra.

Es necedad, saber que Dios tiene la solución para todos nuestros problemas e ignorarlo por la consabida prepotencia de creer que no lo necesitamos a Él.

Muchas personas dicen: La vida es corta, así que hay que disfrutarla y vivirla. Y mi pregunta es; ¿Cómo puede alguien disfrutar la vida sin el autor de la misma?. La vida sin Cristo es solo existencia y como está vacía, trata de llenarla con cualquier cosa que obnubile la mente, con tal de no pensar y no sentir el hastío de ese vacío existencial. Lo peor no es eso, sino que no puede concebir cómo otros pueden vivir sin su anestésico de conciencia.

Es cierto, la vida es corta, por eso quiero vivirla plenamente y mientras lo hago, enviar material para el otro lado dónde vamos todos y donde cosecharemos lo que hemos sembrado de este lado.
La vida es corta y puede ciertamente dejar de ser en un abrir y cerrar de ojos, en breve puede ya no existir.

Mis órganos internos podrán dejar de funcionar, pero, mi espíritu siempre estará dispuesto. Dios fortalece mi corazón; él es mi herencia eterna.

No le cuentes a Dios de tus grandes problemas, por el contrario, háblale a tu problema, de lo grande que es tu Dios. Arrodíllate siempre ante tu Dios y no ante el problema.
Los que le creemos a Dios decimos como Pablo, para mí el vivir es Cristo y el morir es ganancia. **Filipenses 1:21.**

PERLAS PARA CUERDOS. Marzo 25

Salmos 30:11. *"Has cambiado mi lamento en baile; desataste mi cilicio, y me ceñiste de alegría"*

La vida está llena de cambios, y estos son más notables cuando transicionamos de una estación a otra. Cuando salimos de una vieja y entramos a una nueva etapa.

Muchos de los cambios importantes en nuestras vidas son generados en el cielo y son para provecho personal.

Esos cambios son antecedidos por un proceso o crisis, los cuales marcan nuestra existencia.

Si no reconocemos los preludios de esos cambios, creeremos que las crisis que los preceden son malas y no es así, sino que con cada transición se nos presentan nuevas oportunidades las cuales debemos aprovechar.

Nadie está libre de problemas, ni tampoco de los subsecuentes cambios; todos los tendremos, pero si entendemos su procedencia y que son parte de nuestro desarrollo; podremos sacar provecho de ellos.

Por eso cuando estés pasando el Niágara en bicicleta, respira profundo y dite a ti mismo; "Lo mejor está por venir" estás presto-como el Salmista-a salir de la etapa de lamentos y a entrar en la fiesta preparada en el cielo.

Y recuerda que en esta vida lo más seguro es el cambio.

PERLAS PARA CUERDOS. Marzo 26

Y estas señales seguirán a los que crean: En mi nombre echarán fuera demonios, hablarán nuevas lenguas, tomarán serpientes en sus manos, y si beben algo mortífero, no les hará ningún daño; impondrán las manos sobre los enfermos, y sanarán. **Marcos 16:17-18.**

Hay una gran fascinación por andar detrás de cosas que nos han sido dadas por su divino poder y su gracia.

¿No le ha sucedido a usted que anda buscando algo que tiene en las manos o lleva puesto consigo?

No es la voluntad de Dios que los creyentes anden detrás de cosas que deben seguirlos a ellos.

Mire bien que no digo que no pueden tener, sino perseguir cosas que ellos deben controlar.

Los hombres y mujeres de Dios no están supuestos a buscar dinero ni riquezas porque, según el Salmos 23 " el bien y la misericordia le seguirán todos los días de su vida"

Este es un cuadro pictórico de una peregrinación del pueblo de Israel por el desierto, donde los debilitados y las posesiones materiales eran colocados en la retaguardia. Por eso era que Amalec atacaba por detrás a Israel, porque cuando viene el ataque del enemigo, los primeros que se van son los débiles en la fe que se colocan detrás y no al frente; pero, también las finanzas es lo primero que sufre.

Una Comunidad con problemas en sus ingresos está bajo ataque y hay muchas víctimas.

Por el contrario una familia, una congregación poderosa en oración e intercesión y en evangelismo, siempre será una amenaza para el infierno y estará a la ofensiva y no a la defensiva.

Respondió Jesús y le dijo: Si conocieras el don de Dios, y quién es el que te dice: Dame de beber; tú le habrías pedido a él, y él te hubiera dado agua viva. **Juan 4:10.**

Éste versículo es parte del pasaje de la mujer Samaritana, aquella atormentada mujer que era perseguida por su pasado y tenía una gran urgencia del Salvador.

Ella creía que tenía en su religión y tradición lo que necesitaba, pero, nada le había podido sacar del pozo de la desesperación, del lodo cenagoso, hasta que fue al pozo de Jacob y encontró allí a Jesús, quien la estaba esperando y lo primero que El hace, es señalarle que ella no conocía al verdadero Dios, ni sabia adorar.

Muchas personas han oído hablar de Jesús y tienen información acerca de su persona y su obra, pero no le conocen.

El saber y conocer en nuestro idioma tienen significados más profundos que el que regularmente les damos. Si hemos saludado a alguien o hemos oído hablar algo o de alguien decimos que le conocemos o sabemos quién es; pero esta palabra implica algo más que un simple haber escuchado o saludado es tener una relación íntima.

Es tan íntima esta palabra que es la que se usa en Génesis para decir que Adán tuvo relaciones sexuales con su compañera Eva, en otras palabras se hicieron uno.

Se puede hasta tener una relación filial o legar con alguien y aún así no conocerle.

La pregunta es: ¿Conoces a Jesús? O simplemente tienes información de él.

PERLAS PARA CUERDOS. Marzo 28

Porque los que viven saben que han de morir; pero los muertos nada saben, ni tienen más paga; porque su memoria es puesta en olvido. **Eclesiastés 9:5**

Tengo un familiar cercano que cuando era joven acostumbraba a hacer chistes sobre la muerte, pero, ahora que ha envejecido le tiene un terror espantoso a morirse.

En mi todavía corta travesía he visto varios tipos de actitudes hacia ese fenómeno natural: Están los que temen a los muertos. Por otro lado están los que temen al hecho mismo. También están los que sobrestiman a los que mueren, atribuyéndoles facultades y poderes que no tienen, como que les cuidan, que les ven desde el otro lado. Pero, el Sabio Salomón dice que los muertos nada saben.

Por último están los que subestiman la muerte. Es un error tener en poco esa etapa, porque es el epílogo del libro de tu vida y el fin de las oportunidades.

El autor de los Hebreos dice que: "Está establecido para los hombres que mueran una sola vez y después de eso el juicio" Podemos inventar todo lo que queramos, sacar teorías extraídas de libros de ciencia ficción, pero, la realidad es que el único que sabe de eso es aquel que estuvo allí y volvió para no morir jamás y El dice que hay un juicio después que hayamos muerto y que nadie podrá librarnos de Él.
Cuando mueras el que tiene las llaves del cielo, del infierno, de la vida y de la muerte te preguntará, ¿por qué tengo que dejarte entrar en mi cielo Santo? Y la única respuesta aceptable es porque "No vivo yo, más vive Cristo en mí y a los que le serán permitidos entrar, se oirá una voz a la diestra del Trono que dirá: Padre, ese es uno de los míos, que aceptó mi sacrificio y creyó mi palabra por lo que vivió de acuerdo a mis instrucciones, por tanto, para El no hay condenación.
El apóstol Pablo dice que para los fieles creyentes "El vivir es Cristo y el morir es ganancia"

PERLAS PARA CUERDOS. Marzo 29

Eclesiastés 5:2. *No te des prisa con tu boca, ni tu corazón se apresure a proferir palabra delante de Dios; porque Dios está en el cielo, y tú sobre la tierra; por tanto, sean pocas tus palabras.*

El sabio Salomón dice que en el mucho hablar no falta pecado. Y que la vida y la muerte están en poder de la lengua.

Pienso que las personas que tienen mayores cosas que enseñarnos son las que menos hablan.

Hoy día, hay una fascinación con hablarlo todo, y mientras menos tienen que decir, más habla la gente.

Los que son peritos en el arte de vivir, han aprendido a controlar sus impulsos y deseos de comunicarlo todo. En otras palabras tienen dominio propio.

Hay un principio espiritual que muchos conocen y todos los que creemos debemos poner en práctica; lo que tú quieres recibir o lo que piensas recibir es lo que debes confesar.

Si otros no lo creen ese es su problema, seguirán recibiendo y teniendo lo mismo.

No digas cosas que no quieres recibir. Aunque se las envíes a otros el destinatario eres tú. ¡Las palabras son semillas en manos llenas, que caen a los pies de quien las va esparciendo!. Recuerda; "Todo lo que el hombre siembra, eso también segará" **Gálatas 6:7**.

PERLAS PARA CUERDOS. Marzo 30

Y vosotros, padres, no provoquéis a ira a vuestros hijos, sino criadlos en disciplina y amonestación del Señor. **Efesios 6:4.**

Los padres entrados en la etapa del nido vacío, nos quejamos con frecuencia de la ingratitud de nuestros hijos al vivir vidas separadas a las nuestras.

Al visitar mi hijo Daniel Jr, y verle en acción con sus propios hijos me doy cuenta del buen trabajo que está haciendo con ellos, pero, también me doy cuenta que sus hijos a pesar de ser bien educados, no son sumisos como es El; todo lo cuestionan y opinan libremente sobre cualquier decisión familiar. Eso, no le era permitido a mi hijo en nuestro hogar. Su madre y yo éramos muy estrictos y sobre protectores y me imagino todo lo que viene a su mente cuando piensa en visitarnos.

La sobreprotección nos hace terminar estresados, y criamos hijos agobiados que crecen incapacitados por exceso de cuidado.

Según Carl Honoré, la combinación de la globalización, el aumento de la competencia y la inseguridad cada vez mayor en los lugares de trabajo, nos han hecho más ansiosos respecto a preparar a nuestros hijos para la vida adulta. El resultado es: hijos frágiles y sin autonomía. Llenos de miedos e inseguros de tomar decisiones por sí mismos.

La solución está en lo que dijo Jesús; No preocuparse tanto por el mañana, cada día trae su propio afán. Y a sus hijos, déjelos equivocarse y que asuman la responsabilidad por ello, eso se llama vida.

Siempre me gusta repetir que la vida paterna es muy corta y vamos a ella sin experiencia alguna y cuando la hemos adquirido ya es muy tarde porque somos abuelos.

PERLAS PARA CUERDOS. Marzo 31

Sea vuestra palabra siempre con gracia, sazonada con sal, para que sepáis cómo debéis responder a cada uno. **Colosenses 4:6.**

Debo confesar que soy un amante de un buen chiste y una buena historia, pero creo que la vulgaridad no es de buen gusto, especialmente en personas educadas.

La vulgaridad es falta de refinamiento, de buen gusto, de cultura y buena manera. Es por tanto ofensivo a algunos sectores de los que escuchan.

Recuerdo en mi tiempo de un humorista Argentino de nombre Juan Verdaguer quien decía chistes hasta de índole sexual sin ofender, porque te ponía a pensar para que llegaras a la conclusión deseada.

Un buen chiste es como los degustadores de comida o bebidas, que resaltan la calidad y valor de aquello que prueban.

Las personas no solo educadas, sino con mente nueva tienen la oportunidad de haber sido llamados a servir el mejor vino de la reserva celestial, es el vino nuevo del Señor, Somos sus meseros.

El vino nuevo en odres nuevos se ha de servir. Los odres, son los vasos y solo los que tienen una nueva naturaleza, pueden contener el vino nuevo tipo del Espíritu.

Estamos como mediadores entre lo decadente y lo que está por venir, sirvamos al prójimo con el mejor de nuestros esfuerzos.

Compartamos esta carga que Dios ha puesto sobre nuestros hombros con muchos otros que todavía no han gustado el vino de Dios.

Abril

PERLAS PARA CUERDOS. Abril 1

Levíticos 25:17. *Y no engañe ninguno a su prójimo, sino temed a vuestro Dios; porque yo soy Jehová vuestro Dios.*

Sin lugar a dudas que una de las señales de los últimos tiempos y la más frecuente es el engaño. Tanto, que en los EUA se ha institucionalizado un día para los engaños y ese es el primero de Abril.

Hay muchas clases de engaños y la Biblia nos advierte contra ellos. Van desde los que nos quieren engañar para sacar ventaja económicas, hasta los auto-engaños, que a mi manera de ver las cosas son los más peligrosos porque la persona no se da cuenta que se está engañando a sí mismo.

El engaño es la acción o palabras utilizadas para hacer creer a alguien algo que no es verdadero, por tanto la mentira y la decepción están involucrados. Cuando el engaño es cometido en un contrato es delictivo y lengua jurídica se le llama Dolo.

Siempre el engaño influencia los sentidos, creando una ilusión de realidad. Por eso el apóstol Pablo le dice a los Gálatas !Oh gálatas insensatos! ¿Quién os fascinó para no obedecer a la verdad, a vosotros ante cuyos ojos Jesucristo fue ya presentado claramente entre vosotros como crucificado? En otras palabras les está diciendo "tontos" ustedes se han dejado hechizar para creer una mentira en vez de la verdad expuesta por la predicación.

El engaño puede apelar tanto a los sentidos como a la razón, por eso nadie está exento de ser engañado a menos que viva y tenga la verdad como filosofía de vida.

Si tienes la palabra de Dios, la crees y vives por ella; nadie te podrá engañar. Y los que viven de acuerdo a ellas tampoco engañan a su semejante porque temen a Dios en otras palabras lo honran trayendo gloria a su nombre por la obediencia.

PERLAS PARA CUERDOS. Abril 2

Soportándoos unos a otros, y perdonándoos unos a otros si alguno tiene queja contra otro. De la manera que Cristo os perdonó, así también hacedlo vosotros. **Colosenses 3:13**

Antes dijimos que las ofensas producen heridas y que estas duelen, pero, el dolor y el temor a infecciones suceden hasta que se cicatriza. Y las cicatrices en ocasiones son feas, aunque nos cuentan una historia.

Las cosas que más frecuentemente hieren el alma son: el Familiar indiferente, o la propuesta indecente de un desconocido, y el mutismo, o la alabanza silente de un amigo; pero ninguna de ellas procederán de un corazón excelente. Esta clase de amor se caracteriza firmemente por lo extravagante de sus premisas y si no ves el fuego por lo menos encuentras las cenizas.

Unos investigadores de la Universidad de Pensilvania, han descubierto la forma de evitar las feas cicatrices.

Algunas de esas marcas nos fascinan y nos sirven para contar nuestras pequeñas historias, pero, las heridas medianamente profundas pueden dejar marcas visibles fastidiosas. Todo tiene que ver con los tipos de células que intervienen en la cicatrización de las heridas superficiales (adipositos) y las profundas (fibroblastos) convirtiendo estos últimos en los primeros.

Asimismo hay una forma para que las heridas profundas del alma no dejen marcas y es por medio del perdón que hace que convirtamos nuestra historia en una experiencia positiva en vez de una marca que palidezca la actitud y demude el semblante.

PERLAS PARA CUERDOS. Abril 3

Cuando Jehová haga volver la cautividad de Sión, Seremos como los que sueñan. Entonces nuestra boca se llenará de risa, Y nuestra lengua de alabanza; Entonces dirán entre las naciones: Grandes cosas ha hecho Jehová con éstos. **Salmos 126:1-2**.

Los creyentes son como esos pájaros que en cautividad no pueden cantar. El pecado esclaviza y hace que se pierda la razón y el motivo de nuestra canción.

Muchos que han sido escogidos y apartados para Dios , esos que han sido dedicados a Dios desde su niñez, pero, se han entregado-como Sansón- a jugar con el pecado. Se han entretenido en las faldas de Dalila y hacen una costumbre de la vida en pecado.

Los grandes, los héroes de la fe, también se debilitan cuando no están en el lugar donde Dios le ha mandado estar.

Caen en manos de sus enemigos, le sacan los ojos, pierden la visión y solo sirven de entretenimiento de los que estaban acostumbrados vencer.

Pero no es tiempo de quejas, ni de glorificar la derrota.

En el mismo lugar donde caíste, te vuelves levantar, los cobardes son los que huyen.

Usted sabe es tiempo de restauración, es tiempo de restitución, Dios va multiplicar las fuerzas de aquel que no tiene ninguna, aquel que por causa de su pecado, de su camino se ha descarriado, aquel que por haberse dedicado a la maldad, ya no quedan vestigios de bondad, a ese, junto con la equidad, Dios le va retornar las fuerzas; el pelo comenzará a crecerle y serán más los que destruya -en ese momento de su historia -que los que venció durante sus días de gloria.

PERLAS PARA CUERDOS. Abril 4

Proverbios 27:5-6. *Mejor es reprensión manifiesta Que amor encubierto. /Fieles son las heridas del que ama; Pero importunos los besos del que aborrece.*

Los seres humanos somos muy complicados, preferimos a que nos adulen aunque no nos amen a que nos digan la verdad en amor aunque nos duela.

A muy pocas personas les gusta ser corregidos y mucho menos confrontados con la realidad. Especialmente si se tiene una alta valoración personal o se ha llegado a cierta edad o posición de poder.

Pero, cada uno de nosotros necesitamos desesperadamente esas personas que saben qué botón tocar que nos hace reaccionar y que nos mantienen humildes.

Por eso los líderes más odiados pero también los más queridos son los que nos dicen la verdad. El sabio Salomón los presenta de esta manera: Las palabras de los sabios son como aguijones; y como clavos hincados son las de los maestros de las congregaciones, dadas por un Pastor. **Eclesiastés 12:11.**

Hoy es un buen día para vernos en el espejo de la palabra de Dios, es tiempo de ser confrontados por un chequeo de integridad y ser vistos como Dios nos ve y no como aparentamos en público.

PERLAS PARA CUERDOS. Abril 5

Respondió Natanael y le dijo: Rabí, tú eres el Hijo de Dios; tú eres el Rey de Israel. Respondió Jesús y le dijo: ¿Porque te dije: Te vi debajo de la higuera, crees? Cosas mayores que éstas verás. Y le dijo: De cierto, de cierto os digo: De aquí en adelante veréis el cielo abierto, y a los ángeles de Dios que suben y descienden sobre el Hijo del Hombre. **Juan 1:49-51.**

Adán se cubrió detrás de una hoja de higuera para ocultar su desnudez;
Zaqueo se subió en un árbol Sicomoro (tipo de higuera) para poder ver a Jesús porque era bajito,
Natanael estaba debajo de la higuera cuando Jesús lo vió. La Higuera es tipo del pueblo de Israel en la Biblia.

Los creyentes que han disfrutado de la revelación debajo de la Higuera, han visto los cielos abiertos y a JESÚS sentado a la diestra del Padre.

Aquellos que después de haber estado escondido detrás de las hojas de sus excusas, pero que se montan, se colocan por encima de ellas para tener una mejor perspectiva del Rey de Reyes; esos luego le abren las puertas de su hogar al Salvador y hacen lo que hacen porque la salvación llegó a su casa; esos son los que han entendido el mensaje del Reino y han extendido sus estacas para no ser escasos.

No importa las críticas de los que no han experimentado la gracia salvadora de nuestro Señor, ellos entienden que si en algo han defraudado a alguien, deben devolverlo cuadrupli-cado; en otras palabras la verdadera prueba de que Jesús ha estado en nuestra casa y ha habido un cambio en nuestras vidas es por medio de la restitución del mal que se hizo en ignorancia o a sabiendas.

PERLAS PARA CUERDOS. Abril 6

*De modo que si alguno está en Cristo, nueva criatura es; las cosas viejas pasaron; y he aquí todas son hechas nuevas.***2 Corintios 5:17.**

Dios nos ha hecho -a los salvados-no sólo nuevas criaturas, sino también seres innovadores, no para vivir estancados en los triunfos y logros del pasado, sino vivir de frente al futuro.

El pasado nos sirve como referencia de lo que viene y para mostrar agradecimiento por lo vivido y para no repetir sus errores.

Los cambios y avances del presente nos llevan a ajustar nuestros programas y actividades. Solo los principios fundamentales deben ser inmutables, pero los métodos pueden cambiar.

La Rutina es el primer peldaño a la deserción, si usted le quita la T a la palabra rutina le quedará la palabra ruina.

No podemos dirigir nuestras vidas e instituciones en el siglo XXI con mentalidad del siglo XIX, tienen las mismas letras pero el orden es diferente.

Dios hace todas las cosas nuevas; sus misericordias son nuevas cada mañana, hay un nombre nuevo escrito en la gloria; intentar persistir en lo viejo cuando hay un nuevo amanecer es fútil.

Me gusta escuchar las viejas canciones, ver las viejas fotos, asistir a los sitios históricos, pero, me he dado cuenta que eso me deprime y trae tristeza a mi alma, por lo que me doy cuenta que eso pertenece a mi pasado, que hoy hay un nuevo yo. *"Todas las cosas son hechas nuevas"*

PERLAS PARA CUERDOS. Abril 7

1 Pedro 5:7. *Echando toda vuestra ansiedad sobre él, porque él tiene cuidado de vosotros.*

La ansiedad es el Estado de ánimo caracterizado por angustia intensa agitación, inquietud o zozobra. Esta se presenta especialmente sobre situaciones que todavía no han ocurrido.

Nunca seamos controlados por cosas que no han sucedido todavía y que probablemente no ocurrirán, ni expongas en público tus áreas débiles.

En esos momentos de vulnerabilidad quedas expuesto y pierdes la solución de continuidad emocional.

Cuando haces tal cosa lo que puedes encontrar es un sinnúmero de agentes oportunistas que se aprovecharán de ti y de tu situación diciendo cosas que quieres oír pero que son un cebo para atraparte.

El texto traduce literalmente "echa continuamente, todas las cosas que te causan inquietudes (reales o imaginarias) sobre JESÚS, porque El siempre tiene cuidado de cada uno de ustedes.

En otras palabras, si hay ansiosa inquietud en tu vida, es porque has perdido la confianza en aquel que puede visitar tu pasado, re-direccionar tu presente y afectar tu futuro.

PERLAS PARA CUERDOS. Abril 8

Acuérdate de tu Creador en los días de tu juventud, antes que vengan los días malos, y lleguen los años de los cuales digas: No tengo en ellos contentamiento; La conclusión de todo el discurso oído es ésta: Teme a Dios, y guarda sus mandamientos; porque esto es el todo del hombre. Porque Dios traerá toda obra a juicio, juntamente con toda cosa secreta, sea buena o sea mala. **Eclesiastés 12:1,13-14.**

Cuando el vacío existencial persiste a pesar de los infructuosos intentos de llenarlo, es porque se ha intentado cubrir con una curita una herida profunda; el vacío persiste.

El joven siempre está buscando modelos y solo encuentra héroes con pies de barro, muy difícil de cargar, pero, para solucionar eso están el alcohol, los alucinógenos y las conductas extremas, para ahogar en vida emociones que solo con la muerte desaparecerán.

Si hemos madurado y no estamos sanos emocionalmente, cuando vengan las dificultades, siempre tomaremos la vía más fácil a seguir y esa es alejar de nosotros a todos incluyendo a los que nos quieren.

Lo más difícil y complejo es mantenerlos cerca y requiere un alma integra y no hecha pedazos. El análisis distorsionado nos dice que no merecemos ser felices. Aunque hemos sido enseñados a "perseguir la felicidad" la experiencia nos dice que ella llega sola cuando amamos a Dios, estamos sanos y procuramos el bienestar de los demás.

Recuerda, la sed física se resuelve con agua, la sed almática se intenta cubrir con cualquier excusa y/o bloqueador emocional, pero, la sed del ser interior, solo Aquel que dijo; "El que tenga sed, venga a mí y beba" esto es Jesús.

PERLAS PARA CUERDOS. Abril 9

Malaquías 3:16-17 *"Fue escrito libro de memoria delante de él para los que temen al Señor, y para los que piensan en su nombre. Y serán para mí especial tesoro, ha dicho el Señor de los ejércitos".*

Hay cosas que son deprimentes y que es mejor no pensar en ellas. Pero, si podemos mientras estamos vivos, evitar que nuestra existencia sea un mal recuerdo, o peor, que nadie nos recuerde después que hayamos partido, es mejor entonces que nos preocupemos por dejar un buen legado.

A mi particularmente me entristecen ver casas abandonadas, lugares que tienen su historia, pero, que nadie se acordó o quedó para recordarlo. En días recientes encontré la historia de un lugar que nuestra congregación posee, llamada la "Mansión Feigenspan" ; una hermosa construcción del siglo 19 que es una de los 3 sitios históricos de la ciudad (Landmark) tiene 40 amplias Habitaciones distribuidas en 3 pisos y un Sótano espacioso. El garage para guardar los vehículos y carruajes de la época es otro edificio de 2 pisos y un basement. Todo esto en 2 Acres de terreno en pleno corazón de la ciudad. Esta fue la vivienda de un importante empresario de su época que tenía una fábrica de cervezas.

Hoy nadie se acuerda de Él, ni de lo que dejó. Esa es la diferencia entre dejar herencia y legado. Uno es temporal y el otro es permanente.
Jesús no dejó un edificio, ni tierra, no dejó vehículos y contrario a lo que muchos piensan tampoco dejó una religión. Pero, dejó principios, valores y sobre todo gente formadas que hoy 2 mil años después de su muerte, junto con su resurrección inmortalizan su nombre entre sus seguidores, a los cuales se les llama Cristianos porque se parecen al Cristo.

Es bueno esta semana reflexionar sobre qué dejaremos cuando ya no estemos; legado o simplemente pasaremos y nuestra existencia será como tamo que arrebata el viento, que nadie encuentra su rastro.

Todavía hay tiempo para afectar tu generación de una manera positiva y no ser una tumba que el tiempo borró su epitafio.

Juan 3:16._Porque de tal manera amó Dios al mundo, que dio a su hijo unigénito para que todo aquel que en El crea no se pierda, más tenga vida eterna._

El verdadero amor es un acto de entrega, es una rendición total de cosas importantes en la vida del que ama. Es más una acción del corazón que una decisión de la razón.

El corazón no se conforma con una ilusión casual y mucho menos con una pasión intelectual.

El que ama quiere más que la simple gratitud del buen comportamiento, desea sentir el fuego de ese sentimiento que no se puede ocultar y que a los cuatro vientos quisiera anunciar.

El verdadero amor no se conforma con la rendición a medias de dos seres, que comparten un pálido sentimiento con otros quereres.

Ante el verdadero amor se pierde la compostura, la razón pierde su cordura y no se detiene hasta que lo ha entregado todo.

Es como me enseñó un profesor de filosofía hace muchos años, "El amar es un salirse de sí para entregar el propio yo al ser que se ama.

O como dijo Gottfried Wilhelm Leibniz.
"Amar es encontrar en la felicidad de otro tu propia felicidad."

Juan 19:4. *Entonces Pilato salió otra vez, y les dijo: Mirad, os lo traigo fuera, para que os deis cuenta de que no hallo en él ningún delito.*

En una sociedad corrompida, llena de inmoralidades, de latrocinio, de justicia vendida, donde la vida no vale nada y nadie se acuerda del pobre.

Es buen tiempo recordar la mayor injusticia cometida en la historia, y para mirar al que sin ser culpable se dio a Sí mismo para ocupar nuestro lugar.

Murió entre ladrones, sin ser como ellos y aunque no cometió pecado, se hizo pecado para salvar a todos los que le crean y le sirvan. Su nombre es Jesús.

Es tiempo para reflexionar y para corregir lo torcido!

Que no se apague tu voz por causa de la indiferencia de los que como tú, deberían estar clamando a voz en cuello.

Que no se opaque tu visión porque hay muchos que son ciegos.

Que no dejes de cumplir tu asignación porque no ves la ayuda de tus compañeros, recuerda que hay lugares-como la cruz- que no están diseñados para ser compartidos.

Que no se dañe tu corazón sencillo por la hipocresía de algunos que hablan pero no hacen.

Sigue adelante que el ser líder es eso ir adelante aunque al momento nadie te este siguiendo pero con tu persistencia veras el resultado esperado.

PERLAS PARA CUERDOS. Abril 12

Juan 12:1._Seis días antes de la pascua, vino Jesús a Betania, donde estaba Lázaro, el que había estado muerto, y a quien había resucitado de los muertos._

El domingo 10 de Nissan, el primer día de la semana, 5 días antes de su muerte entró a Jerusalén sentado en un pollino de Asna. Es interesante que sepamos que de acuerdo a Éxodo 12:3. Era el día en que se escogía el cordero de la Pascua. _En el diez de este mes tómese cada uno un cordero según las familias de los padres, un cordero por familia._

Todos lo que sucede en ese día en la vida de Jesús, es para mostrar no solo a los hombres, sino a los principados y potestades que él era el cordero de Dios, la simiente de Abraham. Ustedes recuerdan que cuando Melquisedec se apareció a Abraham después de la conquista a los Reyes de la coalición pagana, lo bendijo

Genesis 14:19. _Y le bendijo diciendo: Bendito sea Abram del Dios altísimo,_
Creador de los cielos y la tierra; Y bendito sea el Dios altísimo, que entregó tus enemigos en tu mano. Y le dio Abram los diezmos de todo.

Allí notamos 3 bendiciones; De exaltación o identidad; De Posesión; Y de Dominio, Reino o Poder. Consideremos esa primera bendición

La primera bendición; de Exaltación o de identidad. _Bendito sea Abram del Dios altísimo._ Recuerden que Abram significa Padre exaltado. Entonces el padre exaltado pertenece al Dios altísimo [El 'elyôn; supremo, el más alto] Todos nosotros tenemos un apellido, el de Abram era El 'elyôn; El apellido te da identidad, por él nos identifican y dependiendo de quién tú seas, si eres hijo de alguien importante vas a recibir pleitesía. Es muy importante saber de qué familia procedemos porque allí está nuestro legado, nuestro patrimonio, recompensa y herencia.

PERLAS PARA CUERDOS. Abril 13

Fieles son las heridas del que ama; Pero importunos los besos del que aborrece. **Proverbios 27:6.**

A veces nuestros seres queridos con sus palabras nos dan mucha agua a beber o con su conducta nos apuran purgantes o bebidas que saben a "cicuta" pero al final de cuentas esa hiel es para nuestro bien.

Pero los que nos aborrecen nos dicen palabras halagüeñas y nos dan cosas placenteras al paladar, pero su objetivo es destrucción del alma.

Yo prefiero la verdad que hiere pero que me evita caer en el barranco que las palabras hipócritas de quién no me quiere y que procuran que me pierda.

Muchos quieren un amigo porque este le dice lo que quieren escuchar, yo prefiero a un padre que me diga lo que necesito oír.

Cada 13 de abril se celebra el Día Internacional del Beso, un día marcado en el calendario desde que, en 2011, una pareja tailandesa se diese el beso más largo de la historia que duró 58 horas.

Durante esta jornada, también se recuerda que los besos tienen beneficios para nuestra salud, como rebajar el estrés, reducir la presión arterial, eleva los niveles de dopamina, oxcitocina y serotonina e incentiva el lado más positivo a nivel emocional de la persona.

Por eso es tiempo de dar un beso a la persona amada. Y como no te tengo a mi lado te mando un beso en el cachete.

Y la multitud, que era muy numerosa, extendió sus mantos en el camino; y otros cortaban ramas de los árboles, y las extendían en el camino. **Mateo 21:8**

Una gran parte del cristianismo celebra en este día el domingo de Ramos, como un acto ritual y recordatorio de los acontecimientos que ocurrieron antes de la semana de la crucifixión de Jesús en lo que se ha llamado la Entrada Triunfal de Jesús.

Este fue un acto de júbilo de celebración, si hacemos un análisis del pasaje no daremos cuenta de algunas cosas:

1. No creo que fuera un acto de contrición, sino de celebración.
2. Fue el cumplimiento de la profecía Mesiánica que habla en los Salmos como en los profetas menores.
3. Nos habla de su futura exaltación como rey de Reyes.
4. Revela el corazón humano, porque las mismas multitudes que hoy gritan hosanna, serán las mismas que en menos de una semana gritarán "Crucifícale"
5. El texto de Juan nos dice de qué árbol eran estas ramas; palmeras. Muchos echaban sus ropas y posiblemente los más pobres echaban ramas. Pero, hoy prefieren los más ricos echar en el plato de las ofrendas ramas y no de lo mucho que tienen.
6. Muy bien este día pudo ser domingo de vestidos, o quizás del burrito en que se montó que estaba más cercano de El que las ramas etc. Lo que quiero decir que lo más importante no eran las cosas, sino el que entraba.
7. Luego de su entrada a la ciudad, entró en el templo y volteó las mesas de los cambistas y reprendió a los que hacían negocios en el templo y pronunció unas palabras que hemos olvidado hoy; "Mi casa, será llamada casa de oración" y vosotros la habéis convertido en cueva de ladrones. Dios nos libre de los modernos cambistas y vamos a la casa de Dios con el corazón dispuesto a celebrar.

PERLAS PARA CUERDOS. Abril 15

Mateo 21:9-11. *[9] Y la gente que iba delante y la que iba detrás aclamaba, diciendo: !!Hosanna al Hijo de David! !!Bendito el que viene en el nombre del Señor! !!Hosanna en las alturas! [10] Cuando entró él en Jerusalén, toda la ciudad se conmovió, diciendo: ¿Quién es éste? [11] Y la gente decía: Este es Jesús el profeta, de Nazaret de Galilea.*

No entenderemos a cabalidad las dimensiones de lo que estaba pasando en este día si no conocemos la palabra de Dios y si no tenemos la revelación Divina del significado y del momento histórico y profético que se estaba viviendo.
El monte de los Olivos estaba aproximadamente a 2,700 pies de altura, estaba a la distancia del viaje de un día de Reposo de Jerusalén, que era 5/8 de una milla. **Hechos 1:12.** *Entonces volvieron a Jerusalén desde el monte que se llama del Olivar, el cual está cerca de Jerusalén, camino de un día de reposo* {Era la distancia que podía viajar una persona el día de reposo sin quebrantarlo} por causa de esa cercanía le permitía a los habitantes de Betfagé celebrar la Pascua allí.

Pero también era la distancia entre el arca y el cuerpo de gente cuando cruzaron el rio Jordán a la tierra prometida. **Josué 3:4**b. *Pero entre vosotros y ella haya distancia como de dos mil codos; no os acercaréis a ella.*

Según la "Halakah" {Tradiciones legales del Judaísmo} Betfagé era parte de Jerusalén. De acuerdo con Lucas 19:29, y Marcos 11:1; estaba localizada entre Betania y Jerusalén.

En el antiguo pacto no era permitido al pueblo acercarse mucho a la presencia de Dios, pero, en el nuevo pacto que se estaba por inaugurar con la llegada del Mesías, se nos invita a acercarnos confiadamente al trono de la gracia.
Creo firmemente que los días que anteceden y suceden a la crucifixión deberían ser de celebración y no de tristeza, porque nos abre las puertas a acercarnos a Dios por medio de Cristo, y él no muere más sino que vive.

PERLAS PARA CUERDOS. Abril 16

Marcos 11:2,4.*y les dijo: Id a la aldea que está enfrente de vosotros, y luego que entréis en ella, hallaréis un pollino atado, en el cual ningún hombre ha montado; desatadlo y traedlo./Fueron, y hallaron el pollino atado afuera a la puerta, en el recodo del camino, y lo desataron.*

La historia de este pollino de asna, atado en el cruce de dos caminos; nos habla de las veces que nos encontramos sin experiencias, atados a una forma vieja de hacer las cosas y un camino nuevo por donde nunca hemos andado y que nos causa incertidumbre.

Las cosas nuevas siempre nos causan aprehensión, temor, y si no estamos totalmente convencidos, lo más probable es que abandonemos lo que hemos emprendido.

Preferimos las cosas viejas porque las conocemos, las manejamos mejor, aunque las nuevas tengan una mayor utilidad y mejor resultado.

A veces estamos como el burrito de la historia Bíblica que hemos leído atados en el lugar donde se encuentran los dos caminos. En la visión de Dios nosotros hemos sido desatados porque el Señor nos necesita. Estamos en el lugar donde se encuentran dos caminos; El camino Viejo y el camino Nuevo. Dios no nos ha desatado para volver al ayer, sino para que nos apresuremos al futuro.

Dios nos ha visto que estamos en el lugar donde se encuentran esos dos caminos, atados; pero nos ha mandado a desatar para que le sirvamos, porque nos necesita.

Para hacer cosas nuevas nosotros tenemos que Renovar el entendimiento, que despojarnos de lo viejo, de las viejas actitudes, de las viejas quejas, de la vieja vida, de las viejas amistades que un día sirvieron pero que ya no.

PERLAS PARA CUERDOS. Abril 17

Estas cosas no las entendieron sus discípulos al principio; pero cuando Jesús fue glorificado, entonces se acordaron de que estas cosas estaban escritas acerca de él, y de que se las habían hecho. **Juan 12:16.**

Permítanme compartir con ustedes algunos puntos importantes que yo encuentro en esta narrativa que hemos estado considerando sobre la entrada triunfal de Jesús a Jerusalén.

Primero para llegar a la entrada triunfal, hay que pasar por la prensa de los Olivos. En otras palabras no hay Victoria si no hay batalla. En este lado de la cruz, no hay que pelear para obtener la salvación, ni la salud, ni la libertad, ni la bendición, pero si hay que batallar para conservarlas. Porque hay un enemigo que controla nuestro medio ambiente. Un ejemplo de lo que es un Reino dentro de otro Reino. El problema no es en el Reino de los cielos, sino en el Reino de las tinieblas porque los Salvados quieren mostrar los despojos a los que están esclavizados y van a encontrar oposición.

Segundo. Dios tiene cosas nuevas y lo que va a usar es lo Nuevo, al Nuevo tú, la nueva criatura, la nueva vasija, y para usarlo primero tiene que desatarlo, de nada le sirve al Señor alguien que esté atado por cosas actitudes, malas mañas, cargas y pecados del pasado. El Señor te mandó a buscar, te mandó a desatar, {Lázaro} te va a usar y te va a enviar. Mire, aquí hay algo más, lo que Dios va a usar en otros primero lo usa El, por eso el profeta dijo "Dame a mí primero" Lo primero es de Dios.

Los discípulos primero pusieron sus mantos sobre el asno y luego la multitud en el camino. Y las multitudes pusieron, unos mantos y otros palmas, eso es para que nadie se quede sin hacer algo.
No es lo mismo un manto que una palma, pero cuando tu no tienes manto usas la palma.
El manto-*himation*- Es una vestimenta sea exterior o interior. Los mantos son algo muy personal, muy cerca de nosotros. El manto nos habla de la autoridad, la toalla nos habla del servicio. Jesús se quitó su manto y se ciñó la toalla para lavarles los pies a los discípulos. Los que quieren ser como su maestro hacen lo mismo.

PERLAS PARA CUERDOS. Abril 18

Lucas 12:37. *Bienaventurados aquellos siervos a los cuales su señor, cuando venga, halle velando; de cierto os digo que se ceñirá, y hará que se sienten a la mesa, y vendrá a servirles.*

Cuando leemos la historia de la última cena del Señor con sus discípulos nos damos cuenta que Jesús fue quien planificó todo. El seleccionó el lugar donde se celebraría. Señaló el tiempo en que se haría y puso todo en su lugar y dijo *"el tiempo se ha cumplido, celebraré la pascua con mis discípulos en tu casa"*
Pero también notamos algo muy particular que estando ya en la cena, Jesús no actúa como un invitado, sino como el anfitrión de la misma.
No solo eso, sino que en vez de ser servido, era quien servía la cena, lo mismo que se puso el manto y le lavó los pies a sus discípulos. Esas no eran atribuciones del anfitrión sino de los criados. Jesús el Señor servía a las gentes.

Eso no ha cambiado en el día de hoy, aunque veamos personas que toman ventajas de su posición o de su función; ese no es el espíritu del cristianismo, sino todo lo contrario; *porque no he venido para ser servido, sino para servir"*

El Reino de los cielos, no es como los reinos de este mundo que los reyes son servidos y se llenan de ostentación, sino que lo que hacen es amar al prójimo y servirles como su señor hizo.

Si nos sentamos a la mesa del Señor, aunque seamos los que dirigen la ceremonia, todos los ojos deben estar puestos en Cristo el ungido que sirve.
El pan es partido recordándonos su cuerpo quebrantado, el vino es repartido señalando su sangre derramada, los pies son lavados indicando que es mejor servir que ser servidos.
Y mientras estemos en esta tierra, seremos solo eso, siervos que se sientan a la mesa de su Señor hasta que llegue el día de irnos a casa.

Gálatas 3:13-14. *Cristo nos redimió de la maldición de la ley, hecho por nosotros maldición (porque está escrito: Maldito todo el que es colgado en un madero,) ¹⁴ para que en Cristo Jesús la bendición de Abraham alcanzase a los gentiles, a fin de que por la fe recibiésemos la promesa del Espíritu.*

Este texto es muy interesante, porque nos habla de uno de los temas preferidos de Pablo, la Redención que Cristo hizo no solo del pecado, sino también de la maldición de la ley.

Ahora bien, si Cristo murió colgado en un madero, haciéndose maldición para librarnos de esa esclavitud y no solo eso, sino, para que, en Cristo, la bendición (eulogia; <u>Hablar bien</u>; <u>beneficios</u>, <u>generosidad</u>) de Abraham alcanzase (ginomai; sea completada, siga, sea hallada) a los gentiles.

En Cristo los beneficios o generosidad recibida por Abraham sigue detrás de los gentiles o es completada en los gentiles, a fin o para que por la fe recibiésemos la promesa del Espíritu.

Yo no sé si a usted esto le suena bueno, pero si algo tan grande ha sido dicho que se completará en mí, que me seguirá, que me alcanzará; yo entonces debo saber un poco más de eso. Y no solo eso, Yo la quiero, yo la recibo, y si está en mí, entonces debo activarla si no la veo en acción.

Cuando leemos estos textos que Pablo escribe a los Gálatas, nos damos cuenta de la transferencia que ocurrió en la cruz del Calvario; Que Cristo Jesús se hizo por nosotros maldición, siendo nosotros los que éramos malditos por causa del pecado, para derrotar en su mismo terreno al que tenía el poder sobre nuestras vidas, para que ya no sirvamos más al pecado, sino que seamos libres, para servirle voluntariamente a él.

Y para empoderarnos y no tengamos excusas, nos da la promesa del Espíritu para que vivamos por su palabra llenos de amor, gozo y paz.

PERLAS PARA CUERDOS. Abril 20

Salmos 39:2. *Enmudecí con silencio, me callé aun respecto de lo bueno; Y se agravó mi dolor.*

No hay día más silencioso que entre el viernes y domingo; entre la muerte y la resurrección.

Hemos pasado por diferentes estaciones en la vida, lugares y tiempos donde parecemos estar inmóvil, en donde la solución más viable y la salida más fácil pareciera ser abandonarlo todo. Pero, sabemos que "El tiempo de la sequía terminó, y aunque aún no veamos los frutos de lo que esperamos, es porque hemos estado echando raíces. Volveremos a soñar, los suspiros inundaran el pecho una vez más. Se acabó el tiempo del silencio. Hoy hay una nueva estación y de seguro que será tan ruidosa que hasta los que se burlaron, la escucharán. Los malos y viejos tiempos serán como aguas que pasaron y mirarás hacia atrás y no les verás más. Prepara tus oídos porque sonarán al mismo tiempo el timbre de la puerta y el repicar del teléfono. Porque lo que te dijeron que tardaría 10 años, no tardará más. Despídete de tus lagrimas porque ha llegado el tiempo de cantar.

No habrá más violación de los derechos individuales que producen estigma y vergüenza; No verás más esas conductas alimentadas por una cultura de abuso. No tendrás más que reprimirlo y mantenerlo en secreto, pues eso no lo hace desaparecer. En ocasiones el intento de conservar la reputación personal levanta un muro de silencio.

Se acabó el estar escondido a plena vista, la posibilidad de no ser escuchado en el escandaloso silencio, darle sabor a una vida insípida y sentir las caricias del ser amado a través de una piel marcada por la insensibilidad, percibir la fragancia de anosmicas experiencias

Casi todos comenzamos nuestra existencia con un grito desesperado en busca de oxígeno y no importa como vivamos terminamos nuestros días en silencio

PERLAS PARA CUERDOS. Abril 21

Colosenses 3:1 *dice: Si habéis pues resucitado con Cristo, buscad pues las cosas de arriba donde esta Cristo sentado a la diestra de Dios.*

La resurrección de Cristo hace la diferencia entre un movimiento que comenzó hace 2,000 años y las religiones del mundo. Estas están basadas en enseñanzas filosóficas de hombres que murieron y sus tumbas están en lugares históricos y que sus seguidores van a visitar y a llorar.

Pero, cuando Jesús murió, no hizo arreglos para el lugar donde pusieran su cuerpo, ni dejó instrucciones como José de lo que debían hacer con sus huesos, por el contrario, la tumba donde temporalmente lo pusieron fue prestada porque El sabía que en El se cumpliría lo que el Espíritu Santo inspiró a David cuando dijo: **Salmos 16:10-11**. *Porque no dejarás mi alma en el Seol, Ni permitirás que tu santo vea corrupción. Me mostrarás la senda de la vida; En tu presencia hay plenitud de gozo; Delicias a tu diestra para siempre.*

Al destino en donde iba a terminar su cuerpo no lo podrían cargar hombres mortales. **Salmos 110:1**. *Jehová dijo a mi Señor {adonai}: Siéntate a mi diestra, Hasta que ponga a tus enemigos por estrado de tus pies"*

Si Cristo no hubiera resucitado, toda lo que El enseñó fuera simplemente una filosofía más de las tantas que hay. Si Cristo no hubiera resucitado, como dice el apóstol Pablo vana fuera nuestra fe. Si Cristo no hubiera resucitado, el cristianismo fuera una religión sin poder. Si Cristo no hubiera resucitado, no tuviéramos esperanza.
Cuando Cristo cumplió lo que prometió de resucitar al tercer día, abre la puerta para creer, que lo otro que también dijo que los que le crean tendrían vida eterna y que la muerte no se enseñorearía mas de los suyos y que un día también resucitaremos.

La resurrección no fue algo que se presentó por casualidad, fue diseñada desde el principio de la historia, fue el plan pre-determinado de Dios para la redención y completar la salvación de la humanidad perdida.

PERLAS PARA CUERDOS. Abril 22

Así que ya no sois extranjeros (xenos) ni advenedizos, (paroikos; tener el hogar cerca) sino conciudadanos (sumpolités; nativo de la misma ciudad) de los santos, y miembros de la familia de Dios, **Efesios 2:19.**

En los inmigrantes hay varias clases y que nosotros podemos decidir a cuál de los grupos vamos a pertenecer:
Los que han salido vomitados por la tierra. Como Caín. Caín fue el primer extranjero. Génesis 4:12,14.
Están los que son transitorios o turistas. Estos el corazón no está en la casa sino en su país y su tierra. *Paroikos* = casa cerca.
-Prioridades desordenadas. Tiempo. Inversiones. Lo más importante es la diversión y el entretenimiento.
Y los que son embajadores y salen enviados, ungidos y bendecidos.

Recuerdo en el tiempo de mi juventud, cuando el Señor nos llamó a mi esposa y a mí para salir de nuestro país, nosotros no éramos ministros con credenciales, aunque ministrábamos ocasionalmente y servíamos como diáconos en la congregación que creímos. Cuando notificamos del llamado y de nuestra decisión de servir al Señor, el pastor habló con el Obispo y nos dieron una credenciales que más que validez en lo natural, hoy me doy cuenta que eran las credenciales que debíamos presentar al Señor de la tierra. Todo lo demás fue automático, Dios nos dio gracia y pronto estábamos no solo ministrando sino siendo ejemplo para muchos como embajadores del Reino de los cielos en una tierra no conocida.
A mí me ministra mucho la designación por varios hechos principales:
-Legalidad espiritual.
-Prestigio social.
-Representas a alguien más grande que tú.
-Las leyes de la tierra no se aplican a tí. Aunque tú debes cumplirlas para no traer deshonra a quien representas.

Cuando se celebra el día de la tierra debemos saber qué relación guardamos con ella

PERLAS PARA CUERDOS. Abril 23

Salmos 139:16. *Mi embrión vieron tus ojos, Y en tu libro estaban escritas todas aquellas cosas Que fueron luego formadas, Sin faltar una de ellas.*

La comunidad internacional ha tomado un día para celebrar el día del libro y es una motivación para conservar el buen hábito de la lectura. Aunque lo que en las diferentes épocas hemos conocido con ese término se traduce de diferentes maneras en las diferentes culturas.

Por ejemplo, no es lo mismo lo que se llamaba libro en los tiempos de Moisés, que eran rollos de papiro, que lo que hoy podemos llamar libro y el cual encontramos concentrado en una tableta o cualquier dispositivo electrónico.

Lo que si nunca podremos imaginarnos es, qué es lo que la Biblia llama el libro de la vida. O lo que el Salmista en este Salmo precioso llama, tu libro.

Siempre ha existido la creencia de que Dios guarda todo en un registro permanente y que un día se abrirán los libros y allí estarán los hechos de cada persona. Por otro lado, está la convicción general de que antes de cada quien nacer viene con un patrón pre-determinado de conducta y que si la sigue le irá bien y si no, le irá mal.

Pero, sin lugar a duda que la mención más amada es cuando el profeta Isaías habla de la orden de parte de Dios de escribir un rollo de libro todas las palabras que te he hablado.

La Biblia es una colección de libros escritos por hombres santos e inspirados por Dios que les da la características de inerrantes que suenan bien y agradables a principio pero luego sabe amargo. **Apocalipsis 10:10.** *Entonces tomé el librito de la* mano del ángel, y lo comí; y era *dulce* en mi boca *como la miel, pero cuando lo hube comido, amargó mi vientre.*

PERLAS PARA CUERDOS. Abril 24

Después de haber orado Job por sus amigos, el Señor lo hizo prosperar de nuevo y le dio dos veces más de lo que antes tenía. **Job 42:10. NVI.**

El caso de ese legendario personaje llamado Job tiene una connotación muy especial y es que esos 3 amigos por los cuales oró y a los cuales bendijo, fueron los mismos que en sus procesos de enfermedades, pérdidas y duelo, lo mal trataron y juzgaron condenándolo hasta el extremo que el mismo Dios se enojó con ellos.

Pero, Job oró por ellos y los bendijo y cuando lo hubo hecho, fue prosperado.

La moraleja de esta historia es que todo el que devuelve bien por mal y ora por sus amigos que en su momento le fallaron, no solo libera a los malhechores, sino que desata las bendiciones a su propio favor.

En éste día quiero bendecir y orar por todos nuestros amigos, especialmente aquellos que abren sus casas y propiedades para recibir a sus amigos con la simple intensión de que pasen un buen rato.

De hecho Dios añade bendiciones a aquellos que cultivan el don de la hospitalidad, por eso el autor a los Hebreos dice que algunos sin saberlo hospedaron ángeles.

Para nadie es un secreto que como dice la palabra *"por causa de la maldad el amor de muchos se enfriará"* No son pocos que los han abandonado la buena costumbre de dar alojamiento a los necesitados, porque también son muchos los casos de personas que han hospedado y han recibido estocadas de traición y le han robado o los han asaltado.

Hay que ser hospitalarios aunque sea buscándole dónde quedarse a alguien en estos tiempos de tantos movimientos migratorios por causa de la inseguridad y la persecuciones políticas. Que no se cierre nuestros corazones

"Dios, habiendo hablado muchas veces y de muchas maneras en otro tiempo a los padres por los profetas, ² en estos postreros días nos ha hablado por el Hijo, a quien constituyó heredero de todo, y por quien asimismo hizo el universo..." **Hebreos 1:1-2.**

Dios ha hablado muchas veces y de muchas maneras a los antiguos, aunque estamos seguros que no todas las formas como les habló están registradas, pero sí podemos encontrar algunas de ellas en el libro sagrado.

Dios le habló a Abraham a través de emisarios especiales que conocemos como ángeles, y si leemos las historias escritas donde Dios habla por este medio, no se distingue claramente en la narrativa entre el mensajero y quien envía el mensaje, por eso Jesús dijo: *"Porque el que me envió, conmigo está..."* **Juan 8:29.**

A Moisés lo llamó el Señor desde un insignificante árbol que no da fruto, ni sombras, desde entonces la zarza vino a ser emblema de aquellos que no tienen mucho, sino un corazón dispuesto para escuchar su voz. Éxodo 3:4.

Dios habló desde una nube en varias oportunidades. *Y vino una voz desde la nube, que decía: Este es mi Hijo amado; a él oíd.* **Lucas 9:35.**

Dios habló por escritos en la pared, en el suelo, en la piedra, habló por sueños en visiones y de diferentes maneras ha hablado Dios. La pregunta que nos viene a la mente es un día como hoy que se celebra en el mundo de las comunicaciones el día del teléfono es; ¿Si hubiera existido teléfono en ese entonces, lo hubiera usado Dios? Yo estoy seguro que algunas personas que lean esta reflexión podrán asegurar que un día recibieron una llamada de alguien desconocido que le daba un mensaje que necesitaban oír.

PERLAS PARA CUERDOS. Abril 26

Rehum canciller y Simsai secretario escribieron una carta contra Jerusalén al rey Artajerjes. **Esdras 4:8.**

Cada año en diferentes países se toma una semana o un día para celebrar a una persona muy importante en las gestiones comunitarias y empresariales como los son las y los secretarios.

Desde la antigüedad han existido esta maravillosa función y aunque en principio de acuerdo al registro Bíblico, la función casi exclusiva de un "sâphar" era escribir, por lo que también se les llamaba escribas, porque guardaban registros de las cosas importantes que se debían recordar.

Son muchos los secretos que esos funcionarios tan importantes se llevan a la casa y ni siquiera sus almohadas se enteran de ellos.

Pero, también es una posición influyente porque muchos de los trabajos por los que son reconocidos sus jefes, en realidad son hechos por las secretarias, por eso quien es amigo de la secretaria o del secretario tiene acceso a la fuente del poder, porque ningún jefe quiere tener problemas con alguien que sabe tantas cosas.

Por otro lado, se les da poco reconocimientos y a la mayoría bajos salarios para tan importante cargo, por lo que sugiero por esta inusual reflexión que se honre con buenos salarios, y buenas prestaciones a las personas responsables de tanta información y tantas puertas que se ha abierto y de la recolección de tantos datos que hoy permanecen como mudos testigos de su labor prácticamente anónima.

Hoy día se le da mayor importancia a la apariencia que a la eficiencia y honestidad de la profesión y se relega a un segundo plano o peor a la fila de desempleo a las que ya por el paso del tiempo no tienen la misma figura de antaño. Honramos a las secretarias en su día.

PERLAS PARA CUERDOS. Abril 27

Los cielos cuentan la gloria de Dios, Y el firmamento anuncia la obra de sus manos. **Salmos 19:1.**

Con el fallecimiento de Stephen Hawking, la ciencia sufrió la pérdida de una gran persona, pero, con grandes defectos. Muchas veces las grandes mentalidades tienen un punto ciego más amplio que los seres mortales "regulares"

Detrás de la imperfección, habita un grito silencioso de creerse perfectos. Esa es la razón por la cual en inglés la palabra *imperfect* **(imperfecto) tiene las mismas letras que** *I'm perfect* (yo soy perfecto).
Detrás de las declaraciones del científico a un periodista de "Yo soy ateo". Está la frustración de un hombre enfermo, que la mayor parte de su vida adulta estuvo limitado a una silla de ruedas, sin poder hacer nada por aliviar su situación.

Ahora bien el que Hawking fuera un ateo, no le resta méritos a su brillante carrera. Era un un gran científico, pero no era un teólogo. Y no son los científicos quienes nos darán alguna vez la respuesta respecto a la validez del ser supremo.
Rousseau, quien proveyó las ideas modernas de educación y la crítica al capitalismo, era paranoico, egoísta y tuvo cinco hijos a quienes llevó a un orfanato apenas nacieron, aunque la tasa de muerte allí era superior al 90%

Karl Marx apoyó al proletariado, pero no tuvo nada que ver con ellos. El único proletario que Karl Marx llegó a conocer en persona fue la pobre mucama que trabajó para él por décadas y a quien nunca le pagaron por sus labores, excepto darle una habitación y alimento. Además, dos de sus tres hijos se suicidaron.

Aunque Hawking, Rousseau y Marx no pudieron explicar la existencia de Dios, por cada incrédulo, mi alma al observar los cielos grita; ¡Yo creo! Y como dice el poeta; ¡con cada fe muerta, se agiganta mi fe!

PERLAS PARA CUERDOS. Abril 28

Hebreos 4:12. *Porque la palabra de Dios es viva y eficaz, y más cortante que toda espada de dos filos; y penetra hasta la división del alma y del espíritu, de las coyunturas y de los tuétanos, y discierne los pensamientos y las intenciones del corazón.*

Una gran herida necesita algo más que una simple curita. Cuando el daño ha llegado hasta lo más profundo del ser, se requiere más que vendajes, es necesario debridar el tejido dañado, quitar las células muertas o infectadas y entonces cerrar. Para realizar esa intervención quirúrgica se necesita un instrumento muy cortante llamado bisturí y aunque el proceso puede ser traumático, es necesario para una cura total.

Las heridas no solo ocurren en las partes blandas y duras del cuerpo natural, sino en las partes más sensibles del ser inmaterial como es el alma y el espíritu humano. De hecho las heridas en estas zonas profundas afectan todo el ser.

Solo la espada del Espíritu que es la palabra de Dios penetra hasta esas regiones invisibles y separa lo que es del alma y lo que es del espíritu.

Cuando alguien ha penetrado tus áreas vulnerables, destruido tu inocencia y pisoteado tu confianza; todavía hay esperanza. Porque en la palabra de Dios hay vida, ella es viva.

Pero no solo es viva sino también eficaz, lo que la hace efectiva para el mal que estás enfrentando en este momento en particular. Podemos usar buenos medicamentos para ciertos malestares y que no sea eficaces para ellos aunque lo sean para otros; la palabra es la panacea que lo cura todo.

La palabra de Dios no sólo debrida lo que no sirve, sino que tiene todo el poder creativo conque fueron hechas todas las cosas. Solo ella puede traer alivio en medio del dolor y consuelo en medio de la pérdida.

PERLAS PARA CUERDOS. Abril 29

El amor sea sin fingimiento. Aborreced lo malo, seguid lo bueno. **Romanos 12:9.**

Estamos viviendo en tiempos malos en donde las personas pretenden si no son y si no tienen, solo para aparentar. La palabra que en el griego koiné -idioma original en que se escribió el Nuevo Testamento- para fingir es -anupokritos-que traduce falta de sinceridad, en otras palabras; Hipócritas.

Conocí una persona que por cierta razón dio por sentado que yo era de su nacionalidad. Esa persona con frecuencia visitaba mi país y hablaba primores de mis connacionales. Un día, en privado me dijo una expresión muy dura contra mis paisanos, a lo que le dije; ¿tú sabías que yo soy de allá? Su vergüenza fue tal que se puso gago.

Cuando alguien ama, lo muestra por su conducta tanto en público como en privado.

Si hay amor, también debe haber compromiso, dedicación e inversión.

Quien ama se compromete a serle fiel a esa persona; le dedica tiempo al ser amado, e invierte sus pensamientos, sus emociones, sus energías y recursos en honrar al se amado.

Si amas a Alguien, es tiempo de mostrarlo no sólo con palabras, sino con hechos, que sean esas personas el objeto de nuestro afecto. El verdadero amor no depende de lo que haga la persona amada, sino de lo que Es el que ama. Nosotros no tenemos nada amable, sin embargo Dios nos amó. El es todo amable y nosotros le menospreciamos.

Sam Keen dijo: Aprendemos a amar no cuando encontramos a la persona perfecta, sino cuando llegamos a ver de manera perfecta a una persona imperfecta.

PERLAS PARA CUERDOS. Abril 30

Yo soy la vid, vosotros los pámpanos; el que permanece en mí, y yo en él, éste lleva mucho fruto; porque separados de mí, nada podéis hacer. **Juan 15:5.**

La vid es el tronco de la mata de uvas y los pámpanos son las ramas. Lo que Jesús está diciendo en este versículo es que si como las ramas están unidas al tronco, nosotros permanecemos unidos a Él, llevaremos mucho fruto. Pero, si nos separamos de Él, así como cuando las ramas se separan del tronco, no podremos llevar fruto por falta del elemento esencial que es la sabia.

El mayor error que puede cometer un creyente es querer vivir la vida sin Dios.

Por doquiera escuchamos personas que dicen que conocen a Dios, recomendando 3 pasos para ser feliz; o 5 elementos indispensables para triunfar, o 10 escalones para llegar a tu destino. Cuando leo y escucho todos esos disparates me pregunto: ¿Si fuera así, para qué necesitamos a Dios?

Si tenemos a Dios dirigiendo nuestra embarcación, esta llegará a puerto seguro, lo demás fluye solito como consecuencia de esa unión vital.

No te dejes llevar por esos cantos de sirena de ese sincretismo religioso que confunde lo humano con lo divino y por tanto se crea a un dios hecho a la imagen del hombre y no al revés.

Jesús dijo: "separados de mí, nada podéis hacer"

Mayo

PERLAS PARA CUERDOS. Mayo 1

Pero os ordenamos, hermanos, en el nombre de nuestro Señor Jesucristo, que os apartéis de todo hermano que ande desordenadamente, y no según la enseñanza que recibisteis de nosotros. Porque también cuando estábamos con vosotros, os ordenábamos esto: Si alguno no quiere trabajar, tampoco coma. **2 Tesalonicenses 3:6,10**.

Dios no es patrocinador de la vagancia, por lo tanto, el trabajo no es como dice el compositor del "Negrito del Batey" un castigo impuesto por Dios.

A todos en alguna ocasión se nos ha pegado un "vivo" familiar o conocido que quiere vivir del cuento a nuestra costa, para ellos dice el apóstol Pablo, que el que no trabaja que tampoco coma.

Mucha gente busca que le aparezca un pariente rico, una herencia, un golpe de suerte, una persona con medios económicos que se haga cargo de ellos, pero, "Dios hace salir su sol sobre justos e injustos" en otras palabras a todos nos da las mismas oportunidades, a todos nos da pan para comer y semillas para sembrar, unos las aprovechan otros se las comen.

Recuerdo una anécdota de una parejita joven, ella quería casarse, El no tenía trabajo. Ella le insistía en lanzarse por fe y El le preguntaba qué ¿con qué iban a comer? Ella le decía que con solo verlo ella comía.
La insistencia dio resultados y se casaron, alguien les regaló la luna de miel en un hotel, pero, solo alojamiento. El primer día mucho amor y nada de comida, lo mismo el segundo. Al tercer día ella le dice, ¿mi amor y no vamos a comer? Él le dijo, tú me decías siempre que con solo verme tu comías. A lo que ella respondió; "es que tengo un hambre que te miro y no te veo" Es un chiste, pero, la realidad no es asunto de cuentos.
Por eso es que los veteranos en los asuntos del corazón la primera pregunta que le hacen a los pretendientes de sus hijas y nietas es; ¿Y qué haces?

Feliz día del trabajador.

PERLAS PARA CUERDOS. Mayo 2

Génesis 3:17-19. *Al hombre dijo: Por cuanto obedeciste a la voz de tu mujer, y comiste del árbol de que te mandé diciendo: No comerás de él; maldita será la tierra por tu causa; con dolor comerás de ella todos los días de tu vida. /Espinos y cardos te producirá, y comerás plantas del campo. /Con el sudor de tu rostro comerás el pan hasta que vuelvas a la tierra, porque de ella fuiste tomado; pues polvo eres, y al polvo volverás.*

Aunque la tradición popular piense que: "El trabajo es un enemigo, porque lo puso Dios como castigo" ¡No es cierto!

La consecuencia del pecado, era la dificultad que le iba a dar a "los hombres" conseguir el pan de cada día debido a la maldición de la tierra por su causa.

Hasta ese momento estaba el hombre supuesto a trabajar desde una posición de reposo o relajada, porque su confianza estaba en que todo había sido hecho para Él, y lo único que tenía que hacer era mantenerlo y sacar el fruto.

En el Nuevo Testamento base de fe de los cristianos, Pablo dice que: "El que no trabaje que tampoco coma" porque siempre habrá quién se aproveche del espíritu de vagancia.

Dios ve con simpatía al desempleado, no así al vago.

¡El trabajo dignifica al hombre! El único sitio donde el éxito viene primero que el trabajo es en el diccionario. Muéstrenme una persona exitosa y le enseñaré una persona trabajadora.

Que Dios bendiga y que viva la clase trabajadora.

PERLAS PARA CUERDOS. Mayo 3

Digo, pues, por la gracia que me ha sido dada, a cada cual que está entre vosotros, que no tenga más alto concepto de sí que el que debe tener, sino que piense de sí con cordura, conforme a la medida de fe que Dios repartió a cada uno. **Romanos 12:3.**

Si revisáramos cada cosa que decimos y nos preguntáramos cuál fue la intención conque la dijimos, nos daríamos cuenta lo egoístas que somos.

Siempre estamos buscando reconocimiento y buena opinión de los demás.

Hemos sido fascinados por los vítores de los que entretenemos y sin darnos cuenta nos salimos del camino del entrenamiento para deslizarnos por la cuesta de la auto-indulgencia y no podemos regresar sin escuchar el sonido de sus loas por lo que las reemplazamos por el soliloquio de contar nuestros logros personales.

El sabio Dios dice; "Alábate el extraño y no tu propia boca, el ajeno y no los labios tuyos"

Es interesante que nos pasamos toda una vida tratando de llamar la atención de los demás y cuando nos observan bien, no ven lo que queremos mostrar, sino, el cuarto secreto de nuestra existencia, donde guardamos todos los cachivaches que no sirven para nada pero que no queremos deshacernos.

Recuerda siempre, la gente no ve lo que tú quieres mostrar, sino, lo que tratas de esconder.

PERLAS PARA CUERDOS. Mayo 4

Hebreos 12:2. *Puestos los ojos en Jesús, el autor y consumador de la fe, el cual por el gozo puesto delante de él soportó la cruz, menospreciando el oprobio, y está sentado a la diestra del trono de Dios.*

Este texto nos indica donde deben estar puestos nuestros ojos, nuestra fe y nuestra esperanza. Cuando nos enfocamos en Cristo nunca sufriremos decepción.

Jesús debe ser el principio(autor) y el objeto (consumador) de nuestra fe, cuando la fe se pone en cualquier otra persona o institución o cosa, viene a ser como un castillo de arena en la playa de un mar tempestuoso.

Por otro lado, El que ha visto a Jesús en la cruz, ya nada lo puede detener, ni las emociones, ni las desilusiones.

Los que tenemos por asignación tocar a otros para que sean transformados, siempre debemos luchar con los sentimientos, porque la gente algunas veces son insensibles y nos hieren al mostrarnos su verdadero yo.

Joseph Conrad dijo (En el inmortal) "Para mover a otros profundamente, deliberadamente debemos permitir que nos lleven más allá de los límites de nuestra sensibilidad normal"

Tanto el intelecto como las emociones son parte de lo temporal, por eso nuestra fe debe ser puesta en alguien eterno, y solo Jesús llena ese renglón.

PERLAS PARA CUERDOS. Mayo 5

Entonces nuestra boca se llenó de risa, Y nuestra lengua de alabanza; Entonces se decía entre las naciones: Grandes cosas ha hecho Jehová con éstos. Grandes cosas ha hecho Jehová con nosotros; Estamos alegres. **Salmos 126:2-3**.

Cada primer Domingo del mes de Mayo, la comunidad internacional celebra desde hace unos años el día de la risa. Esta en tiempos pasados era identificada como "el remedio infalible."

La risa eleva los niveles de endorfinas (hormonas que nos hace sentir felices) y disminuye el cortisol (Hormona que se libera durante el stress).

Entre los efectos a nivel psicológico, se cree que por el mecanismo antes explicado la risa elimina el estrés y alivia la depresión, incrementando la autoestima y la confianza en uno mismo. Combate miedos y fobias, así como la timidez, al facilitar la comunicación entre las personas, expresando emociones y favoreciendo la existencia de lazos afectivos.

La risa es un privilegio sólo de los humanos. Algunos animales pueden imitar esa capacidad, pero no la generan. Yo confieso que Dios te volverá al lugar de tu propósito, en donde renacerán tus sueños y tu boca se llenará de risa.

Éxito quiere decir alcanzar las metas en Dios. El te hará alcanzar los sueños. Creo que Dios liberará en tí, esa capacidad de reír que tienes reprimida.

PERLAS PARA CUERDOS. Mayo 6.

Sin embargo, el fundamento de Dios está firme, teniendo este sello: El Señor conoce a los que son suyos; y: Apártese de iniquidad todo aquel que invoca el nombre de Cristo. **2 Timoteo 2:19.**

Pablo advierte que vendrían tiempos que las gentes no sufrirán la sana doctrina, sino que teniendo comezón de oír amontonarán maestros conforme a sus propias concupiscencias, y apartarán de la verdad el oído y se volverán a las fábulas. 2 Timoteo 4:3-4.

Si no entiendes bien ese texto permítame explicárselo con palabras sencillas; la gente necesita alimentar el alma y el espíritu humanos y para ello necesita palabras de fe, pero, no quieren que les digan que deben abandonar ciertos pecados, que son tan parte de sus vidas que lo consideran "normal" y hasta lo glorifican, por eso, buscan quienes les hagan historietas que no demanden compromisos y por tanto santidad, por eso, acumulan maestros que les caigan bien al oído, aunque su alma esté destinada al "Gehenna"

Pareciera que estamos viviendo una verdadera pandemia de instructores espirituales que no viven una vida cónsona con las enseñanzas del libro que predican.

Si usted ve que la persona que le está ayudando a entender el libro sagrado no vive una vida santa, pura, sobria y apartada del pecado, del chisme, que maltrata a su cónyuge o si tiene una vida moral de dudosa reputación; "ponga su pie en polvorosa" Huya de allí, eso se pega. Porque las personas no imparten lo que saben, sino lo que son. Eso es como los donantes de órganos que lo importante no es que el recipiente esté sano, sino el donador.

Pronto vendrá el que tiene la última palabra y dirá si los falsos maestros con vida disolutas tenían la razón, o los viejos instructores que cuidaban el rebaño y advertían de los malos tiempos y los malos obreros no estaban exagerando.
Yo no pondría mi destino eterno en las manos de "veremos"

¡Dios nos cuide a todos de lobos vestidos de ovejas!

PERLAS PARA CUERDOS. Mayo 7

"La bendición de Jehová es la que enriquece y no añade tristeza con ella" **Proverbios 10:22.**

Quien dijo esta expresión fue el hombre más rico que ha existido en la historia y quien a pesar de su riqueza se vio tan amargado por haber abandonado la razón no solo de su fortuna sino de su vida misma.

Estuve leyendo la historia de las personas que se han sacado los mayores premios de la lotería y cómo al poco tiempo terminan más pobres que lo que antes eran y amargados y enemistados con mucha gente que antes le apreciaban.

Si alguien está en Cristo, su bendición está asegurada.

En la declaración de bendición de Isaac a su hijo Esaú, no incluye la palabra Dios, ni la palabra bendición; es una declaración sin Dios, es la sobra, es una imitación, es temporal.

Isaac, le dijo que iba a habitar en la grosura de la tierra, pero no que la iba a poseer, porque era de su hermano Jacob. La grosura de la tierra es la Unción, el petróleo. Es mejor ser dueño y no el que habita por renta.

El vivir por la espada nos habla de la competitividad del comercio del día de hoy, donde se corta la garganta del competidor. Dios no bendice a otro a tus expensas, eso es comercio humano. Dios es grande y tiene más que dar que nosotros que pedir.

Cuando Dios da algo, no hay competencia, sino colaboración como en La pesca milagrosa.

Cuando Dios nos da algo sobra para vivir, repartir y compartir con los demás.

PERLAS PARA CUERDOS. Mayo 8

Juan 3:2. *Este vino a Jesús de noche, y le dijo: Rabí, sabemos que has venido de Dios como maestro; porque nadie puede hacer estas señales que tú haces, si no está Dios con él.*

Los Fariseos de la época de Jesús no tenían problemas reconociéndole como maestro, pero, algunos de ellos siendo también maestros de sus correligionarios no entendían ni conocían el espíritu de las letras que enseñaban. Y peor aún no conocían al Dios que predicaban.

Nicodemo llegó a Jesús de noche y le llamó maestro y reconoció que venía de Dios, pero, el Señor le demuestra con pocas palabras que, este no sabía lo que hablaba.

"Sabemos" le dijo Nicodemo, pero Jesús lo manda a nacer de nuevo para que pueda ver y entrar en el Reino de Dios.

Jesús: De cierto, de cierto te digo, que el que no naciere de agua y del Espíritu, no puede entrar en el reino de Dios./ Lo que es nacido de la carne, carne es; y lo que es nacido del Espíritu,[a] espíritu es.

Pero, Nicodemo le pregunta que cómo podía hacerse eso después de adulto, volver a entrar en el vientre de su madre.

Jesús y le dijo: ¿Eres tú maestro de Israel, y no sabes esto?

Entonces le añade: De cierto, de cierto te digo, que lo que sabemos hablamos, y lo que hemos visto, testificamos;

En otras palabras si tú supieras, hablarías de mí, si me conocieras, testificarías {martureo} de mí. En otras palabras dieras tu vida por mí.

Cuando se celebra el día del maestro, felicitamos a los que de verdad lo son, porque ellos se vacían en sus alumnos y comparten lo que son y hacen, no solo lo que tienen de información.

PERLAS PARA CUERDOS. Mayo 9

"Todo lo hizo hermoso, en su tiempo, y ha puesto eternidad en el corazón de ellos, sin que alcance el hombre a entender la obra que ha hecho Dios desde el principio hasta el fin" **Eclesiastés 3:11.**

¿No se han dado cuenta que se nos va la vida esperando "ese" momento que cambiará nuestros destinos? Y no nos percatamos que cada día nos llegan pequeños detalles que aunque vienen envueltos de elementos rutinarios, si los aprovecháramos, marcarían para bien nuestra breve existencia en esta tierra.

No pienses que porque has vivido mucho, y no le has visto el resultado deseado a la sumatoria de tus momentos, no creas que todo se ha terminado.

Comienza a ver desde hoy una perspectiva diferente de las cosas que te suceden y agradece al Señor la oportunidad que te brinda de ser director, guionista y protagonista en el mejor bestseller que jamás se haya escrito; Tu vida.

Un carácter afable, un rostro sonriente, una palabra dicha a tiempo, una llamada oportuna, una visita a un enfermo, el encontrar una moneda de poco valor, el ver los pájaros cantar, los árboles renacer, las flores brotar, la lluvia caer y hasta el adversario vencer. No pienses en el destino, gózate en el trayecto.

Y recuerda, Dios no hace porquerías y El té hizo a ti y esos breves momentos que te ayudan a bien.

PERLAS PARA CUERDOS. Mayo 10

Engañoso es el corazón más que todas las cosas, y perverso, ¿quién podrá conocerlo? /Yo, Jehová, escudriño el corazón y pruebo los riñones, para dar a cada uno según sus caminos, según el fruto de sus obras. **Jeremías 17:9-10.**

Hay un viejo adagio que mis viejos solían repetir; "Que el corazón de la auyama solo el cuchillo lo conoce"

Cuando escuchamos en las noticias las opiniones de las personas que conocían a los malvados que han ocasionado tragedias y nos dicen que eran personas tranquilas, calladas y amigables, nos damos cuenta que verdaderamente, solo Dios puede conocer lo qué hay en el interior del ser humano, y que no es bueno.

Yo sé, qué hay muchos que se consideran a sí mismos buenas personas, pero, algunos familiares y/o conocidos no piensan lo mismo. Y es que en ciertas condiciones, cualquiera puede hacer cosas que ni ellos mismos piensan que harían.

Conversando con un amigo cuya profesión le permite diagnosticar las enfermedades ocultas del corazón, noté que estaba asombrado por algo que había visto; de cómo Dios había permitido que una persona conocida por El fuera identificada por el Espíritu Santo con una atadura demoníaca y verlos manifestarse públicamente y ser liberada. Y me dió una serie de nombres para lo que podía tener y las posibles causas, pero, su explicación quedaba corta ante los cambios observados (Como fuerzas extraordinarias, cambio de voz, y conocimiento de cosas secretas)

Eso me hizo pensar que la ciencia puede señalar los desperfectos que encuentra en el corazón humano por medio de las técnicas diagnósticas, pero, solo Dios puede ver y resolver la naturaleza detrás del mal humano.
El apóstol Juan nos da el agente etiológico y el tratamiento: El que practica el pecado es del diablo; porque el diablo peca desde el principio. Para esto se manifestó el Hijo de Dios, para deshacer las obras del diablo. 1 Juan 3:8

PERLAS PARA CUERDOS. Mayo 11

Bienaventurados los que lavan sus ropas, para poder tener acceso al árbol de la vida y para entrar por las puertas en la ciudad. ¡Mas los perros estarán fuera, y los hechiceros, los fornicarios, los homicidas, los idólatras, y todo aquel que ama y practica la mentira! **Apocalipsis 22:14-15.**

¿Has leído recientemente el libro de revelación o Apocalipsis? Es un libro escalofriante y de lectura complicada. Me preocupa lo que leo en El, porque hoy todo el mundo va para el cielo, casi todos entrarán a la ciudad celestial, no importa su estilo de vida ni lo que haya hecho.

Pero, según este libro, la gran mayoría de los que están vestidos para esta gran fiesta, se quedarán con el "moño hecho". Yo sé, que muchos esperan que las revelaciones dadas por Dios a Juan, solo sea una forma de Dios para que los chicos aquí en la tierra se porten lo mejor posible.

Pero, mi cuestionamiento siempre ha sido; ¿Y si es verdad? Y ¿Si este libro canónico del Nuevo Testamento reconocido por todas las ramas del cristianismo no es simplemente una quimera, sino una advertencia para vivir adecuadamente aquí en la tierra?

Según el texto que hemos leído, unos de esos grupos que no entrarán a la ciudad celestial son los mentirosos. Hoy, hasta justificamos las mentiras que hablamos, categorizándolas en blancas o justificables, pero, Jesús mismo dijo que los que hablan mentiras son hijos del diablo. Juan 8:44.

Las mentiras más peligrosas no son las puras mentiras. Esas las podemos rechazar fácilmente, sino, aquellas que se dicen detrás de una verdad; esas son las que tienen malicia en su intención y vienen directamente del infierno.

Ese tipo de mentiras fue el que usó el diablo contra Jesús, y es la técnica favorita de los instrumentos de Satán para dividir, desacreditar y traer mala opinión contra algunos individuos y familias. No todo el que habla lo hace con buena intención. Siempre, mire el espíritu conque se dicen las cosas.

Y recuerde, aunque usted no crea en el cielo ni en el infierno, por lo menos el hablar verdad le servirá para que le crean cuando habla.

PERLAS PARA CUERDOS. Mayo 12

Pero tengo contra ti, que has dejado tu primer amor. Recuerda, por tanto, de dónde has caído, y arrepiéntete, y haz las primeras obras; pues si no, vendré pronto a ti, y quitaré tu candelero de su lugar, si no te hubieres arrepentido. **Apocalipsis 2:4-5.**

Hay una regla fundamental del arte de la interpretación del texto que dice que las palabras debe dársele su sentido usual y original.

He oído muchas explicaciones de este verso, pero pocos piensan cuál es el primer amor de todo ser humano.

Pues no hay mejor día para explicárselo. ¿No ha visto cualquier niño siendo amamantado por su madre? ¿Han visto sus manitas, dónde se colocan y sus ojitos cómo le brillan?

El primer amor es su madre. Es un amor que depende de ese ser que le alimenta, que le protege y que le sostiene y sin el cual no puede vivir.
Pues lo que el Señor le dice al ángel de la iglesia en Éfeso, es que ellos han abandonado ese amor dependiente de Dios y ahora confiaban en sus propias fuerzas u habilidades.

Es interesante saber que uno de los nombres de Dios en el Antiguo Testamento se refiere a esa cualidad del Dios que alimenta y sostiene; "El Shaddai" viene de Shad que traduce pechos, como los de una madre.

Por tanto, como el niño amamantado depende de su madre, así Dios quiere que su gente dependa de Él. Y si no cambia de mente, entonces le quitaría el lugar de servicio en que le había puesto.

Hoy quiero recordarles a todos los hijos que se acuerden de su primer amor (Sus madres) y a los creyentes a que vuelvan a ese amor a Dios como el que depende de Él, aunque lo tenga todo.

PERLAS PARA CUERDOS. Mayo 13

2 Crónicas 20:17a. *No tendréis que pelear vosotros en este caso; paraos, estad quietos, y ved la salvación de Jehová con vosotros.*

Estamos tan adictos a las muchedumbres que no nos gusta estar a solas con Dios ni con nosotros mismos.

Somos tan dependientes de las actividades que no podemos estar quietos por mucho tiempo.

Nos hemos acostumbrado a tantos ruidos que no podemos estar un momento callados.

Lo más difícil para una persona autosuficiente es estarse quieto y dejarse ayudar. Y esa es la condición que Dios pone para asistir a los que piden su intervención.

Abraham una vez se quejó ante Dios que no tenía descendencia y que su heredero sería un esclavo nacido en su casa. Pero, Dios le dijo que no, que su heredero sería un hijo suyo nacido de su esposa estéril y anciana.

Abraham se llevó de su esposa y quiso ayudar a Dios, teniendo un hijo con su criada. Pero, lo que consiguió fue traer problemas tanto al hogar como a la descendencia del padre de la fe. Todos sabemos que Dios cumplió lo prometido y cuando Sara tenía 90 años y Abraham 100, tuvieron a su hijo Isaac, quien traería la bendición prometida.

Ha llegado el momento de que dejemos a Dios ser Dios y que veamos sus maravillas. Mientras estemos "metiendo la cuchara en el caldero" no veremos la gloria de Dios

PERLAS PARA CUERDOS. Mayo 14

Eclesiastés 4:6. *Más vale un puño lleno con descanso, que ambos puños llenos con fatiga y esfuerzo inútil.*

El afán y la ansiedad son hijos del temor y caracterizan la forma de vida moderna.

Muy pocas personas disfrutan lo que tienen porque están muy ocupados en tener más, es por eso qué hay tan pocos agradecidos porque carecen de satisfacción.

Las personas aprenden a apreciar las cosas cuando ya las han perdido: Un ser que nos ama, una etapa de la vida, el calor del hogar, los amigos de siempre, los momentos agradables, lo que verdaderamente vale.

No tienes que esperar ese momento de pérdida, aprovéchalo ahora. ¡Haz que tú vida y la de otro valgan!

Valora lo que tienes ahora y deja de quejarte por lo que no tienes.

Están de moda las aplicaciones que alteran la apariencia física y las imágenes que adornan los portales de las redes sociales están llenas de fotos retocadas, porque no les gusta lo que ven, al final, nuevas modalidades de padecimientos llenarán los pasillos de los profesionales de la salud especializados en la conducta humana.

No te olvides que Dios "todo lo hizo hermoso en su tiempo" y que las cosas se afean cuando las sacamos de su tiempo.

Da gracias por quien eres, lo que has hecho y por lo que tienes y verás el cambio no solo en ti sino en el ambiente que te rodea.

PERLAS PARA CUERDOS. Mayo 15

Efesios 3:14-15. *"Por esta causa doblo mis rodillas ante el Padre de nuestro Señor Jesucristo, / 15 de quien toma nombre toda familia en los cielos y en la tierra..."*

Toda la creación es una gran familia, con un solo Padre y donde todos deberíamos comportarnos como hermanos. Cuando se celebra en el mundo el día de la familia, debemos recordar al Padre que nos ha dado ejemplo, su nombre, identidad y seguridad.

Considere estos versos de autor anónimo tomado del internet.

En familia
Donde nos conocemos a fondo, y nos queremos como mejor sabemos.
Donde la casa es historia, hogar y memoria, y la puerta está abierta.
Donde se dicen las cosas más claras.
Donde tienes tu raíz y tu entraña, donde te quitas el maquillaje y te pones las zapatillas. Pero también donde nos tenemos sin apresurarnos, que habrá que volar o ya volamos del nido un día.
Donde no siempre pensamos igual, creemos de distintos modos, y soñamos diferente porque corre la misma sangre pero por diferentes corazones.
Donde a veces hay silencios difíciles, palabras pendientes, donde el amor es asimétrico, porque hay quien da todo y hay quien exige de más y agradece de menos.

Nuestras familias, la que nos dio la vida o la que formamos... es el lugar en donde tenemos que aprender: a callar, a ayudar, a amar y perdonar, a abrazar, a luchar y seguir, a enojarte y desenojarte, a caerte y levantarte, a consolar y dejarte consolar....a llorar y a secar lágrimas ajenas, a romper y reparar, a orar y a suplicar...

Tu familia es sagrada... ¡Aprende a disfrutarla y a valorarla!

PERLAS PARA CUERDOS. Mayo 16

De oídas te conocía; Mas ahora mis ojos te ven. Por tanto, retracto mis palabras, Y me arrepiento en polvo y ceniza. **Job 42:5-6.**

Mientras estés hablando de pasadas amargas experiencias, lo que estás indicando es que no lo has superado todavía y por el contrario cierras el mundo de posibilidades que están delante de ti.

Tenemos que realizar que el estar regurgitando las dificultades del pasado lo que estamos haciendo es perpetualizar esas experiencias, sal de ese cuarto oscuro y enciende la luz.

Me gusta mucho la experiencia de la mujer de Sunem, que perdió su hijo y fue lo acostó en la cama que estaba en el cuarto del profeta y se salió de allí. Muchas personas viven etapas de duelo extendidas porque no han salido de ese cuarto. Al final de la historia, el profeta Eliseo vino y le devolvió la vida a aquel muchacho. Hay vida después de la muerte!

Los fracasos son triunfos disfrazados, ellos te señalan el camino a la victoria. Las caídas te dan derecho a levantarte, ellas te dicen qué hay un nuevo comienzo y nuevas oportunidades.

Las pérdidas no son lo que aparentan, ellas quitan de ti lo que no necesitabas y te muestran lo que hasta ese momento no habías visto, una nueva forma de ganar.

Las traiciones no debieron dejarte heridas, solo cicatrices, para recordarte que aún vives y te permitan conocer quienes verdaderamente te aman.

Las pruebas no son para destruirte, sino para formarte y desarrollar tu carácter y todo lo que suceda, cuando amas a Dios, te ayudará a bien y te dará a conocer tu verdadero yo y el propósito del Dios que te ama.

PERLAS PARA CUERDOS. Mayo 17

Y sin fe es imposible agradar a Dios; porque es necesario que el que se acerca a Dios crea que le hay, y que es galardonador de los que le buscan. **Hebreos 11:6.**

Recientemente pensaba, cómo hará el Señor para lidiar con tanta gente que tienen fe, pero que están sinceramente equivocados?

¿No ha visto usted personas que son buena gente, que no le hacen daño a nadie, pero, que su creencia no está en lo que dice la Biblia? ¿Cómo tratará Dios con ellos?

La respuesta es que la fe no tiene nada que ver con el intelecto ni con las emociones; esas son cosas del alma y la verdadera fe es del Espíritu.

Dios ha trazado un camino por el cual debe andar todo aquel que se quiera salvar, y éste camino (Jesús dijo: Yo soy el camino...) es el único que lleva al Padre. No es cuestión de razonamientos ni sentimientos.

Por esa causa, debemos abrir los ojos del entendimiento a los seres que amamos, para que no se pierdan, porque aunque hagan buenas obras, andan extraviados. Pablo dijo, que no es por obra para que nadie se gloríe, sino por fe.

La fe que agrada a Dios es aquella que tiene a Jesús como el centro, a nadie más. No te dejes engañar por los hombres y las religiones falsas de estos días que son sincretismos de filosofías opuestas por el vértice.

PERLAS PARA CUERDOS. Mayo 18

"Porque aunque tengáis diez mil ayos en Cristo, no tendréis muchos padres; pues en Cristo Jesús yo os engendré por medio del evangelio." **1 Corintios 4:15**.

En ambos pactos, una promesa y a la vez un mandato trasciende; La honra paterna. Es el primer mandamiento con promesa. Es decir que aunque la honra a los padres es un mandamiento, también contiene una promesa, no es solo algo que debemos hacer, es una actitud del que tiene la promesa del Espíritu.

La labor paterna es bendecir, la labor del hijo es honrar. Esto es un círculo repetitivo, cuando el padre bendice a sus hijos desde pequeños, se levantan hijos honrados. La honra les sigue.

Honrar es una cualidad espiritual, es reconocer la persona y su autoridad. Quien la tiene la ejecuta, no importa los hechos de quien la recibe, no se gana, es una posición, no es por acciones, por tanto no se debe perder.

Siempre en la Biblia está relacionada con la dádiva, no había honra si no se daba algo. Por eso vemos que cuando el joven Saúl andaba en busca de las asnas perdidas de su padre al intentar buscar consejo del profeta Samuel, pensó en llevarle un regalo, un reconocimiento.

El Proverbista dice que debemos honrar a Dios con nuestros bienes, con las primicias de todos nuestros frutos.

El apóstol Pablo manifiesta la paternidad ministerial que tenemos con los creyentes, a los que hemos ganado y/o formado colaborando con el Padre Celestial, en el ministerio de la paternidad en Cristo.

¿Quieres honrar a tu padre?

PERLAS PARA CUERDOS. Mayo 19

Yo publicaré el decreto; Jehová me ha dicho: Mi hijo eres tú;
Yo te he engendrado hoy. Pídeme, y te daré por herencia
las naciones, Y como posesión tuya los confines de la tierra.
Salmos 2:7-8.

En la vida espiritual se nace al conocimiento de quien uno verdaderamente es, cuando entendemos el decreto que ha sido dado en el Reino de los cielos y lo sabemos por las peticiones que hacemos.

Cuando los decretos del cielo son citados en la tierra por los hijos del rey; Las cosas cambian jurisdiccionalmente, dejamos de vivir en las limitaciones de la esclavitud para ocupar todo lo que nos ha sido asignado judicialmente como hijos.

Los que son hijos no están intentando ser hijos, sino que actúan en base a ese conocimiento de que llevamos el ADN del dueño de todo. Siempre lo explico de esta manera: Yo tengo un solo hijo natural, y cuando El me visita a la casa, yo veo la naturalidad con que El mete la mano en todas las cosas que son de su padre. El lleva mi nombre y muchas veces hace uso de cosas en lugares donde yo estoy inscrito.

Recuerda, si eres hijo compórtate como tal y pide como tal. Jesús le dijo a la mujer Samaritana: *"si conocieras el don de Dios y quien es que te pide, tú le pedirías a Él y El te daría agua de vida"* El que conoce a Dios le pide como que hay una relación y más que relación, hay comunión.

En los próximos días vas a intervenir en decisiones de mayor rango por demanda de instancias superiores, Los Ángeles solo esperan por tu petición para ejecutar la orden. No temas, Dios está en el asunto.

PERLAS PARA CUERDOS. Mayo 20

Aunque la higuera no florezca, Ni en las vides haya frutos, Aunque falte el producto del olivo, Y los labrados no den mantenimiento, Y las ovejas falten en el aprisco, Y no haya vacas en los establos; Con todo, yo me alegraré en Jehová, Y me regocijaré en el Dios de mi salvación. Jehová el Señor es mi fortaleza, El cual hace mis pies como los de las ciervas, Y en mis alturas me hace andar. **Habacuc 3:17-19.**

Esta semana subirás a alturas nunca antes exploradas. Te darás cuenta que en realidad al único que en realidad necesitas, siempre está disponible y que El un día descendió a ti para hoy elevarte a Él.

Dios te mostrará el camino de vida y hará senderos nuevos para tus pies. Andarás por un camino que nunca has recorrido.

Ensanchará tu corazón para que exaltes su nombre, le glorificarás porque pondrá a tus enemigos en tus manos, pero, no le harás daño, sino que le ayudarás aunque no hicieron lo propio contigo, no le pagarás con la misma moneda.

Te darás cuenta de cómo has cambiado, de cuánto has crecido y vivirás a plenitud, disfrutando aun las pequeñeces.

Abrirás los ojos a ciegos y le conducirás a lugares espaciosos, porque para eso has nacido y por primera vez en todo este tiempo experimentarás que naciste con un propósito mayor que el que habías imaginado.

Abre bien tus ojos para que veas las puertas abiertas que Dios te presenta a diario y cómo se te presenta el visitante celestial de la forma menos esperada, pero esta vez lo verás y le bendecirás.

PERLAS PARA CUERDOS. Mayo 21

El pecado está, pues, en aquel que sabe hacer lo bueno y no lo hace. **Santiago 4:17.**

Hay pensamientos, actitudes y acciones que tenemos y practicamos que sabemos que no le agradan a Dios o que son moralmente inaceptables, pero, para justificarlas en nosotros le ponemos trajes de etiqueta o como decíamos e nuestra juventud; la vestimos de celofán.

Sabemos por ejemplo que la infidelidad es pecado, pero, para hacerla éticamente aceptable decimos que todo el mundo tiene su segunda base. Y lo peor es que ridiculizamos e intentamos hacer ver mal a quien si es fiel.

Quizás ese no sea nuestro problema, pero, piense en lo que usted sabe que no está bien o peor, piense en el bien que no hace, porque es tan pecado como hacer el mal.

¿De qué estoy hablando? De esos pequeños detalles que por no perder popularidad dejamos pasar por alto, sabiendo que no están bien aunque quien lo esté haciendo tenga influencia o sea nuestro superior.

Alguien dijo con toda propiedad que para que triunfe el mal, basta conque los buenos no hagan nada.

Son esas pequeñas zorras que hay que cazar porque dañan las viñas cuando estas están produciendo sus primeros frutos.

Es tan pecado como hacer el mal, cuando no cedemos el paso a alguien que está en aprietos en la carretera. Cuando no damos el asiento a alguien que está en peores condiciones de salud que nosotros o más débiles. Cuando vemos al hambriento y no le ayudamos o al sediento, o al desamparado.

Pida ayuda a Dios para vivir en integridad y sin necesidad de justificar sus malas acciones. Jesús dijo: Alejados de mí nada podréis hacer.

PERLAS PARA CUERDOS. Mayo 22

Con el éxito de los justos la ciudad se alegra; Mas cuando los impíos perecen hay fiesta. **Proverbios 11:10.**

El éxito tiene un alto contenido alucinógeno; causa adición, y quien lo alcanza en algún área de su vida debe mantenerse humilde para que no se le suba a la cabeza, para que no termine mareado y pierda el equilibrio.

El éxito es temporal hoy puedes tenerlo mañana no. Cuantas personas no hemos visto que llegan a la cima y por una mala inversión o una mala decisión pierden todo lo que tenían.

Usa la influencia que trae consigo el éxito, para ayudar a otros, para que cuando estés en problemas tengas amigos. Un amigo quien estaba en buena posición lo ví haciéndose de la vista gorda ante la desventaja de alguien quien en alguna oportunidad no le favoreció y le dije: Ayúdale, porque no siempre estrás arriba. Al poco tiempo; menos de un año, mis palabras tuvieron fiel cumplimiento.

Es limitado, no se es exitoso en todo. Puedes ser exitoso en las inversiones, pero, no así en las relaciones. Un día podrás necesitar quien te ayude en una noche oscura cuando al carro se le dañe la llanta.

He visto hombres y mujeres con grandes fortunas pero sus vidas familiares son un desastre. Se puede ser exitosos comercialmente, pero, infelices en el amor.

Usa el poder que genera el éxito para hacer felices a otros y cuando te falte, tendrás quien te quiera y espere. Que no se alegren los demás cuando te llegue el día malo.

PERLAS PARA CUERDOS. Mayo 23

A cualquiera que haga caer en pecado a uno de estos pequeños que creen en mí, más le valdría que lo hundieran en lo profundo del mar con una gran piedra de molino atada al cuello. ¡Qué malo es para el mundo que haya tantas incitaciones al pecado! Tiene que haberlas, pero ¡ay del hombre que haga pecar a los demás! **Mateo 18:6-7**. *Versión DHH*

El problema de la provocación al pecado no es un hecho aislado, tiene consecuencias que se pagan tarde o temprano en la persona misma que lo provoca o en sus seres queridos. Es una siembra que tiene su cosecha. Es una ley que es implementada por seres invisibles pero reales.

Durante mi ejercicio profesional me dediqué a prestarle atención a las tantas enfermedades idiopáticas, primarias o esenciales que se presentan y que la ciencia solo puede tratar sintomáticamente y me di cuenta de cómo esas personas eran afectadas en áreas donde habían sembrado una semilla.

Conocí un caso de una dama celosa por la infidelidad de su marido que le mandó a hacer "un trabajito" a su rival que estaba embarazada para que perdiera su hijo, y a pocas semanas, ella perdió su primogénito por causas desconocidas, sin estar enfermo.

Quien maldice, vive y muere maldito; quien engaña termina engañado, quien a hierro mata a hierro muere.

Hay un principio que dice: "No os engañéis, Dios no puede ser burlado, todo lo que el hombre siembra, eso también segará. Gálatas 6:7.

Así mismo, todo tipo de pecado tiene un efecto boomerang, vuelve a su punto de origen. La forma de vencer la maldad es con la bondad; las tinieblas se disipan es encendiendo una luz, el odio con el amor y la maldición con la bendición.

PERLAS PARA CUERDOS. Mayo 24

¿Andarán dos juntos, si no estuvieren de acuerdo? **Amós 3:3.**

Cuando establecemos una relación sea sentimental, de negocios o de cualquier índole debemos ver que haya afinidad o por lo menos un plan para trabajar las diferencias, antes de ir muy lejos en la relación.

Eso se aplica a ambos géneros y como decía un sabio amigo a sus hijos cuando estos estaban en edad de buscar novias para casarse; "abran bien los ojos antes de casarse, para que después que estén casados, los cierren.

Cada vez que recuerdo esa expresión le veo una arista diferente. Pero lo que quería enseñar mi amigo a sus hijos era; Vean los defectos ahora, para que cuando se casen los pasen por alto. Pero, también que vean bien con quien se casaba ahora, para que después de casados pudieran dormir con tranquilidad.

Lo más triste es cuando una pareja está en público y uno de ellos hace un comentario y el otro le contradice, ese no es el momento ni el lugar.

Los problemas de comunicación son solo el tip del iceberg de una relación que hace tiempo está deteriorada por eso hay que ponerse de acuerdo de no contradecirse en público, por lo menos guarda la apariencia de un frente unido.

He sido partícipe de personas que hasta públicamente no pueden ocultar su repugnancia el uno por el otro, pareciera que le hubieran vendido gato por liebre. Lo más probable es que alguien cuando estaba en su fervor, no quisiera oír consejos.

Recuerdo una joven a quien intenté aconsejar para que buscara la dirección de Dios en su decisión de casarse con un joven que tenía retos intelectuales. Me dijo que no oraba por eso, ni cerraba los ojos para que Dios no le dijera que no a su relación. A los 6 meses de casados se divorciaron.

PERLAS PARA CUERDOS. Mayo 25

Y cualquier cosa que pidáis al Padre en mi nombre, la haré, para que el Padre sea glorificado en el Hijo. Si me pedís algo en mi nombre, yo lo haré. **Juan 14:13-14.**

Quiero comenzar este día con una anécdota jocosa que me sucedió siendo un joven. En mi Pueblo de Santiago acostumbrábamos los jóvenes a dar serenatas los fines de semana. Yo decía poemas. Un día después de terminar casi una hora de cantos y poemas al pie de la ventana de la joven favorecida, nos despedimos sin que ella encendiera la luz ni abriera la ventana, nos disponíamos a marcharnos un poco desilusionados cuando llegó la familia completa en dos autos. Nadie oyó la serenata. Eso fue motivo de hilaridad por mucho tiempo entre el grupo.

Pero, le traigo eso a colación porque veo y escucho muchas oraciones que yo estoy seguro que, o no son escuchadas o por lo menos no serán respondidas por el Dios de la Biblia y eso no tiene nada de gracioso.

Lo digo porque, el Señor estableció que la forma de orar era: 1. Dirigida Al Padre, (Y solo a Él) 2. Pedir en el nombre del hijo, Jesús.

Déjeme ponérselo de esta manera, acostumbro a visitar hermosas casas, algunas de ellas tienen un letrero en el piso que dice: "Prohibido entrar con zapatos" Si usted quiere tener acceso al interior tiene que quitarse el calzado, es la regla de los dueños, asimismo la oración, el dueño del cielo dice que pidamos al Padre en el nombre de Jesús.

Si no se sigue ese modelo, a esa oración le pasará como a nuestra serenata, que tenía buenas intensiones, cantamos las canciones y dijimos los poemas adecuados, pero no había quien las escuchara.

Nosotros hacemos análisis de lo que pensamos que Dios escucha, interpretamos de acuerdo a nuestra tradición religiosa, podemos tener buenas intensiones, derramar unas cuantas lágrimas o sea poner emociones, incluso podemos añadir ofrendas y hacer sacrificios que la acompañen, pero, no reúne los requisitos de Dios.

Yo pido hoy a Dios el Padre por ti, para que abra los ojos de tu entendimiento y recibas la revelación de la oración eficaz y verdadera, ruego en el nombre de Jesús. Amén

PERLAS PARA CUERDOS. Mayo 26

Oye, hijo mío, y recibe mis razones, Y se te multiplicarán los años de vida. Por el camino de la sabiduría te he encaminado, Y por veredas derechas te he enseñado a andar. Cuando camines, no se enredarán tus pasos, Y si corres, no tropezarás. Mas la senda de los justos es como la luz de la aurora, Que va en aumento hasta llegar a pleno día. **Proverbios 4:10-12,18.**

Señor gracias por este nuevo día. Te rogamos por tu dirección y pedimos de lo más profundo de nuestro corazón que nos muestres las puertas abiertas que tienes para nosotros hoy.

Danos en este día el pan diario, porque aunque nuestros depósitos estén llenos, estamos seguros que es por tu gracia que eso sucede, de ti depende nuestra provisión.

Abre nuestro entendimiento para que podamos tener un conocimiento pleno de tu voluntad y que tus palabras sean las que guíen nuestros pasos.

Ayúdanos a tomar las mejores decisiones y cumplir con las asignaciones que tenemos frente a nosotros.

Que comience nuestra rogativa como La Luz de la aurora, pero, que vaya en aumento hasta que como el día sea perfecto. Que se inicie como una necesidad, pero que termine como un deleite.

Y que al terminar nuestra labor podamos descansar porque nuestros sueños serán, así como hemos vivido; en paz. Por los méritos de Cristo te pedimos estos favores, ¡Amén!

PERLAS PARA CUERDOS. Mayo 27

Salmos 25:7. *De los pecados de mi juventud, y de mis rebeliones, no te acuerdes; Conforme a tu misericordia acuérdate de mí, Por tu bondad, oh Jehová.*

El último lunes del mes de Mayo, en los EUA se celebra el día de Memorial Day, de la recordación o de los caídos, en donde se conmemora los héroes que han servido a la patria en tiempos pasados y se hace mucho hincapiés en esos individuos anónimos que sacrificaron su bienestar, su salud, su familia y hasta su vida con tal de que gocemos de la libertad que hoy disfrutamos.

Asimismo en el cielo siempre se celebran los hechos que hemos realizado para la gloria de Dios y son traídos a la memoria.

Es posible que pienses que lo que tú has hecho por Dios y para tus semejantes ha quedado olvidado en el baúl de los recuerdos, pero no, Dios se recuerda también.

De lo único que Dios no se acuerda es de lo que ha sido borrado por la sangre de Cristo, que son nuestros pecados y rebeliones confesados a Él.

José en la cárcel pensó que quizás Dios se había olvidado de Él, pero, no, solo estaba madurando el plan que tenía para llevarlo a Palacio. Se pudo olvidar el copero del rey a quien había hecho bien, pero Dios no, a su momento fue mandado a buscar para que pusiera en acción el don que Dios le había dado.

No dejes de servir ni operar en lo que Dios te ha dado porque ese don es que te va a catapultar al cumplimiento de tus sueños.

PERLAS PARA CUERDOS. Mayo 28

Hebreos 10:32-33. *Pero traed a la memoria los días , en los cuales, después de haber sido iluminados, sostuvisteis gran combate de padecimientos;/ por una parte, siendo expuestos públicamente a ultrajes y aflicciones; por otra, siendo compañeros de los que estaban en una situación semejante.*

Las memorias tristes son menos dolorosas cuando son compartidas y las alegres parecieran eternizarse cuando las recordamos con quienes las vivimos.

En cuanto a las memorias se refiere, no existe tal cosa como "hace mucho tiempo" solo cosas relevantes y otras que no vale la pena recordar.

Las memorias tienen el poder de revivir los acontecimientos y poder completar cosas que dejamos no resueltas y decir cosas que nunca confesamos.

Hubo momentos, que por la premura o la escasez, no vivimos a plenitud y mucho menos disfrutamos, pero, que al volver a ver los personajes, nos despiertan la ilusión de hacerlo bien esta vez.

Solo le pido a Dios que nos de la sabiduría para no repetir los errores del pasado, ni herir con palabras o actitudes a personas que hemos admirado y con quienes compartimos tantas vicisitudes. Amigos ayer, amigos hoy, amigos eternos.

Quiero que sepas que eres parte del guión de la inédita edición de mi vida hecha canción, y la cual espero disfrutar si solo me permites entrar.

PERLAS PARA CUERDOS. Mayo 29

Doy gracias a mi Dios continuamente por vosotros, por la gracia de Dios que os fue dada en Cristo Jesús; Fiel es Dios, por el cual fuisteis llamados a la comunión con su Hijo Jesucristo nuestro Señor. **1 Corintios 1:4,9.**

Algunas veces cuando las cosas no se dan cómo esperamos o pedimos, dudamos de la fidelidad de Dios y de la gente, y nos convertimos en agnósticos amargados.

Una vez un padre herido por la pérdida de un hijo, le reclamaba a Dios diciéndole: Dónde estabas tú cuando mi hijo te necesitaba? Y oyó la voz del padre amante que le contestó; "En el mismo sitio que cuando mi hijo moría"

Los seres humanos en dolor no vemos el cuadro mayor, el propósito detrás de la pérdida, porque las emociones nos inundan, pero, un día entenderemos.

Dios es fiel! Siempre lo será, porque eso es Él. Es su naturaleza. Su fidelidad no depende de las circunstancias, ni de la nuestra fidelidad, porque aunque fuéramos infieles, Él permanece fiel, Él no puede negarse a sí mismo.

La transición de la gente, los cambios de intereses, los amores condicionados, los servicios compartidos, las mentiras "inocentes" y toda la basura que la gente se invente para justificar que ya no estás en su mente, me hace gritar; ¡Dios es fiel!

PERLAS PARA CUERDOS. Mayo 30

A causa de la multitud de las fornicaciones de la ramera de hermosa gracia, maestra en hechizos, que seduce a las naciones con sus fornicaciones, y a los pueblos con sus hechizos. Heme aquí contra ti, dice Jehová de los ejércitos, y descubriré tus faldas hasta tu rostro, y mostraré a las naciones tu desnudez, y a los reinos tus vergüenzas. **Nahum 3:4-5.**

¡Cuidado con los depredadores sexuales!
Un depredador sexual lo podríamos definir como alguien que se aprovecha de la debilidad y vulnerabilidad de seres semejantes para controlarle y sacar ventaja, ejerciendo control por medio de palabras o imágenes de índole sexual.
Todo es parte de un engranaje que se mueve con libertad en nuestra sociedad hoy, llamada seducción, esta no tiene nada que ver con la tenencia de poder, sino más bien con ejercer control sobre los demás aunque no tenga cómo responder a esa pretensión.
Tengo un familiar cercano que es un septuagenario y toda su vida fue un seductor, no podía ver una escoba con faldas que no la abordara. En días recientes me hablaba de cómo había cambiado su vida y de cierto, ahora se la pasa enviándome mensajes e imagines con textos religiosos que a cualquiera confunden. Como lo conozco bien y sé que no ha tenido una experiencia con el único que lo puede cambiar; insistí en cuestionarlo y me hizo la siguiente historia:
Entré a un ascensor y vi una tremenda joven mujer, le dije unas palabras, como de costumbre y ella me respondió: Caballero, respétese y respéteme porque piénselo bien, usted no tiene con qué responderme. A lo que mi familiar le respondió, es cierto, perdone, es la costumbre, y se fue a su casa.
Detrás de mucho galanteo masculino se oculta un espíritu impotente que lo que busca es control mental y emocional y que como le dijo la dama a mi familiar, no tiene con qué responder pero pretende despertar sea con imágenes o palabras deseos dormidos.
Por eso debemos ser selectivos en lo que vemos y lo que oímos. Por eso Jesús dijo: Mirad lo que oís, porque con la medida conque medís os será medido, y aún se os añadirá lo que oís" **Marcos 4:24**.

Alguien dijo: "dime de lo que alardeas y te diré de lo que adoleces"

Andrés, hermano de Simón Pedro, era uno de los que habían oído a Juan, y habían seguido a Jesús. Éste halló primero a su hermano Simón, y le dijo: Hemos hallado al Mesías (que traducido es, el Cristo). Y le trajo a Jesús. Y mirándole Jesús, dijo: Tú eres Simón, hijo de Jonás; tú serás llamado Cefas (que quiere decir, Pedro). **Juan 1:40-42**

El ejemplo de Andrés el hermano del apóstol Pedro, nos enseña algo muy importante: "Cuando conoces a Jesús, debes compartirlo con otros" inmediatamente.

Las cosas buenas se comparten, así como los hombres comparten una buena barbería o un buen taller mecánico, o un buen trabajador, o lugar de comida; y las mujeres un shoping center, un salón de bellezas, o una tienda de cosas baratas etc.

¿Por qué, entonces, no compartimos a Cristo con los demás? Se cree que quien no comparte su fe en los primeros días de haber creído, nunca lo hará.

Siendo yo un joven agnóstico, estudiante de tercer año de medicina, tuve una experiencia con Jesús, El me encontró cuando yo no lo estaba buscando. Sentí su amor, comprendí su sacrificio por mí y tomé la decisión más importante de mi vida; servirle a Él.

Desde entonces cada vez que tengo la oportunidad comparto de su amor con los demás. Inmediatamente me coloqué insignias en mi ropa, calcomanías y la Biblia en mi maletín, y sobre todo puse su palabra en mi boca.

Desde esa oportunidad y cada año, leo la Biblia completa, porque mi análisis fue: Si Dios existe, entonces debo conocer más su palabra, no una interpretación de alguien, sino lo que Dios dice, para compartirla efectivamente con quien no la conoce ni la entiende.

Junio

PERLAS PARA CUERDOS. Junio 1

Pues nosotros somos de ayer, y nada sabemos, Siendo nuestros días sobre la tierra como una sombra. **Job 8:9.**

En el pasado se ha usado Como elementos de inversiones, El Oro, el papel moneda, la bolsa de valores. En tiempos más recientes el Bitcoins etc. Pero creo sin temor a equivocarme que la mejor manera de inversión es en las cosas eternas y si algo pasajero usamos, hay algo que todos tenemos en igual cantidad.

No hay más ni menos ricos en ese elemento en los que viven debajo del sol. Si no lo has imaginado todavía, me refiero al tiempo. Usemos con sabiduría el tiempo, porque cualquier otra cosa se puede recuperar, pero, el tiempo que se perdió no vuelve. Vi una película cuyo nombre no recuerdo, que el elemento de intercambio usado era el tiempo. No hay mayor satisfacción que saber que se ha aprovechado bien el tiempo. Lamentablemente no nos damos cuenta de su valor hasta que pensamos que nos queda poco.
Cuando decimos que no tenemos tiempo para algo, lo que estamos diciendo es que todo lo otro para lo que sí tenemos es más importante.
Es muy peligroso usar esa excusa para no buscar y cultivar una relación con el que hizo no solo el tiempo sino a los que están sujetos a Él. Es por esa razón que los que usan esa excusa, terminan en cama, para que miren para arriba y tengan tiempo para buscarle y meditar en sus prioridades.

No hay cosa más peligrosa que un pretendido profeta buscando honra; que un hijo bastardo buscando herencia; que un hermano envidioso buscando reconocimiento; Que un iluso traidor buscando posicionamiento. Aléjate de los tales, porque, aunque te digan de boca cuánto te quieren, y te halaguen con sus labios buscando tu favor, tú no eres su prioridad sino su malvada agenda, y cuando ya no le sirvas y le seas un estorbo, al primer descuido terminas con una daga en la espalda. Si no me crees lee las historias de Balaam, Abimelec, de Caín y de Absalón.

PERLAS PARA CUERDOS. Junio 2

Pero Samuel dijo: ¿Se complace Jehová tanto en los holocaustos y víctimas, como en que se obedezca a las palabras de Jehová? Ciertamente el obedecer es mejor que los sacrificios, y el prestar atención que la grosura de los carneros. **1 Samuel 15:22.**

Leyendo hoy uno de las meditaciones diarias, encontramos la historia del viejo profeta que invitó a su casa al joven profeta que había profetizado sobre el altar de Betel, y quien había recibido instrucciones específicas de Dios de no entrar en casa de nadie ni entretenerse en el camino.

Fue fácil obedecer para éste joven cuando la oferta vino de un impío, pero, se dejó engañar del viejo profeta con el viejo truco de "Dios me dijo que te dijera"

Esta es una historia con un triste final, porque el joven profeta muere destrozado por un león por no obedecer a Dios. Pero, es una enseñanza clara para todos los que estamos en "Los caminos del Señor" para no creer a los cantos de sirena de pretendidos profetas que ya pasó su carnaval, pero, que no quieren perder vigencia y usan "con astucia las artimañas del error"

Cuidado, con aquellos que te digan, "Dios me dijo que te dijera" Si alguien te dice así, dile con amor y respeto "Gracias, ahora, dile al que te lo dijo, que ahora me lo diga a mi"

No temas someter a prueba cualquier profecía, la palabra nos recomienda a hacerlo siempre, lo que no debemos es juzgar es la intensión del que te trajo la palabra, eso, se lo dejamos a Dios.

PERLAS PARA CUERDOS. Junio 3

1 Corintios 15:51. *He aquí, os digo un misterio: No todos dormiremos; pero todos seremos transformados,*

No sé si usted ha escuchado un refrán popular que dice: "Lo que no mata engorda" Así son los procesos en la vida; no te matan sino que quitan de ti las cosas que son aparentes. ¡El problema es que nos gusta vivir de apariencias!

La apariencia se forma por la interpretación de la realidad, en otras palabras por lo que pensamos, sentimos y cómo nos comportamos.
Es lo que se llama la personalidad, es lo exterior, es lo que se vende, es lo que queremos que el otro piense cuando nos ve. El carácter es quienes somos en realidad, es la impronta que trajimos de nacimiento.

Los seres humanos nos enamoramos de la personalidad y nos casamos con ese personaje ficticio, para luego despertar y descubrir el verdadero yo de la pareja, el carácter de esa persona.

A la eternidad no entrará nuestra personalidad. Por eso, tiene que haber un procesamiento para que seamos transformados a la imagen del hijo, Jesús.

Ahora bien, como devoto Cristiano siempre me pregunto, qué haría Jesús en tal o cual situación.
Tengo un gran sentido patriótico y eso, me llena de terror, porque como tal, en ocasiones, descubro en mí sentimientos no cristianos.

¿Cómo puedo ser patriota y a la vez ser justo? Es tomando acciones racionales, concretas, sin dejar que mis emociones nublen mi entendimiento. Es no estereotipando ni menoscabando a ningún gentilicio porque sea diferente a mí. Es siendo bueno, corrigiendo lo malo, condenando las inmoralidades o los malos hechos y no a toda una nación.

La mejor manera de ser como Cristo, es ayudando al necesitado, llevándole al mesón y pagar lo que sea, sin tener que llevarle a mi casa.

PERLAS PARA CUERDOS. Junio 4

Amado, yo deseo que tú seas prosperado en todas las cosas, y que tengas salud, así como prospera tu alma" **3 Juan 1:2.**

Esta es una oración, y la expresión del deseo de este apóstol por un hombre íntegro llamado Gayo.

La construcción gramatical en el griego Koiné de la palabra "prosperar/εὐοδόω" está en modo pasivo y tiempo presente (Lo que indica que no lo logra Gayo, sino que la ayuda viene de otro, y que eso es para hoy) y esta palabra de raro uso fuera de la Biblia, significa asistencia en el camino diario, o como dice el teólogo Kittel, es ser guiado por el buen camino.

Y además en término figurado este vocablo significa tener éxito y progresar en lo emprendido.

La salud y prosperidad están conectadas por καθώς; "así como" prospera tu alma.

Si permitimos que nuestras almas progresen en su diario caminar, la salud y el éxito diario serán el resultado. Esos son mis deseos y oración por cada uno de los que leen esto.

Es un deseo de Juan a Gayo, pero, que fue inspirado por el Espíritu Santo e incluido en el Canon de las sagradas escrituras para que como un principio eterno llegue a nosotros y nos sirva como patrón de conducta.

Recuerda, si quieres tener salud y prosperar, debe prosperar tu alma.

PERLAS PARA CUERDOS. Junio 5

Toda Escritura es inspirada por Dios, y útil para enseñar, para redargüir, para corregir, para instruir en justicia, a fin de que el hombre de Dios sea enteramente apto, bien pertrechado para toda buena obra. **2 Timoteo 3:16-17.**

Las gentes son muy pintorescas al interpretar y aplicar la Biblia. Algunos piensan que las sagradas escrituras son como algunos ungüentos que nuestros antepasados usaban; que para algunas cosas servían, pero, para otras no.

No ha visto usted a los intérpretes modernos que de todos los textos sacan la misma conclusión? Ellos tienen una retahíla de palabras puestas unas detrás de otras que si usted le pregunta qué significan, ellos no saben o lo que piensan que es; no es así.

Un caso típico es que para algunos si tú le dices que ellos "Te pondrá Jehová por cabeza, y no por cola; y estarás encima solamente, y no estarás debajo," eso es una promesa y es para ellos. Pero, si le dices que: "los cielos que están sobre tu cabeza serán de bronce, y la tierra que está debajo de ti, de hierro" Ah, eso no es para ellos, porque eso es del antiguo pacto, y los estás maldiciendo, aunque sean parte del mismo capítulo 28 de Deuteronomio.

Señores, la Biblia es la palabra de Dios y todo dependerá de ti, si obedeces al Señor y sus instrucciones o no.

Jesús dijo: "Y conoceréis la verdad y la verdad os hará libres" muchas personas son medio libres porque solo conocen algunas verdades de la Biblia, mientras que las que no les convienen las pasan por alto. Pero, la verdad es una sola, es una persona. Jesús.

Apártate de aquí, y vuélvete al oriente, y escóndete en el arroyo de Querit, que está frente al Jordán. Beberás del arroyo; y yo he mandado a los cuervos que te den allí de comer.
1 Reyes 17:3-4.

Cuando mandas a buscar algo por correo, siempre llega a la dirección donde fue pedido. Si te mueves, ¿donde crees que llegará?

Yo no sé si algunos de ustedes han sentido alguna vez que han hecho todo lo que los demás han hecho y sin embargo las cosas no les han salido como a los demás.

Una de las razones es porque el secreto del poder, de la provisión y la bendición están en el ALLI de Dios para tu vida.

Nunca vamos a ser verdaderamente felices, no vamos a ser completamente exitosos, si no conocemos ese allí de Dios.

Siempre vamos a estar a la caza de algo sin saber qué buscamos, vamos a tener la sensación de que hay algo más que nos falta.

Nadie se acuerda de quien quedó en segundo lugar en la competencia. Woodrow Wilson dijo que muchas veces somos derrotados por nuestros éxitos secundarios. No te conformes con menos que la totalidad de lo que Dios tiene para ti.

PERLAS PARA CUERDOS. Junio 7

Os digo que así habrá más gozo en el cielo por un pecador que se arrepiente, que por noventa y nueve justos que no necesitan de arrepentimiento. **Lucas 15:7.**

Tanto Jesús como Juan el Bautista predicaron el mensaje del Arrepentimiento.

La palabra que usa el griego popular en que fue escrito el Nuevo Testamento, es *metanoia*, que traduce un cambio de mente que conduce a un cambio de actitud y por tanto a un cambio de dirección.

Algunas personas no pueden entender el cambio que se produce en los que reciben la Gracia del perdón que Dios ofrece al pecador y que han enarbolado la premisa de que nadie puede cambiar. Pero, los testimonios de millones de individuos que han pasado de muerte a vida, de pecadores irredentos a ciudadanos ejemplares dan al traste con su teoría.

Claro está, solos no lo podemos hacer, por eso Jesús dijo: "Sin mí, nada podéis hacer"

"En esta vida, lo más seguro es el cambio" suele repetir mi esposa. Refiriéndose a los continuos cambios a que estamos expuestos.

Y el Profesor León Megginson dijo una expresión que con frecuencia es atribuida a Darwin que; "no son las especies más fuertes ni las más inteligentes las que sobreviven sino las que más se adaptan a los cambios"

Hoy es un buen día para con la ayuda de Dios, dar un giro de 180 grados a esa mala actitud, a ese mal hábito que has enarbolado como algo que debas presumir o ese pecado que trae temor y vergüenza a tu vida. ¡Arrepiéntete!

....Porque yo sé a quién he creído, y estoy seguro de que es poderoso para guardar mi depósito para aquel día. **2 Timoteo 1:12b.**

La persona psicológica y emocionalmente sana es genuina, no tiene que aparentar, ni imitar a nadie. Los payasos son los que usan máscaras y los que imitan son los que no entienden que Dios nos ha hecho únicos, sin copias. Cuando Dios te diseñó, votó el modelo. ¡Cuán grande es el Señor, que nos ha dado tal variedad!

Lo único que hacen los que han vivido mucho es renovarse.

El águila se renueva como a los 40 años, renueva sus plumas, su vista, sus uñas, etc.

El elefante se pone viejo, más gordo y con el pasar de los años se pone más pesado y camina más lento, buscando el lugar (su cementerio) donde va a morir.

¿Cómo vas hacer?; como el águila que se renueva o el elefante que se pone viejo y esperando a morir? -Yo prefiero ser Águila.

Los hombres y mujeres de Dios saben quiénes son, de donde vienen, para dónde van y a quien han creído y están seguros que es poderoso para guardar su depósito para aquel día. ¿Cuál día? El que lo necesite, y sobre todo el gran día cuando te llamarán a cuentas.

PERLAS PARA CUERDOS. Junio 9

¿Cuánto más la sangre de Cristo, el cual mediante el Espíritu eterno se ofreció a sí mismo sin mancha a Dios, purificará vuestras conciencias de obras muertas para que sirváis al Dios vivo? **Hebreos 9:14.**

Las manchas naturales se pueden quitar con cualquier buen limpiador. No así, las marcas dejadas por el pecado, porque afectan no solo el exterior sino lo más interno del ser; la conciencia. Podemos intentar acallarla por medio de máscaras, pero, es imposible.

Los conflictos que enfrentamos cada día, no cambian quienes somos, -ellos no tienen esa capacidad-sólo revelan lo que somos. Por eso nunca pensemos que otra persona nos hizo hacer algo, sólo nos quitó la careta.

Los seres humanos, hacemos ruido, tiramos piedras y aparentamos lo que no somos, como un fallido intento de sepultar las señales y vestigios de las cosas que delatan nuestra propia vulnerabilidad.

Cuando usted ve a una persona o colectividad haciendo mucho escándalo, está queriendo desviar la atención del verdadero problema.

Son ilusionistas que mueven una mano para ocultar lo que están haciendo con la otra. Y todo es por ocultar la verdad y la conciencia culpable.

Muchos bandidos ocultan sus hechos punitivos detrás de obras benéficas. Conocí una jovencita hace muchos años que usaba unas vestimenta tan largas, nada de cosméticos y apenas se recogía el pelo, tenía una timidez tan marcada, que era casi imposible ver el color de sus ojos porque no sostenía la mirada. En fin, hacía que cualquier simple mortal se sintiera mal ante tanta modestia, humildad y sencillez.

Ella todos los días salía a la misma hora, y todos en su comunidad suponían que ella pertenecía a alguna congregación religiosa. Pronto, todo se descubrió, en una redada a una casa de citas agarraron a la mencionada. Ella salía a diario a caminar por una zona caliente y esperar ser invitada por alguien a prostituirse. Su historia se remontaba a su juventud cuando fue violada por 4 individuos y quedó herida y marcada por ese evento.

Su vestimenta y su timidez solo ocultaban una inmensa herida a la cual nadie tenía acceso. Solo se reveló por un evento traumático, pero, no puede ser quitada por prácticas o ejercicios mentales, hay que ir al origen y solo el entendimiento de que alguien pagó por nuestras culpas, nos podrá liberar. Jesús te limpia hasta la conciencia de pecado.

1 Corintios 4:15. *Porque aunque tengáis diez mil ayos en Cristo, no tendréis muchos padres; pues en Cristo Jesús yo os engendré por medio del evangelio.*

El diccionario define la paternidad como la relación del progenitor con su descendencia.

Es muy importante saber que la paternidad es mucho más que un acto biológico e instintivo, porque esto último lo comparten los animales con los humanos, pero no hay ninguna relación ni compromiso moral ni social. De hecho algunas especies se comen sus hijos.
La función paterna es característica de los humanos.
Entonces la paternidad incluye una parte biológica que tiene que ver con la *procreación* en sí misma.

También incluye una parte legal que es la *filiación* y en donde hay responsabilidades de compartir y transferir los bienes adquiridos {herencia} a los hijos, es lo que se ha llamado *patrimonio*.

La paternidad también incluye una parte **espiritual** que es la *impartición* de gustos, creencias, Valores, es lo que se ha llamado *Legado*.

La paternidad es por tanto un poder espiritual que viene de Dios y que habilita a capacita a los padres para hacerle más fácil la vida a sus hijos.

Toda persona entonces que no es beneficiada con una buena paternidad, la vida se le vuelve un trabajo difícil.

Los padres proveen para los hijos; identidad, dirección, seguridad, provisión, corrección, valoración y herencia. Eso se cumple en las tres áreas que hemos señalado de la paternidad. Biológico, legal y espiritual.

Cuando una persona no sabe quién es su padre es afectado por el espíritu de orfandad.

PERLAS PARA CUERDOS. Junio 11

Marcos 8:35-36. *...Cualquiera que desee salvar su vida, la perderá; pero cualquiera que haya de perder su vida por causa de mí y del evangelio, la salvará. Porque ¿qué provecho hay en que una persona gane el mundo entero y que pierda su alma?*

Leí algo interesante que publicó alguien conocido y que se podría titular ¿Cómo se pierde la vida? Pero, el título debería ser ; cómo se desperdicia la vida. Porque según este texto Bíblico, la vida solo se pierde cuando se pierde el alma.

Después de mucho andar, investigar, hacer sacrificios etc, la pregunta que siempre me inquietó fue el de la salvación del alma? Los que estamos familiarizados con la muerte humana, nos preguntamos qué diferencia hay entre una persona que hace 5 minutos estaba viva y ese cuerpo inerte que ahora vemos? Sólo sabemos que sus órganos dejaron de funcionar, pero, casi siempre están allí, pero, algo le falta, y es la parte inmortal, el verdadero yo. La otra pregunta es; y a dónde fue?

Casi ninguna filosofía, ni religión, ni profesión tiene respuesta a esa interrogante y encontramos a personas que honestamente buscan alivio a la carga del pecado "tratando de ser salvos por medio de buenas obras, o de ser buenos" pero, la sentencia Bíblica dice; Que nadie se salva por obras, para que nadie se gloríe

Tengo un amigo que me mostró todos sus logros, propiedades y títulos se me ocurrió preguntarle; ¿Y de tu alma qué? ¿Sabe lo que me respondió? ¡eehhh!

El hombre se pasa toda su juventud trabajando para tener dinero y cosas materiales, para luego en la vejez gastarlo en médicos, seguridad, y en búsqueda de paz. Busca tratar de reparar los desarreglos que hizo para conseguirlos y consérvalos para luego darse cuenta que no tiene suficiente tiempo.

Eso no es vida y la vida no es vida sin Cristo, solo existencia. Solo Cristo salva! Por eso mi invitación no es a tener una religión, sino, una relación con Dios a través de Jesús.

PERLAS PARA CUERDOS. Junio 12

Cuando los justos dominan, el pueblo se alegra; Mas cuando domina el impío, el pueblo gime. Los hombres escarnecedores ponen la ciudad en llamas; Mas los sabios calman la ira.
Proverbios 29:2,8

Los gobernantes no deben ser dirigidos por los deseos y las voluntades del pueblo porque son muchas y variadas sino por la justicia y las leyes.

Siempre habrá millares que no estén de acuerdo con ellos, pero, su deber es ser consecuente con las reglas y cumplir lo prometido.

En el relato Bíblico nos habla del primer rey de Israel, su nombre era Saúl. -shâ'ûl-; que viene de shâ'al o shâ'êl- que significa "a petición" porque este rey se dejaba dirigir por la petición popular y no por la voluntad de Dios. ¿Le suena conocido?

Ahora bien, hay seres humanos que abusan de las oportunidades que se les brindan en los países a los cuales llegan como inmigrantes y dejándose manipular por quienes tienen oscuros intereses políticos/económicos creados se unen a marchas, huelgas y protestas que a veces terminan en violencia y caos.

Si alguien es atrapado en esas circunstancias y es fichado en la policía, crea un antecedente que puede ser usado en su contra en un futuro cercano.

El mejor instrumento de lograr un cambio en las desventajas que se nos presentan cuando hemos violado la ley es la misericordia y no la justicia. La justicia te da lo que te mereces por infringir las leyes territoriales, la misericordia pasa por alto las leyes para compadecerse del que sufre.

PERLAS PARA CUERDOS. Junio 13

Y Jesús le dijo: Ninguno que poniendo su mano en el arado mira hacia atrás, es apto para el reino de Dios. **Lucas 9:62.**

Hoy día cualquiera entra en el santo ministerio sin los más mínimos requerimientos para ser un obrero del Señor. Y todo, atraídos por los toques de sirenas modernos que hacen ver a los ministros como artistas o superhéroes de comiquitas, y no saben en lo que entran.

Quiero decirle que después de 40 años sirviendo al Señor, no por deseos de protagonismos ni de ganancias deshonestas he comprobado que Dios a quien llama equipa y sostiene, pero, hay un gran peligro en ocupar una oficina tan importante y traicionar a quien le llamó.

Un soldado que abandona su grupo es considerado desertor y si sabotea la misión de su escuadrón es considerado traidor.

Un médico que no cumple con su juramento Hipocrático, ni actúa de acuerdo al patrón general, es responsable ante la justicia y su comunidad por mala práctica.

Un abogado que no defiende la causa que se le asigna, o viola la confianza de su defendido es digno de desafuero. (Retiro de privilegios)

Un testigo que miente bajo juramento a la corte o a los agentes federales, es encarcelado por perjurio.

Un empleado o consejero que no guarda el voto de confidencia o es despedido o demandado por daños punitivos

Pero uno que estando en cualquier área del ministerio que no cumple con el llamado de su Señor, ni obedece las instrucciones de su instructor, o vuelve atrás después de poner la mano en el arado, es culpable de todas las anteriores, pero, con repercusiones eternas.

PERLAS PARA CUERDOS. Junio 14

El pecado está, pues, en aquel que sabe hacer lo bueno y no lo hace. **Santiago 4:17.**

Existe una tendencia maligna hoy en día, de tratar de desacreditar a quienes tienen una opinión contraria al desorden y al bandidaje que hoy existe, llamándoles términos como racistas, intolerantes, fanáticos, o poniéndole el sufijo fóbicos.

Todo eso, tratando de hacer callar para tener el camino libre. Pero, Santiago nos dice que el que sabe hacer lo bueno y no lo hace, le es pecado. No basta conque haya malos en la vida, los buenos tienen que ser silenciados para que triunfe la maldad.

Cuando alguien te quiere descalificar usa términos peyorativos que ellos mismos no se aplican en otras circunstancias. Lo que no revelan es la malicia, codicia, egoísmo y manipulación detrás de sus interesados comentarios.

Una tendencia del humanismo liberal es a tratar de callar la opinión de los hombres de Dios pensantes porque no les conviene que sus agendas sean descubiertas.

Todo el mundo opina de medicina, de política, filosofía, de artes y letras.

Nadie les dice nada aunque no hayan estudiado eso, pero si un Cristiano opina, porque como dijo Publio Terencio Africano; "Hombre soy y nada humano me es ajeno" ah, entonces no puede si no tiene un título que lo avale.

Perdón, pero soy muy sensitivo con los que piensan que pueden insultar la inteligencia de los demás.

191

PERLAS PARA CUERDOS. Junio 15

Daniel 5:11a, 12a. *Hay en tu reino un hombre en el cual mora el espíritu de los dioses santos;..../por cuanto fue hallado en él un espíritu superior......*

Dios nos llama a mostrar un espíritu superior; a ser excelentes en todo lo que emprendemos. Cuando hagas algo y en toda circunstancia debemos ser optimistas.

En nuestra vida de fe debemos ser entusiastas, siempre ver las cosas positivas de la vida.

El optimista ve en cada dificultad una oportunidad, mientras que el pesimista, el mediocre, ve en cada oportunidad una dificultad.

El optimista ve el calor, la luz, la energía que emana del sol, el pesimista solo le ve las manchas al sol.

Acostumbro cuando doy conferencia de liderazgo, para ver qué clase de liderazgo tienen cada uno de los participantes a entregar a los mismos una hoja blanca con un punto negro en el centro a describir lo que ven. Los pesimistas sólo ven el punto negro; Los optimistas ven una gran hoja blanca con un punto negro en el centro.

Cuando alguien te pregunte cómo estás, dale una buena respuesta y verás que tu mundo se verá diferente y también reconocerás a otros que como tú caminan hacia la excelencia y a los que no también.

Como optimista que soy creo que este viaje de nuestros compañeros este fin de semana va a estar bueno aunque haya lluvia y la temperatura esté fresca. Bendiciones a todos, disfruten.

PERLAS PARA CUERDOS. Junio 16

Proverbios 10:19. *En las muchas palabras no falta pecado; Mas el que refrena sus labios es prudente.*

La forma más importante de conocer a alguien es por medio de sus palabras, ellas revelan lo qué hay en su interior. Por eso el Señor Jesús dijo que: "de la abundancia del corazón habla la boca"

Hay quienes piensan que porque saben tres cositas, nadie sabe más que ellos. La sabiduría no está en hablar mucho sino en exponerse poco. He visto personas criticando y descalificando a otros por algún error y al intentar corregirle cometen más de diez. Recuerda errar es humano, perdonar, soportar y corregir en amor es Divino.

Pablo dijo: "Por lo cual eres inexcusable, oh hombre, quienquiera que seas tú que juzgas; pues en lo que juzgas al otro, te condenas a ti mismo; porque tú que juzgas practicas lo mismo. **Romanos 2:1**

La modestia es un valor muy escaso en estos días de tanta información y mientras más diverso el conocimiento, más expuestos estamos a equivocarnos.

El tristemente célebre Cardenal Richelieu dijo; "Si alguien me diera seis líneas escritas por la mano del hombre más honesto, yo encontraría algo en ellas por lo cual colgarlo"

Salomón dijo: No te des prisa con tu boca, ni tu corazón se apresure a proferir palabra delante de Dios; porque Dios está en el cielo, y tú sobre la tierra; por tanto, sean pocas tus palabras. **Eclesiastés 5:2**.

PERLAS PARA CUERDOS. Junio 17

Como todas las cosas que pertenecen a la vida y a la piedad nos han sido dadas por su divino poder, mediante el conocimiento de aquel que nos llamó por su gloria y excelencia, por medio de las cuales nos ha dado preciosas y grandísimas promesas, para que por ellas llegaseis a ser participantes de la naturaleza divina, habiendo huido de la corrupción que hay en el mundo a causa de la concupiscencia; **2 Pedro 1:3-4.**

Dios nuestro Señor, es bueno en todo tiempo y quiere siempre lo mejor para sus criaturas, por ello, nos da todas las cosas comenzando con una promesa, para que le creamos y desarrollemos su carácter y los demás puedan ver su naturaleza en nosotros y lo glorifiquen alejándonos de la vida corrupta del pecado.

Muchas de esas bendiciones ya nos han sido dadas, por tanto no la tenemos que pedir, pero, hay bendiciones nuevas cada día que se presentan de forma inesperada, en lugares insospechados, en el momento que menos pensamos.

Puede venir en forma de una persona, de una puerta abierta, una petición contestada, un deseo cumplido, una conexión nueva, una posición etc.

Por eso, en cada momento mantén tus ojos abiertos y tu corazón en el cielo que hoy puede ser tu día y cuando recibas tu nueva bendición, compartas la noticia y des crédito al que te bendijo. ¿Lo crees conmigo?

PERLAS PARA CUERDOS. Junio 18

Isaías 60:2. *Porque he aquí que tinieblas cubrirán la tierra, y oscuridad las naciones; mas sobre ti amanecerá Jehová, y sobre ti será vista su gloria.*

El mundo no está bien, las cosas no están como deberían ser, pero, no es culpa de Dios, sino del "hombre" (humanidad) a quien Dios puso a administrar todo lo creado. Es por eso que cuando el "hombre" pecó, Dios dijo: "Maldita será la tierra por tu causa"

Los humanos sacan a Dios de las escuelas y cuando ocurren matanzas se preguntan ¿dónde estaba Dios? Sacan los 10 mandamientos de las cortes y después se preguntan el por-qué del aumento de los juicios y el peculado.

Han sacado a Dios de sus hogares y preguntan el porqué el aumento de los divorcios, de la maldad y la falta de respeto en los chicos de hoy hacia los adultos. No hay espacios va-cíos, lo que no ocupa Dios, lo hace el otro.

Me producen tristezas las cosas vacías!

No me gusta ver abandonados lugares y viviendas que una vez fueron llenas de esplendor y bullicio.

Tampoco me agrada ver cosas o personas en desuso, que no cumplen el propósito para el que fueron creados.

Y aunque sé que todo llega a su final, prefiero ver el Alba que anuncia un Nuevo día, que la Aurora que proclama la conclu-sión del mismo.

Lo que me fascina de la vida a plenitud en Cristo, es que siempre hay una nueva oportunidad para empezar otra vez, que no hay espacios vacíos, ni gente desocupada, en donde todo tiene su tiempo y se restituye hasta los años perdidos y las relaciones rotas. Hoy hay un Nuevo amanecer para tí.

¡Bendiciones!

PERLAS PARA CUERDOS. Junio 19

Gracia y paz sean a vosotros, de parte de Dios el Padre y de nuestro Señor Jesucristo, el cual se dio a sí mismo por nuestros pecados para librarnos del presente siglo malo, conforme a la voluntad de nuestro Dios y Padre, **Gálatas 1:3-4.**

Algunos piensan que Jesús vino a fundar una religión, otros dicen que a enseñarnos a morir, y otros a dejar un conjunto de reglas para estropearles el gozo. Pero, no es así, El vino a que se cumpliese en El, lo dicho por el Padre desde la antigüedad y devolverle al ser humano, la gloria perdida desde el principio; la imagen de Dios y así librar de la condenación eterna a los que reciben su sacrificio y le creen, viviendo vidas apartadas del mal.

Con todo, la decisión es nuestra.

Dios tiene algo nuevo reservado para ti hoy. "Sus misericordias son nuevas cada mañana" No cierres las puertas a las nuevas oportunidades que el Señor te brinda.

Te sorprenderás que viejos conocidos y viejas situaciones se renovarán para bien. Te reirás de nuevo como lo solías hacer antes de que te marcarán la traición y la mala noticia. Serás fuente y destinatario de buenas noticias.

Cuando mires hacia atrás, lo harás con los ojos puestos en la meta. Ora siempre a Dios que ensanche tu corazón, que estreche tu camino, que multiplique tus fuerzas y los amigos, y que conserves tu integridad.

Y que en tu madurez retengas las buenas memorias que puedas, porque al final del día no está en ti decidir cuál de ellas conservarás.

PERLAS PARA CUERDOS. Junio 20

Salmos 46:7,11. *Jehová de los ejércitos está con nosotros; Nuestro refugio es el Dios de Jacob. Selah*

Sabe un día como hoy se celebra el día de los refugiados y cuando pienso en eso, me da una gran tristeza por las personas que tienen que abandonar su hogar, su patria, la tierra que los vió nacer y casi siempre las razones que los motivan a emigrar no son las mejores, porque van desde la violencia racial, la inseguridad social, el hambre y las persecuciones políticas.

Los que menos dificultades tienen son los que emigran por mejorar su estatus social o intelectual. Algunos de ellos regresan a su tierra cuando han terminado sus estudios o han acumulado lo suficiente para tener una vida decente. Pero, muchos de ellos son asimilados por la nueva tierra porque piensan en sus descendientes y no quieren separarse de ellos.

Dios pensó en los refugiados cuando dio las instrucciones para su pueblo Israel en su formación, ordenando a Moisés que fundara ciudades de refugio donde los que había cometido infracciones y hasta homicidios accidentales sin intención pudieran refugiarse y evitar la pena capital y la revancha de los familiares.

Las ciudades santuarios que hoy conocemos son lo más parecido a los refugios de la antigüedad.

David entiende el concepto y considera que más que una ciudad, su verdadero refugio era Dios mismo, según el texto que tomamos como base para nuestra reflexión de hoy.

También Moisés autor del Salmo 90, en donde habla de la brevedad de la vida, se refiere a Dios como el más alto refugio y más permanente, por eso es que dice: Señor, tú nos has sido refugio De generación en generación. **Salmos 90:1**.

PERLAS PARA CUERDOS. Junio 21

Juan 15:15. *"Os he llamado amigos, porque todas las cosas que oí de mi Padre, os las he dado a conocer"*

El llamarse hijos de Dios tiene una connotación más amplia de lo que nosotros regularmente le atribuimos. Es ser parte de la familia de Dios, es sentarse a la mesa con el Padre y conocer su corazón.

En la familia palestina la comida principal del día, era al final del mismo. En ella se compartía sus experiencias de ese día, sus secretos, sus éxitos y frustraciones, nada quedaba fuera de la mesa de la familia.

Entre la familia no había nada oculto. Pero si había algo en el corazón de uno de los hijos no comía, como señal de disgusto porque no había comunión. Eso fue lo que le sucedió a Jonathan cuando su padre insistía en la mesa de hablar mal de David; 1 Samuel 10:34 "Y se levantó Jonathan de la mesa con exaltada ira, y no comió pan el segundo día de la nueva luna; porque tenía dolor a causa de David, porque su padre le había afrentado"

Podemos entender el principio de **1 Juan 1:6-7**. *Si decimos que tenemos comunión con él, y andamos en tinieblas, mentimos, y no practicamos la verdad; pero si andamos en luz, como él está en luz, tenemos comunión unos con otros, y la sangre de Jesucristo su Hijo nos limpia de todo pecado.*

No entiendo el concepto de que un hijo de Dios hable mal de otro con quien está supuesto a tener comunión. El exclusivismo es una de las señales del sectarismo.

Si es posible, en cuanto dependa de vosotros, estad en paz con todos los hombres. **Romanos 12:18.**

PERLAS PARA CUERDOS. Junio 22

El principio de la sabiduría es el temor de Jehová; Los insensatos desprecian la sabiduría y la enseñanza. **Proverbios 1:7.**

He visto con frecuencia que algunas personas intentando definir la expresión Bíblica "El temor de Jehová" lo hacen desde una perspectiva errada, basada en los temores humanos a seres impositivos y malvados que nos asustan y atemorizan con su sola presencia.

Estos textos a continuación nos describen el temor del Señor como sinónimo a la honra debida a su nombre; Levítico 19:32. Delante de las canas te levantarás, y honrarás el rostro del anciano, y de tu Dios tendrás temor. Yo Jehová.

El hijo honra al padre, y el siervo a su señor. Si, pues, soy yo padre, ¿dónde está mi honra?, y si soy señor, ¿dónde está mi temor?, dice Jehová de los ejércitos a vosotros, oh sacerdotes, que menospreciáis mi nombre. Y decís: ¿En qué hemos menospreciado tu nombre? Malaquías 1:6.

Temor de Jehová es una actitud de honra, reverencia y respeto hacia Dios motivados por su Amor, su Santidad, su Sabiduría, su grandeza y por el conocimiento de que El aborrece el pecado, lo que nos impulsa a agradarle en todo no por miedo al castigo sino por el riesgo o posibilidad de ofenderle.

A Quien teme al Señor le caracteriza un profundo amor y por ello busca complacerle en todo y para ello debe creerle y confiar absolutamente en El.

PERLAS PARA CUERDOS. Junio 23

Mirad bien, no sea que alguno deje de alcanzar la gracia de Dios; que brotando alguna raíz de amargura, os estorbe, y por ella muchos sean contaminados. **Hebreos 12:15.**

Si es cierto que la traición revela lo que hay oculto en el corazón de personas cercanas, aunque te hayan jurado que te amaban; no es menos cierto que el resentimiento muestra el carácter de que estamos hecho.

Para nadie es un secreto que guardar rencor, no daña a quienes nos han traicionado, sino, a nosotros mismos. Es como tomar veneno de ratas y esperar que sean estas las que se mueran.

Solo los ilusos mantienen su esperanza en aquellos que nos han dañado, pero, para los que son maduros, este acto solo será el impulso que necesitaban para salir de una relación tóxica o una etapa de transición, para entrar en lo verdadero y permanente.

La confianza debe estar en Dios y en tu propósito. Una nueva temporada de cosas trascendentales comenzará a los pocos días de la amarga experiencia, si tan solo sales del cuarto oscuro de la desilusión.

En el próximo período, sentimientos que creíamos muertos volverán a nacer y al vernos feliz, los que quisieron hacernos daño, se morirán de envidia y al estar sanos; relaciones significativas rotas serán restablecidas.

Siembras que has hecho en el pasado tendrán abundante cosecha en tu nueva temporada.

Si lo puedes soñar, aún en la noche oscura lo verás, y sin lugar a dudas cantos de júbilo adornarán tu nueva vida y todos querrán estar a tu lado.

PERLAS PARA CUERDOS. Junio 24

Entonces él respondió y dijo: Si es pecador, no lo sé; una cosa sé, que habiendo yo sido ciego, ahora veo. **Juan 9:25.**

La Biblia es la palabra de Dios. No es simplemente un conjunto de viejas historias las cuales leemos y no tienen relevancia en nuestras vidas. **Hebreos 4:12** Porque la palabra de Dios es viva y eficaz, y más cortante que toda espada de dos filos; y penetra hasta partir el alma y el espíritu, las coyunturas y los tuétanos, y discierne los pensamientos y las intenciones del corazón.

La Biblia en cada historia, envuelve principios que nos servirán para vivir la vida del cielo en la tierra. Eso fue lo que Jesús dijo cuando expresó: "Hágase tu voluntad como en el cielo también en la tierra"

Esta es la historia de un hombre cuyo nombre no se menciona en las cercanías de Jerusalén, con una enfermedad que aún en nuestros días no tiene cura y cuyo origen no sabemos y tampoco nos interesa, pero los principios envueltos en ella sí que nos interesan porque se aplican a nuestra vida en particular y a la congregación en general.

Un ciego es una persona sin visión y con limitaciones en áreas importantes de su vida, como Conocimiento, dirección, libertad y disfrute. Pero, en lo natural y en lo espiritual hay algunas diferencias. Por ejemplo en el mundo espiritual vemos con frecuencia a ciegos siendo dirigidos por otros ciegos, y por tanto como dice las escrituras ambos caen en el hoyo.

Este ciego de la historia, no era teólogo, no era médico, no era religioso, no era educado, no tenía influencia; pero, podía explicar lo que le pasó. Todos debemos tal y como el ciego, compartir nuestro testimonio con alguien.

¡Nadie puede refutar tu experiencia de fe!

1 Tesalonicenses 3:12-13. *Y el Señor os haga crecer y abundar en amor unos para con otros y para con todos, como también lo hacemos nosotros para con vosotros,[13] para que sean afirmados vuestros corazones, irreprensibles en santidad delante de Dios nuestro Padre, en la venida de nuestro Señor Jesucristo con todos sus santos.*

Este libro fue escrito por Pablo con la asistencia de Silas y Timoteo, porque Pablo estaba preocupado por los hermanos en Tesalónica, porque él había tenido que salir repentinamente y había intentado volver y se le había hecho imposible. Su preocupación era que los hermanos cedieran ante la presión de la persecución.

Ante la dificultad Pablo envía a Timoteo, quien al regresar le informa que los hermanos estaban bien y creciendo en el Señor.

Este libro nos enseña entre otra cosa que los problemas y persecuciones nos pueden pasar a cualquiera, pero que ellas no son motivo para detenernos, sino que por el contrario desarrollará nuestro carácter, nos dará paciencia y nos harán ser compasivos con los que sufren.

El Señor nunca nos promete que no vamos a tener dificultades, sino que somos más que vencedores porque él nos ha dado el poder para vencer y eso nos dará crecimiento. La palabra crecer es - *pleonazō*-que traduce, aumentar en número, y abundar es- *perisseuō*-que traduce en exceso, superabundar, ser mejor.

Dios, como Padre celestial quiere un crecimiento saludable para sus hijos. El desea que crezcamos y nos desarrollemos, como hijos espiritualmente sanos y activos. Es triste ver a un niño que, por enfermedad o desnutrición, no se ha podido desarrollar correctamente (Enanismo) También es triste ver a un cristiano que no se ha desarrollado espiritualmente de la manera correcta. ¿Estás creciendo en amor, en Gracia, en Fe?

1 Pedro 2:1-3: *Desechando, pues, toda malicia, todo enga-ño, hipocresía, envidias, y todas las detracciones, / desead, como niños recién nacidos, la leche espiritual no adulterada, para que por ella crezcáis para salvación, / si es que habéis gustado la benignidad del Señor.*

En estos 3 versículos encontramos algunas cosas importantes para un crecimiento saludable. Aunque Dios es quien da el crecimiento, pero, puede haber cosas que nosotros tenemos que quitar.

En segundo lugar, tenemos que recibir continuamente la comida necesaria de acuerdo a la edad para que continúe el crecimiento.

Tercero, debemos ejercitarnos espiritualmente, porque si no lo que haremos es engordar en vez de crecer. Si nosotros sembramos un árbol y por un lado le suministramos agua y sol y por el otro lado no, veremos al tiempo que crecerá por el lado del suministro mientras que del otro lado se atrofiará.

Si vemos la historia botánica, encontraremos unas especies muy llamativas de origen Chino, y popularizada por los japoneses {Bonsai}. Son los árboles bonsái, los cuales se caracterizan por ser grandes árboles, pero en tamaño pequeño. Este no es una planta genéticamente empequeñecida. Se mantiene pequeña dándole forma, podando el tronco, las hojas y las raíces cada cierto tiempo, dependiendo de la especie. Si se cultiva adecuadamente, sobrevivirá el mismo tiempo que un árbol normal de la misma especie, pero si se hace de forma incorrecta, probablemente morirá.

En la raíz está la forma de alimentación de las plantas y en el tallo están los sistemas de conducción de los alimentos. Si se manipulan esos elementos del árbol el crecimiento se detendrá. En la raíz misma del crecimiento espiritual, está la palabra de Dios.

Hay diversas actitudes que estorban el crecimiento al impedir que el alimento llegue, entre ellos la maldad, el engaño, la hipocresía, las envidias y las detracciones. Deshagámonos de ellas.

PERLAS PARA CUERDOS. Junio 27

1 Pedro 2:2. *Desead, como niños recién nacidos, la leche espiritual no adulterada, para que por ella crezcáis para salvación*

Uno de los gozos indescriptibles de la paternidad es ver a sus hijos crecer. Aunque disfrutamos un montón la etapa de la infancia y la niñez, el mayor gozo está en ver el progreso de nuestros hijos tanto físicamente, emocionalmente como intelectualmente. Para los padres, el crecimiento de sus hijos es también una sorpresa, aunque se espera. El elemento sorpresa añade satisfacción al evento, ya que aunque lo hemos visto en otros, pareciera ser una experiencia novedosa, porque cada uno de sus hijos es único. Quiero enfatizar el hecho que el crecimiento debe ser proporcional con la edad y los patrones establecidos.

¿Estás listo para aceptar el reto del crecimiento? ¿Estás preparado para quitar los estorbos al crecimiento y recibir la leche pura que te hará crecer? Si lo estás, te invito a que escojas una cosa en particular que harás este mes para crecer. Podría ser empezar a tener la célula familiar con tu familia. O quizás decidas apartar tiempo todos los días para leer la Palabra. Ante Dios, decide qué harás para crecer, y pídele su ayuda para hacerlo.

Un joven se fue a la universidad midiendo 172 cm. Cuando volvió a casa después del primer semestre, se notaba que había crecido. Su padre le dijo: "Hijo, ¡has crecido! Vamos a ver cuánto mides." ¡Los dos se sorprendieron al descubrir que ahora medía 180! El muchacho comentó: "¡No me había dado cuenta!"

Su padre le preguntó: "¿No te diste cuenta que la ropa ya no te quedaba muy bien?" Su hijo le respondió: "Es que... como la tenía que lavar yo mismo, pensé que no la estaba lavando bien, y se había encogido." El crecimiento pasó desapercibido por el joven, pero el ojo paterno lo vio de inmediato. Así mismo ocurre en el crecimiento espiritual, quizás no lo notes, pero tu padre sí.

PERLAS PARA CUERDOS. Junio 28

Mas la hora viene, cuando los verdaderos adoradores adorarán al Padre en espíritu y en verdad; porque también el Padre tales adoradores busca que le adoren. **Juan 3:23.**

Jesús le dijo a la Samaritana ustedes adoran lo que no saben. Cuando nos acostumbramos" a ir a la iglesia los domingos, e ir introduciendo costumbres populares y entretenidas para la gente, vamos teniendo el mismo acercamiento, Dios le dice a los tales; "vosotros adoráis lo que no sabéis" Dios no quiere que adoremos en un estado de ignorancia.

Pero refiriéndose a los judíos le dice: *nosotros adoramos lo que sabemos.* El sistema Judío de adoración tomaba en cuenta todas las escrituras, por ello en principio, al menos, los Judíos tenían mayor conocimiento que los Samaritanos de a quién adoraban. Ellos adoraban no basados en sus opiniones, deseos, esperanzas o nada por el estilo. Sino en el conocimiento de Dios. David decía "*Jehová es mi pastor y nada me faltará*" Y Pablo podía decir "*Yo sé a quién he creído*"

Jesús señala algo nuevo que viene a la existencia, un sistema de adoración que no está basado en un lugar. El habla de un "verdadero adorador" Mientras me preparaba estudiando y meditando para esta meditación, pensé en mi vida de adoración. Yo he tenido problemas al adorar, porque cuando estoy fuera de mi casa espiritual, de mi iglesia, me siento como pez fuera del agua. Los verdaderos adoradores no se centran en un lugar, o en una hora, o en una posición [de pies, o sentados]

La verdadera adoración es hecha en espíritu y verdad, en el original hay una sola "en" Recuerdan lo que dice en Juan 1:17 que la gracia y la verdad vinieron por Jesucristo. Aquí se refiere al espíritu humano, no hay dudas que el Espíritu Santo nos ayuda en la oración y en la adoración, pero, aquí se está refiriendo al espíritu humano antes que al monte Gerizim o al templo de Jerusalén. La adoración se efectúa en los niveles más profundos de la naturaleza humana. Y allí es de donde Dios quiere que proceda nuestra adoración para Él.

PERLAS PARA CUERDOS. Junio 29

Hechos 17:11. *Y éstos {Los habitantes de Berea} eran más nobles que los que estaban en Tesalónica, pues recibieron la palabra con toda solicitud, escudriñando cada día las Escrituras para ver si estas cosas eran así.*

La palabra nobles- *eugenēs*- significa bien nacidos; de mayor rango. Su bondad estaba en cómo recibieron la palabra; con toda solicitud- prothumia-predispuestos; con mente abierta. La actitud de ellos no era contradecir, sino su mentalidad abierta para recibir y confirmar lo que se le enseñaba.

La Biblia es la Palabra de Dios. Encontramos la respuesta en 2 Timoteo 3:16: *"Toda la Escritura es inspirada por Dios y útil para enseñar, para reprender, para corregir y para instruir en la justicia".* Lo que separa la Biblia de cualquier otro libro es que Dios mismo la inspiró. Su Espíritu Santo inspiró, en otras palabras, el aliento Divino fue impartido y guió a los autores mientras ellos escribían. Por esto, cuando leemos o escuchamos la Biblia, podemos escuchar la voz de Dios hablando directamente a nuestro corazón.

Algunos creyentes son como niños que una vez están llenos, aburridos o irritados, arrojan la leche con que se alimentan, sin pensar que lo que desperdician es el alimento vital.

Cristo dijo: *"No sólo de pan vivirá el hombre, sino de toda palabra que sale de la boca de Dios"* (Mateo 4:4).

Todos tenemos en nuestras manos la Biblia. Pero si no tomamos tiempo para leerla, escucharla y conocerla, estamos desperdiciando la oportunidad que Dios nos ha dado. Si queremos crecer en Cristo, tenemos que recibir su Palabra, sea por la lectura, audio, ver DVD's, estudio sistemático, entrenamiento etc. Debemos persistir en ello.

PERLAS PARA CUERDOS. Junio 30

Cuando tú ayudes a los necesitados, no se lo cuentes ni siquiera a tu amigo más íntimo; hazlo en secreto. Y tu Padre, que ve lo que haces en secreto, te dará tu premio. **Mateo 6:3-4. DHH**

En el templo había unos gazofilacios en forma de trompetas de metal que eran usadas como depósitos de las ofrendas monetarias. Las personas ricas hacían que las trompetas sonaran fuerte con sus monedas cada vez que echaban, para que los demás supieran que habían dado mucho y ser reconocidos como muy piadosos.

Jesús estaba contra esa práctica y le decía a su auditorio que cuando dieran no hicieran tocar trompeta. Que no supiera su mano lo que hacía la otra.

Lo mismo con la ayuda a los necesitados, debía ser privada para que la recompensa venga de Dios y no de los hombres.

Cuando hacemos algo por alguien, hagámoslo como amor; No porque se lo merezcan, ni porque se lo ganaron, sino por la bondad de nuestro corazón.

Es mejor dar sin esperar nada a cambio, sin esperar recompensa, que sufrir desilusiones por favores no correspondidos.

La gente no entiende lo desinteresado del amor verdadero, pero, no hay mayor recompensa que ver El Progreso de la obra de nuestras manos.

"La ingratitud solo hiere a quien gratitud espera, hagamos el bien sabiendo que no habrá quien lo agradezca". Emilio Frugoni.

Julio

PERLAS PARA CUERDOS. Julio 1

Que no se aparte de tu boca este libro de la ley, sino que de día y de noche has de meditar en él, para que guardes y hagas conforme a todo lo que en él está escrito; porque entonces harás prosperar tu camino, y todo te saldrá bien. **Josué 1:8.**

El verdadero éxito está en hacer todo lo que Dios nos ha dicho, pero, nadie puede guardar lo que no tiene, ni ser fiel a quien no conoce.

Dios nos llama, y también nos provee de los recursos necesarios para que hagamos lo que nos ha mandado. El problema estriba en qué hay quienes quieren la provisión pero sin cumplir la misión.

Jesús no dijo que no podíamos tener posesiones, sino que estas posesiones no deben poseer a un creyente. No debemos apegarnos a las posesiones, sino usarlas para lo necesario.

Las inversiones del cristiano exitoso integral deben estar en lo que quiere lograr. No podremos tener una gran empresa si los recursos lo usamos primariamente para diversión.

En su libro "El fuego consumidor" Oswald J Smith cita a Pablo cuando dijo "Una cosa hago" y establece que el hombre que va a tener éxito en cualquier cosa, es una persona dedicada a esa sola cosa, un solo propósito, un solo objetivo en la vida. Y añade; "Cualquiera que tenga intereses divididos, cualquiera que tenga muchos proyectos, planes y programas, cualquiera que esté interesado en otras cosas no va a poder tener éxito"

El que va a tener éxito es aquel que no tiene más que un solo propósito en la vida.

En el amor no hay temor, sino que el perfecto amor echa fuera el temor; porque el temor lleva en sí castigo. De donde el que teme, no ha sido perfeccionado en el amor. **1 Juan 4:18.**

El amor no es solamente un sentimiento, aunque cuando se ama se siente. No es simplemente una obligación, aunque al amar te impone responsabilidades. El amor es una combinación; un mandato de Dios y es una decisión humana.

No esperemos un día que el mundo haya señalado como el día del amor y la amistad, es bueno siempre hacer un chequeo personal de si verdaderamente amamos y si las personas que llamamos amigos en realidad lo son.

El sustantivo Amor en Español se describe con una sola palabra en todos los sentidos. Pero en el lenguaje del Nuevo Testamento hay varias palabras para describirlo, por ejemplo en el texto que hemos escogido se muestran tres de esas palabras.

Amor Storge. Que es el amor que se nota por el afecto natural que sienten ciertos grupos;

Amor Ágape; Es el Amor incondicional, amas porque sí, sin esperar nada a cambio, no depende de la bondad del ser amado, sino de la decisión inquebrantable del que ama. Es el amor que Dios tiene por ti y que nos invita a tener por los demás, aunque sean tus enemigos.

Amor Filial. Es amor virtuoso pero que espera respuesta o ser correspondido. Es el amor entre amigos y familiares. Por eso el sabio Salomón dice: Que "el que tiene amigos, ha de mostrarse amigo...."

Amor Erótico, es el amor pasional, emocional y que involucra las hormonas. Es el que tienen los enamorados.

El amor storge forma buenos compañeros; el amor Erótico crea amantes; el amor filial crea buenos amigos; y el Agape establece conexiónes Divinas.

No se deben confundir uno con otros porque los sentimientos suelen ser parecidos pero su fin es diferente. Si solo amas a alguien "amistosamente" no deberías casarte con esa persona si no sientes "pasión" por ella.

¿Amas de verdad a tu ser querido? ¿Amas a Dios? ¿Amas a tus amigos?

PERLAS PARA CUERDOS. Julio 3

Orad sin cesar. **1 Tesalonicenses 5:17**

La oración es como una burbuja de protección contra los males que amenazan la humanidad. Pero más que eso, es nuestra forma directa, sin intermediarios, de comunicarnos con Dios

Dile a mi pueblo que ore! Resonó la voz del que ama mi alma.

¡Dile a mi pueblo que ore! Qué gran peligro acecha y muchos caerán bajo las garras de la locura que por lo frecuente será considerada epidémica.

Dile a mi pueblo que ore! Que nadie estará seguro, solo los que dependen de mí en oración.

Dile a mi pueblo que ore! Que no la sustituyan con nada, que la oración no tiene sustitutos.

¡Dile a mi pueblo que ore! Así terminé mi día de ayer hoy, porque a las 12:30 de la madrugada, la voz inconfundible del que anhela mi alma seguía repitiendo a mi espíritu. ¡Dile a mi pueblo que ore!

No quería decir esto, estaba como el vidente renuente que se cansó de los rechazos de los que quieren solo abrazos.

Si quieres que lo diga, solo recuérdamelo, dije, cuando en unas horas me levante a la oración de la mañana, solo para notar que al abrir mis ojos, junto con los rayos del sol, al caer de hinojos, prosiguió la voz del que nos ama; ¡Dile a mi pueblo que ore!

PERLAS PARA CUERDOS. Julio 4

Y conoceréis la verdad y la verdad os hará libres. **Juan 8:32.**

Cada país libre celebra el día de su independencia de cualquier otra potencia o nación extranjera. En los EUA ese día es el 4 de Julio.

Muchos piensan que ser libres es decir cualquier cosa que les venga a

la mente, hacer lo que les dé la gana, vestir como se les antoje y dar riendas sueltas a los deseos.

Cree usted que es razonable que una persona quiera romper una familia simplemente porque uno de ellos no es feliz. O se justificaría el robo por el que tiene hambre, o romper las leyes por quien tiene necesidades.

Pero la verdadera libertad ocurre cuando conocemos de manera íntima y personal a aquel que dijo: "Yo soy la verdad" y tenemos la capacidad de restringir nuestros impulsos. No se encuentra en la libre expresión, sino en el auto-control. La falta de moderación no nos hace libres, ni como creen los jóvenes hoy día, que al hacer lo que nos da la gana, nos ayuda a experimentar la libertad.

La Psicología piensa que la razón debe gobernar nuestros deseos, instintos y pasiones.

La templanza o dominio propio nos enseña a poner límites a los excesos.

Con el incremento actual de la desinformación por los medios de comunicación, hoy más que nunca nuestros corazones están expuestos y pareciera que vivimos en una casa de cristal en donde todos pueden ver no solo lo que tenemos sino lo que hacemos y donde estamos. No hay que tener mucha imaginación para darse cuenta en lo que está el otro.

PERLAS PARA CUERDOS. Julio 5

Huye también de las pasiones juveniles, y sigue la justicia, la fe, el amor y la paz, con los que de corazón limpio invocan al Señor. **2 Timoteo 2:22.**

Para nadie es un secreto que muchas personas han perdido la cordura, la razón y a su familia por una pasión juvenil que destruye lo hasta entonces edificado.

Pasión es desear algo con intensidad o poner el corazón en algo, sea eso correcto e incorrecto.

Si bien es cierto que una pasión descontrolada e insana destruye; muchas cosas importantes en la vida no se logran sin pasión.

Los golpes de la vida son muchos y para permanecer en pie se necesitan razones emocionales profundas por las cuales vivir y morir. Una persona que no encuentra motivos poderosos para luchar, jamás tendrá la capacidad de aguante para mantenerse firme en lo que ha creído.

Yo añado que a la razón hay que añadirle pasión para que dure.

Se atribuye a Blas Pascal haber dicho que ""A la verdad se llega no sólo por la razón, sino también por el corazón"

Pon empeño en lo qué haces, pero, no dejes tu verdadero amor por una ilusión temporal y pasajera.

PERLAS PARA CUERDOS. Julio 6

Y mandó Jehová Dios al hombre, diciendo: De todo árbol del huerto podrás comer; mas del árbol de la ciencia del bien y del mal no comerás; porque el día que de él comieres, ciertamente morirás. **Génesis 2:16-17.**

Desde el principio, los individuos tienden a obviar todo lo bueno creado para ellos y a comer del único árbol que se le ha dicho que no coma, al ser humano le gusta tocar lo prohibido, a volver los ojos cuando se le dice que no mire atrás.

Ponga un letrerito que diga "No tocar" y grabe la conducta de la gente para que vea lo que hacen.

Una persona puede ser alto, elegante, inteligente, amistoso, fiel, pacífico, respetuoso y gago; a que no adivinan cómo lo llamarán en su comunidad?

Esa morbosa inclinación del ser humano a prestar atención a lo negativo que se le dice y a pasar por alto lo positivo que ha escuchado, se llama naturaleza caída.

Dígale 10 cosas buenas a una persona y conseguirá una sonrisa o un tímido "Gracias" Dígale una sola cosa negativa y eso atrapa su atención, le quita el sueño, le turba la razón, el gozo desaparece y enlentece su acción.

Yo por mi parte seguiré rechazando lo malo y resaltando lo bueno que cada cual ha recibido de Dios.

PERLAS PARA CUERDOS. Julio 7

El ungüento y el perfume alegran el corazón, Y el cordial consejo del amigo consuela al hombre. **Proverbios 27:9.**

Quizás estés enfrentando el resultado de una mala decisión. Crees que las personas que te has rodeado no son las correctas y que anulan tu capacidad creativa con sus opiniones acerca de ti.

Tomar decisiones es fácil, lo difícil es vivir con las consecuencias de esas preferencias.

Si piensas ser relevante en la vida debes ser sordo(a) a las opiniones que otros tengan de ti. Recuerda que para imitar y criticar no se necesita inteligencia, para innovar sí.

Haz lo que Dios te asignó, el resultado no depende de ti.

GABRIEL GARCIA MARQUEZ se le atribuye haber dicho:

Quizá Dios te permita conocer mucha gente equivocada antes de que conozcas a la persona adecuada, para que cuando al fin la conozcas sepas estar agradecido.

Hay personas especiales puestas en nuestro camino para ejercer un función especial, consolarnos. El que consuela no necesita un motivo específico ni una retribución en lo que hace, porque eso, estás en su DNA.

Por cada Saulo en la vida de un Juan Marcos, hay un Bernabé o hijo de consolación quien nos levanta y persiste en confiar en nosotros hasta que seamos restaurados a la confianza perdida.

Por eso, cuando identifiques una persona así en tu vida, no te desprendas de ellas, porque seguro, que un día los vas a necesitar.

PERLAS PARA CUERDOS. Julio 8

No para ser vistos, como los que quieren agradar a los hombres, sino como siervos de Cristo, haciendo de corazón la voluntad de Dios; sabiendo que el bien que cada uno haga, ése volverá a recibir del Señor, sea siervo o sea libre. **Efesios 6:6,8.**

Podemos hacer buenas obras con una motivación equivocada. Hay muchos que cuando hacen algo, lo publican para ser vistos y reconocidos de los demás. Dios dice, que ya recibieron su recompensa.

Pero, para que estos existan necesitan los espectadores que le sirvan como caldo de cultivo para su desarrollo. Estos no solo observan, sino que le montan un altar de adulación.

Los exhibicionistas son personas heridas que reviven el drama de su pasado en el escenario de la vida diaria.

Y los espectadores son tan enfermos como los otros o en peores condiciones que aquellos, porque pagan un precio por verles vomitar su vergüenza.

Si le quitamos la audiencia a los primeros ya no tendrán razón de ser, porque en el centro de su deficiencia está la necesidad de llamar la atención.

Los hombres y las mujeres maduros y pasados por los procesos de la vida han aprendido que cuando llaman la atención sobre sí mismos están dando oportunidad para que vean en ellos no solo lo que ellos quieren que vean, sino lo que tratan de ocultar también.

PERLAS PARA CUERDOS. Julio 9

1Reyes 19:7-8. *Y volviendo el ángel de Jehová la segunda vez, lo tocó, diciendo: Levántate y come porque largo camino te resta./ Se levanto, pues, y comió y bebió; y fortalecido con aquella comida caminó cuarenta días y cuarenta noches hasta Horeb, el monte de Dios."*

Cada vez que te escondas bajo el manto de tus temores, Dios te enviará un ángel mensajero como a Elías diciéndote que no temas. 365 veces dice la Biblia esta expresión, una para cada día. No es la voluntad del Señor que vivas en temor.

Los temores paralizantes hacen que la vida y la capacidad creativa, se detengan. La memoria nos falle y olvidemos que en pasadas ocasiones, Dios nos ha sacado de situaciones difíciles.

Cuando estemos cansados, agotados y desanimados, vamos a ser despertados por el Señor, nos dará el pan del cielo que es la palabra de Dios, para que recuperemos la visión.

Cuando recibamos ese segundo toque, y nos alimentemos con una fresca porción del mana del cielo; escucharemos no nuestras emociones sino una palabra de desafío a cambiar o renovar la visión de la cosas. Es en ese momento que podremos cambiar el área emotiva, temporal y egoísta que está gobernando nuestra perspectiva, a una de Propósito, realista y permanente.

Estaremos vivos mientras haya una razón para vivir. Cuando perdemos la capacidad de ver nuestro destino frente a nosotros y lo vemos detrás, entonces aunque caminemos y ejerzamos los sentidos; tendremos el alma muerta.

Dios te dice a través de su mensajero en este día: Levántate y come porque largo camino te resta.

PERLAS PARA CUERDOS. Julio 10

Entonces Jehová dijo a Moisés: ¿Por qué clamas a mí? Di a los hijos de Israel que marchen. **Éxodo 14:5.**

La oración es buena e indispensable porque por ella mostramos nuestra dependencia de Dios. Pero, también hay que hacer algo, hay que actuar.

Cuando las cosas se ponen duras, es tiempo de que los duros entren en acción.

Oremos, y proclamemos a Dios, porque mientras los sellados y el Sello estemos en esta tierra, ni ella ni los que la habitan tienen el control.

Es bueno denunciar la corrupción social, moral, política y religiosa que caracteriza nuestra sociedad actual, pero hay que hacer algo más.

Es tiempo de actuar.

Cuando el pueblo que ama a Dios ora y actúa, el infierno tiembla, las prácticas corruptas y los malos ponen los pies en polvorosa.

No habrá un cambio permanente con medidas temporales de tiempos de campaña. Ni se esparcen las tinieblas simplemente denunciando la oscuridad; hay que encender una luz.

Hay tiempo de orar, y hay tiempo de marchar, con la oración se recibe las instrucciones y las promesas, con la acción se recoge la cosecha de la semilla sembrada en oración.

Eso trae cambios y estos Glorifican a Dios.

PERLAS PARA CUERDOS. Julio 11

Él les dijo: Seguramente me citaréis este refrán: Médico, cúrate a ti mismo. **Lucas 4:23ª.**

En los EUA los que están registrados en algún servicio de salud deben tener un médico primario.

Yo tenía uno hace un tiempo que conocía mi formación profesional, además que la mayoría de sus empleadas eran parte de la congregación que pastoreo.

El trato para mí era A plus, yo llegaba y la recepcionista no me dejaba ni sentar, la que buscaba los historiales clínicos, nos daba prioridad, los que tomaban los signos vitales, nos pasaban enseguida y alguien se encargaba de decirle al médico director y propietario que yo estaba allí y la pregunta era siempre la misma; Qué quiere que le haga hoy?

Si algo estaba fuera de los valores, antes de recetarme algo, primero casi me pedía permiso.

Hace un tiempo decidí buscarme otro galeno que no me conociera y tener la experiencia de ser un paciente.

Uff, craso error, me hacían esperar horas, mientras chisteaban, bebían café etc. Un día mientras esperaba para una prueba de esfuerzo, vi en el salón de espera la misma película 2 veces.

De ñapa, cuando me examinaba apenas emitía monosílabos, me mandaba a hacer exámenes de laboratorio innecesarios, me refería a especialistas que yo no sabía que existían. Mi seguro comenzó a cargarme costos que no cubrían.

Un día mi paciencia se vio colmada porque entró al cubículo y sin mirarme puestos los ojos en mi historial y me dijo Señor Vargas, ¿qué lo trae por aquí hoy? Cuando levantó los ojos me dijo: Ah, ¿es usted? Le respondí, ¿qué decepción eh?

No encontró qué decir y me dijo es que tengo otro paciente con el mismo apellido!

Cuando me dijo que me iba a mandar a hacer una colonoscopia, le dije que no, que si quería la ordenara pero que no lo iba a hacer.

Al final le expresé mi frustración y como notó mis conocimientos del léxico médico, me identificó como tal y desde entonces las cosas han cambiado.

Conclusión, Qué malos pacientes somos algunas gentes. Mejor sería que como dice el texto; se curaran a sí mismos.

PERLAS PARA CUERDOS. Julio 12

Y asimismo gozaos y regocijaos también vosotros conmigo.
Filipenses 2:18.

No me pregunten cómo ni por qué, no tengo la respuesta. Pero muchas de las mejores cosas en mi vida ocurrieron en el mes de Julio.

Fue en este més que le entregué mi corazón a Cristo como mi salvador personal, es decir que nací de nuevo, pero fue en este més del año que fui registrado en los libros de un tribunal civil como que nací.

Con solo esas dos fechas estoy súper contento, porque como alguien dijo, Que hay varias fechas importantes en la vida de un hombre: El día que nació, cuando nació de nuevo y el día que descubre para qué nació.

Fue en este mes de Julio que emigré a los Estados Unidos de América, país al que amo y que me ha dado tanto.

Fue en este més de Julio, específicamente este día 12, que mi esposa Maira y yo fuimos a un juez civil para unir nuestras vidas en matrimonio. Hace 44 años de eso, y quiero confesarle que ha sido una experiencia súper-emocionante, porque todavía no la puedo descifrar. Ella se ha reservado el mejor vino para lo último de la fiesta.

Quiero confesarles algo que pocas personas saben, en todos estos años de ejercicio de mis múltiples facetas profesionales, he recibido muchos elogios por lo que soy, por lo que digo, por lo que hago, o por lo que tengo. Algunos merecidos, pero, la mayoría inmerecidos, porque ella es quien merece el reconocimiento, ella me hace lucir bien!

Por eso, en este día, por favor gócense conmigo, porque soy un hombre extremadamente bendecido de tener esta extraordinaria mujer como esposa. Ah, y no piensen que hago esto para ganar puntos, porque de seguro, o lo más probable es que ella no se entere de esto que dije.

En todo esto no pecó Job, ni atribuyó a Dios despropósito alguno. **Job 1:22.**

Atribuirle despropósito a Dios es decir que Dios hizo algo malo que no hizo, es hablar insensatamente en una declaración acerca de Él.

Recientemente leí la opinión de un lector de uno de mis muros en las redes sociales, culpando a Dios por la desgraciada muerte de un jovencito en la ciudad de NY por una banda de mozalbetes y que afectó la comunidad en general por la naturaleza misma del hecho y porque aparentemente fue un error.

Es interesante que la gente saca a Dios y sus mandamientos de las escuelas, de las cortes, de los medios de comunicación y luego que se descompone la cosa le echan la culpa al que ya no está.

Dios no tiene problemas con nuestra libertad para escoger, ¡El nos dio esa capacidad!

Podemos escoger entre amar u odiar; dejar vivir o matar; ser esclavos o ser libres; ser sanos o enfermos; servir a Dios o pecar.

Nada de lo que hagamos sorprende a Dios, como tampoco los resultados, ya El, los sabe, y nos recomienda escoger la bendición y la vida y estas solo se obtienen recibiendo el sacrificio expiatorio de Jesús, quien voluntariamente escogió morir en nuestro lugar para darnos la opción de escapar de la muerte y la condenación eterna.

Romanos 8:37. *Pero en todas estas cosas somos más que vencedores por medio de aquel que nos amó.*

Solo ese amor incondicional nos puede hacer sentir como conquistadores en todas las cosas. Una de las señales de las últimas generaciones es la inseguridad en que se vive a diario en todas las esferas.

Sé que todos hemos oído hablar de las victorias Pírricas.

Una victoria pírrica es aquella en que las pérdidas sobrepasan las ganancias.

En los pleitos familiares: Como los que ocurren entre marido y mujer; nunca hay un verdadero ganador.

Tu pareja no es perfecta, tú tampoco lo eres, y juntos ustedes dos nunca serán perfectos, porque dos imperfectos no pueden hacer un perfecto.

Pero si esa persona puede hacerte reír al menos una vez, si te hace pensar dos veces, si te impide con frecuencia meter la pata, si admite sus errores, y tolera los tuyos; no le dejes ir, quizás no encontrarás otra persona así; perfecta para ti! Apréciale y dale lo mejor de ti.

Es mejor "sufrir la pérdida" que no tener con quien disfrutar la victoria.

El defender causas por encima de las gentes es locura y esa es una de las principales razones por las que se dividen las personas que un día se juraron amor eterno.

Una amiga encuentra a otra y le pregunta por su marido. ¡Se fue el muy ingrato! ¿Qué pasó? le interroga su amiga que disfrutó con ellos. ¡Gané demasiados pleitos! Es de sabios perder algunas veces aunque tengas la razón y hacerse los locos en otras ocasiones es de cuerdos.

PERLAS PARA CUERDOS. Julio 15

Escucha el consejo, y recibe la corrección, Para que seas sabio al final. Muchos proyectos hay en el corazón del hombre; Mas el designio de Jehová es el que se cumplirá. **Proverbios 19:20-21.**

Es aconsejable cuando alguien comienza en alguna carrera o capítulo nuevo de su vida que ceda espacios, que rinda cuentas y responda a la mano de quien le dirige.

Pero, cuando es una persona que ha visto pasar los mejores años de su vida y le ves rendido, sin pasión, ni sueños; es muy triste y deprimente.

Los veteranos deben usar sus experiencias y su conocimiento para enseñar, porque cuando los novatos van, los expertos vienen.

Los que han vivido mucho, ya no tratan de impresionar y mucho menos manipular a quienes tienen muchos menos años corridos que ellos.

"Los veteranos" saben porque han vivido y han aprendido de sus errores, por eso es que pueden reconocer al cojo sentado.

Recuerda; la experiencia no se improvisa"

Hombre sabio según Salomón es el que oye consejo y recibe la corrección; es quien sabe que solo los proyectos diseñados por Dios son los que se van a cumplir no importa cuánto nos afanemos.

Pero me llama la atención que el proverbista añade; *"para que seas sabio al final"* porque muchos, como el mismo autor de la expresión, comienzan bien, pero, terminan mal. El mismo añade en Eclesiastés 7:8. *Mejor es el fin del negocio que su principio; mejor es el sufrido de espíritu que el altivo de espíritu*

PERLAS PARA CUERDOS. Julio 16

Más Jehová está conmigo como poderoso gigante; por tanto, los que me persiguen tropezarán, y no prevalecerán; serán avergonzados en gran manera, porque no prosperarán; tendrán perpetua confusión que jamás será olvidada. **Jeremías 20:11**

Todos tenemos de una manera u otra oposición y opositores que tratarán de hacernos la vida imposible. Pero, hay una gran confianza cuando sabemos que no estamos solos en esta batalla, sino que Dios, como poderoso gigante está con y por nosotros.

La oposición es más dolorosa si viene de alguien que ha estado cerca de ti y ha recibido tu consejo, tu sabiduría, tu tiempo y conoce tus retos o limitaciones y los usa contra ti.

Hoy puedes decir con la frente en voz alta esta declaración:

"En absoluta y esperanzadora certeza de no estar en tu insípida e ignorante imprecación.

Te ayudé y me mordiste. El que me hayas traicionado no cambiará mi naturaleza que es ser instructor. Y quizás mi amor por ti no cambiará la tuya que es ser traidor.

E intentado inútilmente de escribir sandeces y no puedo. No soy cómo tú que puedes poner sujetos y predicados, verbos y adverbios juntos con los signos de puntuación correctamente colocados y aún así, no decir nada.

He llegado a la conclusión de qué hay personas que nacen con el don de la confusión.

Génesis 1:27. *Y creó Dios al hombre a su imagen, a imagen de Dios lo creó; varón y hembra los creó.*

Cuando Dios hizo el mundo lo hizo por su palabra, pero con el ser humano, se tomó su tiempo y al final infundió su aliento en El, era su imagen y semejanza. Es como si se tomara una fotografía y le diera vida.

El diablo no puede agredir a Dios porque no está a su nivel, no le es permitido el acceso y por tanto busca su imagen y la quiere pisotear.

Hay diferencias entre un dibujo y una fotografía; aquel deja entrever ciertos rasgos de la realidad, pero una foto nos muestra muchos detalles del físico pero también de lo interior.

Te invito a considerar con detenimiento todas las fotos que veas. En ellas vas a ver quién está allí por obligación o cortesía, quién es la persona importante de la foto, y quién no se lleva bien con alguien.

Además por los gestos y/o posiciones podrás distinguir hasta los complejos de algunos de los fotografiados.

Por esa razón a algunos no les gusta fotografiarse y en vez colocan un animal u otro ser en su perfil, no les gusta lo que ven en la imagen.

Te invito a considerar que si eres imagen de Dios, El no hace porquerías, por tanto si no te gusta lo que ves en la imagen es posible que debas cambiar el enfoque o que sean los lentes que estás usando.

Pasa un feliz y bendecido día.

PERLAS PARA CUERDOS. Julio 18

Y dijo: De cierto os digo, que si no os volvéis y os hacéis como los niños, de ningún modo entraréis en el reino de los cielos. Pero al que haga tropezar a alguno de estos pequeños que creen en mí, más le valdría que le colgasen al cuello una piedra de molino de asno, y que le hundieran en el fondo del mar. **Mateo 18:3,6.**

Dios tiene cuidado de los niños. Jesús reprendió a sus discípulos porque impedían que los niños se acercaran a Él y les dijo: *"Dejad los niños venir a mí y no se lo impidáis porque de los tales es el Reino de Dios"*

Cuando una generación pierde su infancia, su futuro inmediato está comprometido. En años pasados tuvimos millones de niños sin padres y lo que ha resultado es muchachos insensibles listos para matar e involucrarse en gangas.

Hoy la amenaza es la tecnología. Hay que tener cuidado en exponer nuestros niños a estímulos visuales sin que su cerebro esté totalmente desarrollado.

La psicobióloga Milagros Gallo, señala que: "El entrenamiento en tareas demasiado complejas, antes de que el sistema esté preparado para llevarlas a cabo, puede producir deficiencias permanentes en la capacidad de aprendizaje a lo largo de la vida".

Con los avances de la tecnología, la poca paciencia de los padres y la "falta de tiempo" para cuidar a nuestros niños, está haciendo que los entreguemos a aparatos sofisticados para lo que no están preparados aún y el resultado final será una generación de tarados aislados que solo entienden instrucciones específicas y directas, pero, no razonan.

No permitan a sus hijos que usen los aparatos por más de una hora al día y mucho menos durante el tiempo de socializar y compartir.

"Dios, habiendo hablado muchas veces y de muchas maneras en otro tiempo a los padres por los profetas, 2 en estos postreros días nos ha hablado por el Hijo, a quien constituyó heredero de todo, y por quien asimismo hizo el universo; 3 el cual, siendo el resplandor de su gloria, y la imagen misma de su sustancia, y quien sustenta todas las cosas con la palabra de su poder,..... **Hebreos 1:1-3.**

Los primeros creyentes cristianos eran de origen Judío y dos hechos históricamente comprobados dieron origen a este libro de Hebreos que aunque fue escrito a Judíos es aplicable a todos los fieles creyentes que en alguna oportunidad enfrentan una batalla con su fe.

Los creyentes de origen Judío del primer siglo esperaban el retorno de Cristo y la demora y la presión que tenían por la persecución a la que estaban sujetos por parte de sus conciudadanos, estaba aumentando la posibilidad de que se volvieran a sus prácticas Judías.

El Objetivo de esta carta era alentarlos a mantenerse firmes en la fe y demostrarles a ellos la superioridad de Cristo sobre todo lo que había en la ley, ya que ella no era más que sombra o tipo del que había de venir. En otras palabras, todo lo que señalaba la ley era a Cristo.

Hoy cualquiera dice que es Cristiano y hasta se ha puesto de moda serlo, pero, el creyente verdadero está sujeto a muchas presiones y retos que en un momento dado pueden probar su fe. Y la "religión" Cristiana ha introducido muchas prácticas que no son más que sincretismos sin sentido en el estilo de vida de sus miembros, pero, lo que este libro nos enseña es que sin Cristo, nunca habrá cristianismo. Y muchas veces se le tiene relegado a un segundo plano por reconocimiento a otros creyentes que como nosotros hoy, esperan ese gran día en que vuelva el Rey.

Recuerda:

-El es la imagen de la gloria de Dios.

-El hizo todas las cosas.

-Todo se sostiene por su palabra.

-Dios nos habla hoy a través de Él.

Búscalo, aprende de Él y sírvele a Él y solo a Él, porque "nadie puede servir a dos señores"

PERLAS PARA CUERDOS. Julio 20

Os daré también un corazón nuevo, y pondré un espíritu nuevo dentro de vosotros; y quitaré de vuestra carne el corazón de piedra, y os daré un corazón de carne. Y pondré dentro de vosotros mi Espíritu, y haré que andéis en mis estatutos, y guardéis mis ordenanzas, y las pongáis por obra. **Ezequiel 36:26-27.**

Cuando la Biblia habla del corazón, no se está refiriendo al órgano muscular que es el centro del sistema circulatorio, sino al ser interior, a la parte más profunda del ser, a la parte espiritual del humano.

Por tanto, cuando dice que el corazón es engañoso, o que de la abundancia del corazón habla la boca, es obvio que no se trata del órgano.

Ahora bien, Dios promete hacer un trasplante de corazón a los que son salvados, por eso, la ciencia no puede entender que un antiguo malhechor de pronto cambie de forma de pensar, creer y actuar.

En los casos trasplantados naturales, hay una teoría de que se producen cambios profundos de personalidad en pacientes con trasplantes de corazón; "Cell memory phenomenon" o fenómeno de memoria celular.

Esa teoría dice qué hay memoria almacenadas en las neuronas de órganos donados que hace que el recipiente adquiera gustos, preferencias, hábitos y hasta sueños de los donantes.

Si aplicamos eso al que recibe a Jesús, no solo como Salvador, sino como Señor de su vida, éste fenómeno de memoria celular espiritual ocurre, de eso yo puedo estadísticamente dar fe, pero, claro está, algunos organismos "rechazan" al nuevo corazón y por tanto la oportunidad de nueva vida.

PERLAS PARA CUERDOS. Julio 21

¿Dónde, pues, está aquel sentimiento de felicidad que experimentabais? Porque os doy testimonio de que, de ser posible, os hubierais sacado vuestros propios ojos para dármelos. ¿Me he hecho, pues, vuestro enemigo, por deciros la verdad? **Gálatas 4:15-16.**

Es una carga muy pesada la que ponemos sobre hombros ajenos si le hacemos responsables de nuestra felicidad.

Ni el trabajo, ni logros académicos, ni el matrimonio, ni los hijos te pueden hacer feliz, de hecho, esas cosas y relaciones lo que nos brindan es la oportunidad de poner en acción la felicidad que ya tenemos y traemos a la relación.

Al final del día, cuando la gente se vaya, cuando los hijos ya no estén y se acabe el ruido, cuando nos han dejado solos, cuando todo se aquieta y las emociones se tranquilizan.

Al final del día cuando las luces se apaguen y ya no tengamos audiencia.

Al final del día cuando nos quitamos el maquillaje, nos deshacemos del ropaje y nos quedamos desnudos.

Al final del día nos acompañarán nuestras convicciones, nuestras decisiones y nuestras acciones.

¡Si, Al final del día!

PERLAS PARA CUERDOS. Julio 22

Por nada os inquietéis, sino que sean presentadas vuestras peticiones delante de Dios mediante oración y ruego con acción de gracias. **Filipenses 4:6.**

¡Mi oración con ustedes hoy es!

Que en nuestras vidas las bendiciones no tengan fronteras y que siempre demos la bienvenida a las correcciones.

Que si como Rio, por un camino el enemigo se levanta; el Espíritu de Dios levante bandera contra él y por siete caminos huya despavorido.

Que nos persigan y alcancen los favores del cielo; pero que como vapores se disipen y desaparezcan los deseos de los que tienen celos.

Que nuestras victorias cuenten con gran audiencia, pero, que los fracasos sean anónimos.

Que todo nuestro ser sea conservado en salud y para los que ya han sido tocados por un diagnóstico desfavorable, el toque de tu mano es lo más deseable.

Que entendamos que siempre habrá quienes se mofan, pero sepamos que la burla es el tributo que los mediocres rinden a los que triunfan.

Y aunque el mundo entero nos critique, siempre tendremos en ti Señor quien nos vindique.

Por los méritos de Cristo Jesús oramos. Amén.

PERLAS PARA CUERDOS. Julio 23

El hombre bueno saca cosas buenas del buen tesoro del corazón; y el hombre malo saca cosas malas del mal tesoro. **Mateo 12:35.**

Alguien me preguntó que porqué yo escribía cosas moralistas si hay tantas cosas actualizadas de las qué hablar y opinar.

Siempre que alguien me dice o pregunta algo trato de sacarle provecho a esas palabras que muchas veces son enviadas como aguijones para desinflar cualquier resabio de orgullo que haya en mi vida.

Mi respuesta a esa persona fue; que me alegraba que leyera mis comentarios, pero, que si mis escritos solo llegaban a esa parte del alma, yo no estaba logrando mi objetivo, pues mi intención es llegar a la parte del ser que solo la palabra de Dios puede llegar; al espíritu.

Por otro lado, hay quienes cuyas palabras son como golpes de espada, sacan lo mejor o lo peor de ti. Cada cual da lo que tiene.

El verdadero yo no se demuestra en la normalidad, sino en los extremos.

Cuando estamos en lo más bajo revela lo que no tenemos y cuando estamos en lo más alto lo que somos.

Se le atribuye a Pete Delaney haber dicho: "El temperamento se revela en el fracaso pero el carácter en el éxito."

Recuerda que lo más importante no es lo que alguien diga de ti o te diga a ti, sino cómo reaccionas a eso que se dijo.

PERLAS PARA CUERDOS. Julio 24

...servíos por amor los unos a los otros" **Gálatas 5:13b.**

El niño despierta mirando para todos lados, como buscando algo. Lo primero que ve es a su Madre y le pregunta ¿Dónde está mi papá? Y mamá abrazándolo y besándolo, le contesta. Papá... se fue a trabajar. Al niño le invade un silencio y con inmensa tristeza vuelve a preguntar. ¿Y por qué papá tiene que irse tantas veces antes de que amanezca, y regresar después de que me duermo? La persona que le acompaña, con un gesto de amor y de orgullo, le contesta... porque es un Servidor.

Mientras lo vestía, el niño vuelve a mostrar su curiosidad y pregunta. ¿Qué es un SERVIDOR?... Ante la duda le contesta "Es aquel hombre o mujer que no tiene horario de trabajo, es aquel que no tiene navidad, es aquel que no tiene año nuevo, que no celebra cumpleaños ni feriados, que no tiene veranos ni inviernos.

Para él todos los días son iguales, es como la bandera Nacional, se lava con la lluvia y se seca con el sol... Es aquel que no te ve cumplir tus añitos.

Es aquel que tiene como amiga la oscuridad de la noche, las estrellas, con quien comparte sus problemas y en las noches más frías, comparte sus pensamientos, es aquel que no atiende a su familia porque debe atender a los demás, es aquel que duerme menos que cualquiera a lo largo de su vida y sabe que morirá antes que los demás, cansado y sin amigos... ¡Es aquel quien muestra tu foto y dice orgullosamente éste es mi HIJO...!

Editado de autor desconocido y dedicado a todos los SERVIDORES del mundo y a sus seres queridos, a quienes la vida los llevó a cumplir con éste rol. El servidor tiene su recompensa en el cielo. ¡Es la cruda pero bella verdad!

PERLAS PARA CUERDOS. Julio 25

Os escribimos estas cosas para que vuestro gozo sea completo. **1 Juan 1:4.**

No es lo mismo gozo que alegría, esta depende de las circunstancias, aquel es un fruto del Espíritu, producto de la salvación del alma.

Por eso el rey David, cuando pecó adulterando con Betsabé, al confesar su pecado delante de Dios dijo: *No quites de mí tu Santo Espíritu y vuélveme el gozo de la salvación.* **Salmos 51.**

Alguien me preguntó: ¿Cómo puedo tener gozo?

Eso no se compra en la botica, es un regalo de Dios. Eso viene con el paquete, con la nueva naturaleza del que ha nacido de nuevo, del que ha aceptado el sacrificio de Cristo en el Calvario.

Hay mucha gente con mentes brillantes y los bolsillos llenos pero con un corazón vacío.

Una vez tienes a Cristo en tu corazón, ya tienes la semilla que produce el amor, la paz y el gozo, solo tienes que desarrollarlas por medio de la práctica.

Como dice un antiguo y conocido estribillo: El gozo que tengo yo, el mundo no me lo dio y como el mundo no me lo dio, no me lo puede quitar.

El gozo del Señor es la fortaleza del creyente; **Nehemías 8:10b.** *"...porque el gozo de Jehová es vuestra fuerza"* Por eso, cuando alguien pida fortaleza, lo que en realidad necesita es el gozo de Dios.

Lucas 23:6-12 *"y se hicieron amigos Pilatos y Herodes aquel dia; porque antes estaban enemistados entre sí"*

Herodes y Pilatos eran enemigos políticos pero encontraron una causa común en el juicio a Jesucristo.

Pilatos sabía que Jesús era inocente, pero no tenía las agallas de comprometerse delante del pueblo, a favor de su causa, porque temía al pueblo.

Herodes era un sanguinario e inmoral asesino, que había adulterado con la mujer de su hermano, y quitado la vida a Juan el bautista, no tenía la menor idea de lo que era compromiso.

Los individuos con problemas para comprometerse son individualistas, egocéntricos, necesitan distancia, no les gusta sentir que las personas se acerquen demasiado porque les limitan su espacio.

Las personas con problemas de compromiso encuentran un santuario en parejas inseguras porque les da trabajo el tomar decisiones en cuestiones permanentes.

¡Todo Pilato encuentra su Herodes!

Investigue cómo murieron estos dos irresponsables de la historia, para que no quiera nunca imitarlos en sus conductas!

Mejor es la buena fama que el buen ungüento; y mejor el día de la muerte que el día del nacimiento. **Eclesiastés 7:1**

Este versículo tiende a traer confusión al que lo lee. Pero, si usted lo analiza bien, no es el deseo de un hombre frustrado o fracasado por acabar con su existencia.

Para los que no lo saben, Salomón el autor del libro de Eclesiastés fue el hombre más rico que ha existido, el más sabio y sin temor a equivocarme el que más mujeres tuvo pués según 1 Reyes 11:3 tuvo 700 mujeres reinas y tres cientas concubinas. Es decir que al hombre no le faltaba entretenimiento ni medios para tenerlo.

Lo que dice el texto en el original para fama es - shêm- que traduce literalmente nombre. Esto es fácil de entender, un buen ungüento o perfume está limitado por el espectro de su acción o fragancia, mientras que el buen nombre o la buena fama llega más lejos.

Por otro lado, no está diciendo el texto que es mejor morirse que estar vivo, sino que es mejor el día de…Es el mismo principio envuelto en el versículo 8 donde dice: "Mejor es el fin del negocio que su principio"

Piénselo, el día que nacemos hay pocas cosas buenas que decir del recién nacido, porque no ha hecho nada. Pero, el día de la muerte, cuántas cosas buenas se dicen del difunto! No se ha dado cuenta que nunca hay muertos malos?

Un día como hoy nací yo hace muchos años, y pocas cosas buenas se dijeron de mí, yo espero que el día que muera por lo menos se diga lo que espero se ponga en mi lápida: "Aquí descansan los restos de uno por cuya boca habló Dios"

No se asusten que pienso vivir muchos años más de vida, pero, para los creyentes la muerte no es un cuco, sino el vehículo que le conduce a Dios.

PERLAS PARA CUERDOS. Julio 28

¿Qué, pues, hermanos? Cuando os reunís, cada uno de vosotros tiene salmo, tiene enseñanza, tiene lengua, tiene revelación, tiene interpretación. Hágase todo para edificación. **1Corintios 14:26**.

La escritura nos recomienda en el libro de Hebreos 10:25 de la necesidad de congregarnos para recibir exhortación o consolación y mayormente cuando vemos que se acerca "aquel" día. Recuerden que este libro fue escrito para llevar ánimo a los creyentes Judíos que sufrían persecución ideológica por causa de su fe en Jesús sin el yugo de la ley.

Pero en el texto de Corintios que escogimos hoy nos da otras razones para congregarse. Dice el texto, es para edificar el cuerpo de Cristo (la iglesia).

Si en nuestra reunión no hay alabanzas (Salmo), si no hay enseñanza clara de la palabra de Dios(sino opinión de hombres o mantras que no se entienden) si no hay mensajes del Espíritu ni revelación de misterios; entonces lo que tenemos es religión.

En los países que se preocupan por la seguridad de sus ciudadanos con frecuencia se hacen ensayos para cuando se presenten situaciones de emergencias. Eso me puso a pensar que hay personas que asisten a congregaciones que se consideran cristianas pero en realidad lo que son es simulacros de fe, tranquilizantes de conciencias culpables, centros de entretenimientos alienados de la verdadera vida de Dios.

La verdadera iglesia es columna y baluarte de la verdad, donde se edifica el cuerpo de Cristo.

PERLAS PARA CUERDOS. Julio 29

Y Jesús, clamando a gran voz, dijo: Padre, en tus manos encomiendo mi espíritu. Y habiendo dicho esto, expiró. **Lucas 23:46.**

La muerte de Cristo en la Cruz fue un gran espectáculo donde se exhibió la gran maldad del hombre, la santa e implacable justicia de Dios, y el amor más grande que alguna vez ha existido. Mucha gente no entiende por qué Jesús tuvo que morir.

Dios instruyó al hombre especialmente que no comieran del árbol de la ciencia o conocimiento del bien y el mal, porque si lo hacían de cierto morirían. Este morir, era más que dejar de existir, era completa separación de su hacedor.

El "hombre" pecó y la muerte llegó y con ella el temor, la vergüenza y una serie de complejos mecanismos emocionales y Psicológicos para evitar la conciencia culpable.

Dios buscó una forma de cómo reconciliarse con el hombre, en principio era con la muerte sustitutiva de un animal, para que al derramar la sangre, la ira del Dios justo por causa del pecado constante fuera aplacada. Pero, eso solo era una medida temporal, porque el hombre seguía pecando y Dios airado.

La única solución permanente era que alguien que fuera Dios y fuera hombre ocupara el lugar de la humanidad. Así, vino Jesús, nacido sin intervención humana, para ello Dios escogió una jovencita de 15 años aproximadamente e hizo sombra sobre su vientre por su Espíritu Santo. Por tanto la criatura nacida era humano y Divino y le llamó Jesús que quiere decir Salvador.

Jesús cumplió todos los requerimientos de la ley de Dios, vivió una vida impoluta, sin pecado, y entregó su vida para que su sangre fuera derramada y así pagado el pecado de la humanidad. La deuda había sido cancelada permanentemente y los que reciben a Jesús como Salvador son salvados, perdonados. La ofrenda era mayor que la deuda.

Lo que hizo Jesús por nosotros no se puede medir ni pagar. Es simplemente maravilloso y extravagante.

¡Contemplemos Su cruz, y seamos transformados de gloria en gloria, vivamos en santidad, alejados del pecado!

PERLAS PARA CUERDOS. Julio 30

Josué 1:9. *Mira que te mando que te esfuerces y seas valiente; no temas ni desmayes, porque Jehová tu Dios estará contigo en dondequiera que vayas.*

La palabra que se usa para valiente en este texto es -'âmats- que traduce estar física y mentalmente alerta; ser duro, endurecer una posición.

Los valientes según el diccionario son personas capaces de enfrentar el peligro o el temor y la adversidad con determinación y obstinación.

Son corajudos, bravos, audaces.

Pero más que todo son valientes quienes enfrentan los pequeños retos diarios con gallardía y sin vacilar.

No sólo es valiente el que está dispuesto a morir por una causa, sino quien está dispuesto a vivir por ella.

Un cristiano no debe ser cobarde, porque no nos ha dado Dios espíritu de cobardía, sino de poder, amor y dominio propio.

No importa lo que haya traído el viento hoy, levántate y enfrenta esa situación con valentía y sabe que tienes una gran nube de testigos que pasan por lo mismo y no se rinden.

Oro por ti, para que Dios te de mucha valentía hoy. Bendiciones!

PERLAS PARA CUERDOS. Julio 31

Eclesiastés 9:11. *Me volví y vi debajo del sol, que ni es de los ligeros la carrera, ni la guerra de los fuertes, ni aun de los sabios el pan, ni de los prudentes las riquezas, ni de los elocuentes el favor; sino que tiempo y ocasión acontecen a todos.*

Es humano pensar que las cosas se presentan más fácilmente o resultan menos problemáticas a los que pensamos son más favorecidos.

Recuerdo una vez que un jovencito me estaba limpiando zapatos y aunque yo no creía que necesitaba brillar los míos decidí hacerlo para darle a ganar un dinerito, pensando que de niño yo también hice lo mismo.

Le pregunté qué quería ser cuando fuera grande, y su falta de esperanza me sorprendió. Cuando le dije que siendo niño yo también fui limpiabotas, para mi sorpresa me dijo, pero usted es blanco. Es decir que este niño pensaba que nacer con un poquito menos de pigmentación en la piel es una ventaja.

Es interesante que cuando veo hacia atrás, me encuentro con la satisfactoria sorpresa que los que hoy están al frente, no son los que yo pensé que lo estarían, ni los que comenzaron en esa posición.
Vueltas que da la vida, por eso, la mejor inversión que puede hacer un ser humano, es hacer amigos sin distinción de color de la piel, ni status social, o posición económica; porque los que hoy corren contigo, mañana quizás no estén y quienes te ayuden al final de tu travesía sean aquellos a quienes un día menospreciaste.

En cuanto a ti, que al momento de pasar inventario de tu existencia, quizás no hayas corrido tan veloz como debiste hacerlo, ni hayas avanzado tanto como esperabas, pero, que no te descarten porque aún no ha terminado tu carrera, aunque hayas fallado, aunque hayas resbalado, en ocasiones hasta caído y no hayas correspondido a la esperanza depositada en ti; todavía estas en pies y en los días por venir todos sabrán que todavía estás en la carrera. Por eso que cuando alguien pregunte por ti, puedan decir que: "Todavía estás de pie."

Agosto

PERLAS PARA CUERDOS. Agosto 1

Tendrás también entre tus armas una estaca; y cuando te sientes a evacuar allí fuera, cavarás con ella, y luego al volverte cubrirás tu excremento; porque Jehová tu Dios anda en medio de tu campamento, para librarte y para entregar a tus enemigos delante de ti; por tanto, tu campamento ha de ser santo, para que él no vea en ti cosa inmunda, y se aparte de ti. **Deuteronomio 23:13-14**

Desde el principio Dios estaba interesado no solo en la higiene del pueblo separado para El, sino también en su vida de relación. Y aunque los textos que hemos tomado parecieran indicar lo contrario, se refieren también a aquellas cosas que salen del hombre y que contaminan. Jesús dijo que lo que sale del hombre va a la letrina, pero, lo que entra es lo que contamina.

Hay cosas en nuestras vidas que afectan la presencia de Dios entre nosotros. Son actitudes, conductas, cosas que decimos y hacemos, que quizás no nos afecten directamente, pero sabemos que hay otros creyentes por quienes Cristo Murió, que su conciencia débil se contamina y se pueden ofender, por tanto debilitan la fe y el Cuerpo de Cristo.

Por eso, hay armas no convencionales que se usan contra lo que decimos o producimos y que alejan del cuerpo de Cristo al Dios Santo y puro. Esas cosas hay que cavar y enterrarlas. Si no edifican, no lo digamos ni hagamos.

Cuando nos ponemos viejos, nos aislamos, nos quedamos solos, los golpes, las traiciones van endureciendo el corazón y nos ocultamos de los demás. Ya no vamos a los lugares que antes íbamos, ya no se contesta las llamadas y nos hacemos críticos y cínicos de primera línea. He propuesto, según envejezco, conservar mis amigos y hacer nuevos. "Es mejor el vecino cerca que el hermano lejos" **Proverbio 27:10.**

Así que, si tu enemigo tiene hambre, dale de comer; si tiene sed, dale de beber; pues haciendo esto, amontonarás sobre su cabeza carbones encendidos. No seas vencido por el mal, sino vence con el bien el mal. **Romanos 12:20-21**

En el Reino de los cielos los principios que lo rigen no son como los de la tierra, si queremos algo, debemos darlo y si queremos subir, primero debemos bajar, y lo que siembras tendrás siempre su cosecha.

Cuando era niño en Santiago, RD estudiaba en una escuela del Estado y tenía un "crush" con una compañerita de estudios y después de clases, siempre le lanzaba pedradas. Yo no sabía expresar mis sentimientos.

Una vez me llevaron a la oficina del director porque la había marcado con una pedrada.

Pasaron los años, ya habiendo crecido, me la encontré y me saludó; hola! como esta mi novio? Me quedé atónito, yo que creía que nadie conocía mis sentimientos y menos ella.

Hoy, ya han pasado los años, no sé si ella vive o no, pero pienso, que las pedradas que mucha gente nos tira es porque nos admiran y tratan de llamar nuestra atención hacia ellos.

Si alguien te tira piedra es porque admira tu persona o lo qué haces y no sabe expresarlo.

La mejor forma de neutralizar y desarmar al enemigo es mostrarle bondad, ellos no saben qué hacer contra eso. El mal se vence con el bien

PERLAS PARA CUERDOS. Agosto 3

Los que sembraron con lágrimas, con regocijo segarán. Irá andando y llorando el que lleva la preciosa semilla; Mas volverá a venir con regocijo, trayendo sus gavillas. **Salmos 126:5-6**

Hay ocasiones en que por locuaces que seamos, no salen las palabras de nuestra boca, enmudece el corazón. Sólo lágrimas fluyen de nuestros ojos y creemos que no es oída nuestra voz. Pero, Dios entiende el lenguaje sin palabras, el lenguaje de las lágrimas y nos dice que ellas son semillas que se siembran abajo en la tierra con dolor, pero que tendrán una cosecha abundante de arriba con regocijo.

Aunque tus adversarios se burlen de ti, no te entienda tu pareja, y el ministro no pueda descifrar tu batalla; no temas, tu reirás último y recibirás una abundante recompensa de Dios a quien sirves. Cosecha de Salud, paz y gozo.

En la carreta histórica de la humanidad hay dos clases de pasajeros: Los de primera clase que son aquellos que cuando el vehículo enlentece, nunca se bajan a empujar en las subidas y los que si lo hacen.

Estos últimos son los que creen que es preferible morir creyendo que esto se puede arreglar con la ayuda de Dios, a diferencia de los que prefieren vivir sin fe, siempre quejándose.

Como dice el Salmista, podemos llevar una carga pesada por un tiempo, y claro nos vamos a resentir, pero, el esfuerzo valdrá la pena, porque al regreso traeremos con nosotros el fruto de nuestra siembra.

Pero los que nunca siembran no esperan y los que solo se quejan pero no aportan no recibirán ninguna recompensa.

Si tu eres de los que no se queja sino que empuja, di Amén.

Proverbios 17:28. *"Aun el necio, cuando calla, es contado por sabio; El que cierra sus labios, es entendido"*

Hay un refrán popular que dice: *"Con la boca cerradita te ves más bonita"* Y aunque no sé el origen de este dicho, es aplicable a las personas que son sabias porque se mantienen callados en medio del enojo de su interlocutor. Para que haya un pleito tienen que haber dos y Salomón dijo que *"La blanda respuesta quita la ira"*

¿No le molesta a usted que alguien no le deje terminar sus palabras y ya le esté contestando? Si es así, bienvenido al club. Cuando la persona no se siente escuchada, se siente menospreciada y al final lo puede decir a alguien que si aprecie lo que dice, aunque tenga que pagarle. Salomón dijo: Proverbios 18:13 Al que responde palabra antes de oír, Le es fatuidad y oprobio.

La prudencia es esa virtud que nos permite hablar y actuar con moderación, evitar riesgos innecesarios y tener buen juicio para diferenciar entre lo bueno y lo malo.

Me he dado cuenta con el paso de los años, que la prudencia no necesariamente viene con la edad, ni los estudios y es una de las virtudes más difícil de cultivar. Mientras más sabios son el hombre y la mujer; más comedidas son sus palabras y acciones.

Los necios tratan de aparentar cordura, pero cuando alguien les adversa, se defienden y abren su corazón. Se descubren solitos.

El hombre sabio en su propia opinión, cuando quiere oír una opinión experta, se escucha a sí mismo.

PERLAS PARA CUERDOS. Agosto 5

Huye el impío sin que nadie lo persiga; Mas el justo está confiado como un león. **Proverbios 28:1**

Estamos viviendo los últimos tiempos la Biblia dice que en los postreros tiempos *"muchos correrán de aquí para allá..."* Daniel 12:4

El desplazamiento que puede haber comenzado como una necesidad por causa de la inseguridad, persecución política o hambre, se ha convertido en una moda, pués la gente emigra porque se cansa de estar en el mismo lugar o por motivos sentimentales.

La inestabilidad y los cambios están a la orden del día, antes era cuestión de una etapa de la vida adulta, conocida como crisis de la edad media, pero hoy es una constante y lo raro es los que permanecen.

Judas, el hermano del Señor dijo que quién tiene ese espíritu inestable está siguiendo el camino de Caín; son *"nubes sin agua, llevadas de acá para allá por los vientos; árboles otoñales, sin fruto, dos veces muertos y desarraigados; fieras olas del mar, que espuman sus propias vergüenzas; estrellas errantes, para las cuales está reservada eternamente la oscuridad de las tinieblas.* **Judas 1:12-13.**

La persona que constantemente cambia de pensar, de relaciones, de localizaciones etc. Con quien realmente no está satisfecha es consigo misma. Por eso, vive repitiendo lo mismo de lo que salió huyendo, no importa donde vaya, o a quien se una, siempre habrá un vacío en su ser.

Es como la sanguijuela que nunca se sacia. Ellos culpan a otros por su desgracia para sentirse mejor por sus fracasos.

PERLAS PARA CUERDOS. Agosto 6

Porque la palabra de Dios es viva y eficaz, y más cortante que toda espada de dos filos; y penetra hasta la dividir el alma del espíritu, de las coyunturas y de los tuétanos, y discierne los pensamientos y las intenciones del corazón. **Hebreos 4:12**

Verán que uso varias veces este texto aunque para diferentes acercamientos, y es por su importancia. Debemos conocerlo bien y aplicarlo mejor, no a otros sino a nosotros mismos.

Muchos mensajes alimentan el intelecto y nos dejan llenos de información. Hay otros que te llegan al alma y estimulan las emociones. Pero, para llegar a la parte más profunda del ser; al espíritu, y producir cambios permanentes, solo por la palabra de Dios se puede llegar.

Hay cosas que tuvieron su uso en un momento determinado. Pero no tiene sentido aferrarse a lo viejo, cuando ya está caduco. Una licencia o cédula de identidad fue buena en su tiempo, pero cuando está vencida hay que renovarla. ¿Hay algo en tu vida que renovar? Hoy es un buen día!

Sus palabras no han perdido vigencia en una generación adúltera y pecadora. Pero también es la época donde más creyentes ha habido en la historia. Para los que creen, miren lo que dice Apocalipsis 21:3-5

Y oí una gran voz del cielo que decía: He aquí el tabernáculo de Dios con los hombres, y él morará con ellos; y ellos serán su pueblo, y Dios mismo estará con ellos como su Dios. Enjugará Dios toda lágrima de los ojos de ellos; y ya no habrá muerte, ni habrá más llanto, ni clamor, ni dolor; porque las primeras cosas pasaron. Y el que estaba sentado en el trono dijo: He aquí, yo hago nuevas todas las cosas. Y me dijo: Escribe; porque estas palabras son fieles y verdaderas.

PERLAS PARA CUERDOS. Agosto 7

Antes bien, como está escrito: Cosas que el ojo no vio, ni el oído oyó, Ni han subido al corazón del hombre, Son las que Dios ha preparado para los que le aman. Pero Dios nos las reveló a nosotros por medio del Espíritu; porque el Espíritu todo lo escudriña, aun las profundidades de Dios. **1 Corintios 2:9-10.**

Algo grande viene y yo lo puedo ver por fe, es bien grande, aunque creas que aún está distante.

Hay algo que Dios ha depositado en ti que todavía no se ha manifestado y la razón es porque no se ha activado aún. Muchos van a disfrutar y se gozarán cuando vean en operación ese nivel de unción nunca visto antes; Unción que quebranta yugos de esclavitud.
Hay llaves de Bendición que van a entrar en acción.

No depende de ti ni de tus circunstancias, no importa lo que "los expertos" te hayan dicho. Lo que ha de venir vendrá y no tardará. Deja ya de luchar contra lo que te ha sido asignado y que crees que no te lo mereces, porque aunque es cierto, nadie se lo merece, y antes de recibir lo que trae consigo, debes recibirle a Él.

Hay algo que Dios ha puesto en ti que no se ha activado aun, pero que todos van a disfrutar cuando vean en operación ese nivel de unción nunca visto; Unción que quebranta yugos de esclavitud. Dios me acaba de ministrar que hay llaves de Bendición que van a entrar en operación. Algo grande viene y yo lo veo por fe bien grande, aunque tú lo veas como una nube del tamaño de una mano.

Viene el día cuando tus sueños se convertirán en realidad; tus perseguidores serán tus más cercanos seguidores; tu enfermedad será parte de tu historia, tu desierto será un valle fértil, tu escasez será transformada en abundancia, ya no tendrás más escorias, y todo el que te vea querrá ser como tú y te llamaran muy favorecido(a).

¡Recíbelo ahora en el nombre de Jesús!

Isaías 60:1-3. *Levántate, resplandece; porque ha venido tu luz, y la gloria de Jehová ha amanecido sobre ti. Porque he aquí que tinieblas cubrirán la tierra, y oscuridad las naciones; mas sobre ti amanecerá Jehová, y sobre ti será vista su gloria. Y andarán las naciones a tu luz, y los reyes al resplandor de tu amanecer.*

Jesús dijo: "Yo soy la luz del mundo y el que me sigue no andará en tinieblas". Y luego explicó; "Y esta es la condenación: que la luz vino al mundo, y los hombres amaron más las tinieblas que la luz, porque sus obras eran malas." **Juan 3:19.**

Las palabras del profeta Isaías ocurrieron alrededor de 600 años AC en uno de los tiempos más oscuros para los habitantes de Jerusalén porque muchos de sus mejores ciudadanos habían sido transportados a una diáspora obligatoria, lejos de su amada ciudad, de su templo, perdida su identidad, eran momentos oscuros.

Las palabras del evangelio San Juan son el cumplimiento de las profecías en el libro de Isaías, porque por las polvorosas calles de Jerusalén andaba la única persona que se ha atrevido a decir *"Yo soy la luz del mundo"*

No se basaba solamente en sus enseñanzas sino en su persona.

A pesar de las malas noticias que oímos y vemos hoy a diario, hay todavía esperanza para los que creen en Jesús. Vienen días cuando los sueños se convertirán en realidad; los perseguidores serán los más cercanos seguidores; La enfermedad será parte de la historia; será un testimonio no solo de supervivencia, sino de victoria.

Los desiertos serán Valles fértiles, la escasez será transformada en abundancia, ya no tendrá más escorias, y todo el que los vea brillar, querrá ser como ellos y le llamarán muy favorecidos.

PERLAS PARA CUERDOS. Agosto 9

Romanos 8:26 *"Y de igual manera el Espíritu nos ayuda en nuestra debilidad; pues qué hemos de pedir como conviene, no lo sabemos, pero el Espíritu mismo intercede por nosotros con gemidos indecibles"*

De la filosofía y religiones que conozco, ninguna tiene como base o fundamento la ayuda del Espíritu Santo, solo el cristianismo. Y es que los que tenemos ciertas deficiencias podemos estar confiados que el que todo lo puede está con nosotros.

Siendo joven me burlaba a veces públicamente de la oraciones ridículas e ilógicas que hacían algunos creyentes, pero, habiendo crecido en Dios y en mi relación con el Espíritu Santo, me di cuenta de este texto, que no importa como salga la oración, esta es interpretada y llevada correctamente a la presencia del Padre por el Espíritu Santo.

Hoy es día de levantarnos de nuestras debilidades y triunfar en lo que Dios nos ha asignado. Aunque los cristianos tenemos el poder de Dios, no somos todo poderosos, pero tenemos al Señor que sí lo es, a él podemos pedir.

Es como cuando sacas una cubeta de agua del mar, ella tiene todos los componentes del agua Del Mar, pero, no puede hacer todo lo que hace el mar, porque no puede sostener embarcaciones, ni tiene la flora y la fauna marina. Así son los creyentes con respecto a Dios. Lo bueno es que Dios no espera que hagas todo lo que El hace, pero, si que seas como El es.

Me gusta una cita de Agustín de Hipona "Dios no manda cosas imposibles, sino que, al mandar lo que manda, te invita a hacer lo que puedas y pedir lo que no puedas y te ayuda para que puedas"

PERLAS PARA CUERDOS. Agosto 10

Digo, pues, por la gracia que me es dada, a cada cual que está entre vosotros, que no tenga más alto concepto de sí que el que debe tener, sino que piense de sí con cordura, conforme a la medida de fe que Dios repartió a cada uno. **Romanos 12:3.**

Muchas veces pedimos opiniones de los demás sobre labores, acciones o expresiones nuestras, pero, en lo más profundo de nuestro ser esperamos aprobación.

Si no tienes la piel de cocodrilo, nunca le pidas a una persona probada que evalúe tu carácter o tu trabajo, porque puedes exponer de tí áreas que son vulnerables.

Una vez cometí ese error y el resultado todavía lo recuerdo. ¿Mi conclusión? No importa cuán bien intencionado seas ni con cuánta pasión lo hagas, de acuerdo a tu preparación es lo que vas a compartir y las personas recibirán de eso solo la mitad.

Las conductas aberrantes de los hombres son idealizadas y toleradas cuando les toca las puertas de su propia casa. Le escuché decir al personaje de Jesse Stone algo que debe aplicarse a nuestros días cuando la corriente secularista y la generación mala y pecadora quiere que callemos; *"Prefiero lamentar las cosas que he hecho, que las cosas que no he hecho"*

Este es tiempo en que los hijos de Dios debemos tener un estándar de vida superior a los no creyentes, y más cuando sabemos que un día juzgaremos a los ángeles. Y eso para que denunciemos lo está mal, aquí o en la China, en el pasado, el presente o el futuro. Dios no es hombre para que se arrepienta, lo que ha dicho que está mal, los hombres no lo pueden cambiar.

PERLAS PARA CUERDOS. Agosto 11

Entonces, acercándose sus discípulos, le dijeron: ¿Sabes que los fariseos se ofendieron al oír esas palabras? Pero él respondió y dijo: Toda planta que no ha plantado mi Padre celestial, será desarraigada. Dejadlos; son ciegos guías de ciegos; y si un ciego guía a otro ciego, ambos caerán en un hoyo. **Mateo 15:12-14.**

Nunca ha existido una generación más "iluminada" que la que vivimos actualmente. Pareciera que todos saben algo de Dios. Pero, lo que tienen es mucha información distorsionada por interpretaciones erradas de gente que predica al Dios que no conocen.

Cuando el apóstol Juan describe a los líderes de esta última generación las palabras que usa son "miserable, pobre, ciego, desventurado y desnudo" Apocalipsis 3:17.

Cito a Chuck Swindoll: "La vida trae muchas desilusiones, y quizás no haya una más grande que el sentido de haber sido Bíblicamente abusado" ¿Cuantas historias de maltratos y abusos en la enseñanza de la palabra de Dios? Lo peor de todo es que muchos de esos maestros, son personas que quieren hacer bien, pero están sinceramente equivocados. ¡Yo viajé en ese tren! El peligro es que a veces es muy tarde para salir de ese carril y si se sale estamos tan dañados que no podemos restaurar la confianza perdida.

Hoy es día de levantarnos de nuestras debilidades y triunfar en lo que Dios nos ha asignado. Aunque los cristianos tenemos el poder de Dios, no somos todo poderosos, pero tenemos al Señor que sí lo es, a él podemos pedir. Pablo dice en Romanos 8:26 *"Y de igual manera el Espíritu nos ayuda en nuestra debilidad; pues qué hemos de pedir como conviene, no lo sabemos, pero el Espíritu mismo intercede por nosotros con gemidos indecibles"*

Me encanta esta cita de Agustín de Hipona "Dios no manda cosas imposibles, sino que, al mandar lo que manda, te invita a hacer lo que puedas y pedir lo que no puedas y te ayuda para que puedas"

PERLAS PARA CUERDOS. Agosto 12

Acuérdate de tu Creador en los días de tu juventud, antes que vengan los días malos, y lleguen los años de los cuales digas: No tengo en ellos contentamiento; **Eclesiastés 12:1**

En la la etapa de la juventud, todavía estamos buscando identidad, porque la mayoría todavía no están definidos de quiénes son y lo que quieren hacer.

Lo que te va a definir no es lo que otro piense o diga de ti, sino a lo que tu respondas o reacciones. Por eso si alguien te critica, maldice o desdice. No le hagas caso, eso no eres tú.

Les doy un ejemplo de mi juventud: Conocí a un jovenzuelo que tenía una nariz voluminosa, a nadie le afectaba y le llamábamos por su nombre de pila. Pero un día uno de esos ocurrentes que hay por doquier le dijo: Oye tu nariz es tan grande que pareciera que tuvieras Tres narices. El jovencito reacciono indignado y le dio una paliza al otro vengando la ocurrencia. No recuerdo el nombre del amigo de la infancia pero si de cómo le decían en el barrio: "Tres nariz" [Así mismo pluri-singular] y con ese apodo murió.

Cuando somos jóvenes nos atraen las cosas que traen riesgo, buscamos amor permanente, vamos contra la corriente, hacemos muchos amigos y sufrimos cosas que al momento no sentimos, pero que saldrán luego. Cuando nos ponemos viejos, nos aislamos, nos quedamos solos, los golpes y las traiciones van endureciendo el corazón y nos ocultamos de los demás. Ya no vamos a los lugares que antes íbamos, ya no se contesta las llamadas y nos hacemos críticos y cínicos de primera línea. He propuesto, según envejezco, conservar las buenas cosas de la juventud y vivirlas con la prudencia de la madurez. Retener mis viejos amigos y hacer muchos nuevos, porque *"Es mejor el vecino cerca que el hermano lejos"* Proverbios 27:10

PERLAS PARA CUERDOS. Agosto 13

Desecha las fábulas profanas y de viejas. Ejercítate para la piedad; **1 Timoteo 4:7.**

A la gente les fascina las cosas extrañas y ocultas, pero desdeñan las cosas que son buenas para sus vidas espirituales. Los padres muchas veces incentiban estas costumbres porque le hacen cuentos a sus hijos desde pequeños de supuestos personajes que traen regalos y otros que causan temor.

Las fábulas en las religiones son parte de su filosofía, y por medio de ellas mantener intrigados y hasta prisioneros de cuentos de viejas que no aportan nada a su crecimiento y vida de fe.

Desde tiempos antiguos ha ocupado un lugar preponderante en esa tradición, en otras palabras se ha entronado la mala suerte.

Si es cierto que lo de la mala suerte traída por el Martes 13, o el Viernes 13, no ha sido probado científicamente (Como es obvio) tampoco tiene base en la fe cristiana. Lo que sí sabemos es que "Huye el impío sin que nadie lo persiga" pero eso es en cualquier día del año. Hay edificios que eliminan el piso #13, pasando directamente del 12 al 14.

En esa fecha, se potencializa el temor llegando a la fobia y hasta creando su propia terminología; "La triscaidecafobia" como se le conoce. Una cosa sabemos es que quien "Teme a Jehová" en otras palabras quien le honra, con una vida acorde a sus principios; no tiene temor de nada ni de nadie. Hoy es un buen día para alabar a Dios y hacer lo que estás supuesto a hacer y si algo te sale mal, no es por causa del día, es por causa de una mala decisión o inversión.

PERLAS PARA CUERDOS. Agosto 14

Romanos 8:28. *"Y sabemos que todas las cosas cooperan para bien de los que aman a Dios, de los que son llamados conforme a su propósito"*

Lo que muchos llaman coincidencia, los cristianos lo llamamos Dios-cidencia, o como decía Albert Einstein que "la coincidencia es la forma de Dios permanecer anónimo"

¿Están listos para que en este día cosas improbables se pongan de acuerdo en tu beneficio? Eso es lo que dice Pablo en Romanos 8:28 y no es casualidad que en ese versículo nos habla del propósito o destino. Una de las citas que más me gustan sobre el asunto se la escuché a Mozz personaje de la serie de TV White Collar: *"La coincidencia es la herramienta preferida del destino"*

Muchas personas relacionan el bien con la felicidad y no se dan cuenta que puedes tener el bien sin que te haga feliz.

No es lo mismo gozo que felicidad. El primero es un fruto del Espíritu de Dios, la segunda depende de las circunstancias. La segunda no se consigue cuando una más la necesita y el primero, no se gana se recibe por fe.

Fue el conocido novelista Nathaniel Hawthorne quien dijo: La felicidad es como una mariposa, que cuando la quieres atrapar, siempre se aleja de ti [encuentra un poco más lejos de nuestro alcance], pero si permaneces quieto, tal vez se pose en ti.

PERLAS PARA CUERDOS. Agosto 15

Fui escarnio a todo mi pueblo, burla de ellos todos los días; / Y mi alma se alejó de la paz, me olvidé del bien, **Lamentaciones 3:14,17**

Hay tiempos cuando los seres humanos viven "automáticamente" hacen las cosas por costumbre, pero, no se gozan ni disfrutan lo que hacen. Ven tan lejos la felicidad que la ven como "vanidad ilusoria" Se les ha olvidado que dicha está disponible y al alcance de todos.

Para ser felices no se necesitan poseer muchas cosas, ni siquiera tener las personas adecuadas cerca; solo Dios y tú son necesarios.

Cuando el profeta Samuel fue a la casa de Isaí a ungir a uno de sus hijos como el próximo rey de Israel, no tenía la Visión celestial, sino percepción de la apariencia, y cuando ve al hijo mayor de Isaí quien era alto y aparente como el modelo que tenía en mente, dice: Ese es! Pero, cuando Dios le dice; No ese no, porque Dios mira el corazón, entonces su mensaje cambia y entonces dice: *"No nos sentaremos a la mesa, hasta que El no venga".*

Cuando el ungido de Dios se presente, todos comerán! La apariencia es humo, la unción es fuego. Hoy hay mucho escándalo y poco cambio. O como dirían los hermanos de la congregación; mucha espuma y poco chocolate.

Hay tiempos en la vida en que se hacen cosas por ganar, por intereses personales, por complacer a otros, pero llega el momento cuando solo se hace lo correcto y eso trae consigo la satisfacción del deber cumplido y con ello viene el sentimiento de realización y por tanto la felicidad. Hoy tu puedes ser feliz, viviendo para Dios y sirviendo a los demás.

*Mi Dios pues suplirá, todo lo que os falte, conforme a sus ri-
quezas en gloria en Cristo Jesús"* **Filipenses 4:19.**

Cuando Pablo le dice estas palabras a los creyentes de Fi-
lipos en otras palabras lo que les está diciendo es que Dios
no tiene que quitarle a algunos para darte a ti, porque, El
tiene abundantes riquezas para darle a cada cual. No tengas
envidia de quien prospera. Tú también puedes hacerlo, si no
cargas tu corazón de pesos que no le permitan latir.

Si oramos sin el entendimiento adecuado, nuestras oraciones
serán destempladas y no serán efectivas. La ignorancia nos
puede hacer caer presa de una o más de las acusaciones del
diablo (Tú no tienes fe, tu eres carnal, Tú pides demasiado,
No sabes orar, Dios nunca te oirá etc). Dios es bueno, él te
ama, quiere que le pidas, él tiene más para dar que tú que
pedir, él tiene inagotables recursos y no tiene que esperar al
año que viene porque el presupuesto para lo que pides se
agotó. Dios es GRANDE

Dios no contesta por Apariencia o la Imagen, para algunas
personas, estas cosas son más importante que la realidad.
Si basamos nuestra vida de relación en ello, El problema con
eso es que muchos se dan cuenta que somos un fiasco. Detrás de lo cosmético que nos esconde esta la Verdad que
saldrá cuando se escurra lo ficticio.

Dios suple no por nuestras necesidades ni logros, sino conforme a nuestra fe y sus riquezas. No podrás salir de la situación en que te encuentras mientras tengas contentamiento
en ella. Siéntete incomodo enójate y propón en tu corazón
que no pasarás un día más con eso que no te pertenece.
Sea enfermedad, escasez, esclavitud, pecado, vicios, tristeza, rencor, resentimientos, soledad, queja, chisme etc. Sirve
a Jesús y Di conmigo: "No me pertenece" y sal de eso. ¡Verás
la Gloria de Dios!

PERLAS PARA CUERDOS. Agosto 17

Colosenses 3:23. *"Y todo lo que hagáis, hacedlo de corazón, como para el Señor y no para los hombres..."*

Es muy notorio cuando las personas hacen las cosas para ser vistos por los hombres y no por el motivo correcto de agradar a Dios y servir a los demás.

Quienes hacen las cosas para ser vistos, lo harán lo mejor que puedan mientras tengan audiencia, los que lo hacen con excelencia, porque esos es lo que ellos son, no necesitan ni recompensas ni aplausos por su labor.

De hecho, me he dado cuenta que las personas que más desprendidas y servidoras son, no les gusta que le recompensen por lo que hacen, ni les gusta recibir, solo dan.

Por cada hombre o mujer excelente, hay centenas de mediocres, por cada ser exitoso hay millares de fracasados y por cada ser apasionado hay millones de acostumbrados.

La rutina es enemiga del éxito. No podrás ver cosas nuevas haciendo las mismas cosas y de la misma forma.

Soy un ferviente admirador de quienes hacen las cosas muy bien porque su nombre está en juego y si hacen algo, le ponen un toque de distinción porque saben que de solo mencionar su nombre, tendrá alta valoración.

Alguien me preguntó que si creía que una persona impopular para la corriente ideológica imperante podría hacer un buen papel y le contesté que sí, porque para esa persona su apellido era una marca de fábrica que garantiza éxito y todo lo que lleva su nombre es excelente.

Así debería ser el que hace algo para Dios y sus semejantes.

Y he aquí que un intérprete de la ley se levantó y dijo, para probarle: Maestro, ¿qué he de hacer para heredar la vida eterna? Él le dijo: ¿Qué está escrito en la ley? ¿Cómo lees? Aquél, respondiendo, dijo: Amarás al Señor tu Dios con todo tu corazón, y con toda tu alma, y con todas tus fuerzas, y con toda tu mente; y a tu prójimo como a ti mismo. Y le dijo: Bien has respondido; haz esto, y vivirás. **Lucas 10:25-28.**

Muchas personas no entienden este pasaje de la Biblia y creen que Jesús estaba diciéndole a este personaje que guardando la ley era la forma de salvarse. Si eso fuera así, entonces se estaba descartando a si mismo como el salvador por Gracia.

Recuerden que era un intérprete de la ley y que sabía la ley y cuyo principio es *"haz esto, y vivirás"* Pero, nadie pudo guardar la ley, solo Jesús quien vino a cumplirla. Lo que Jesús quiso decirle fue, que no era el conocimiento de la ley lo que salva, sino de aquel a quien señalaba la ley.

Viendo las noticias un día, escuché a una de las presentadoras al reconocer la generosa labor de una Señora de edad con unos niños abusados decir; "Te has ganado el cielo"

El pasaje que hemos leído nos enseña algo que le desbarata la tableta de salvación a personas bien intencionadas pero equivocadas. ¡NADIE SE PUEDE GANAR EL CIELO!

La Biblia dice que "no es por obra para que nadie se gloríe" **Romanos 11:6**, **Efesios 2:9**, sino que es por fe.

Si fuera por obras entonces en vano murió Cristo.

Ahora bien, las buenas obras que hagan los salvados, les serán recompensados en el cielo. Y las buenas obras de los no salvados, tendrán su cosecha aquí en la tierra.

También dijo: Un hombre tenía dos hijos; y el menor de ellos dijo a su padre: Padre, dame la parte de los bienes que me corresponde; y les repartió los bienes. No muchos días después, juntándolo todo el hijo menor, se fue lejos a una provincia apartada; y allí malgastó sus bienes viviendo perdidamente. Y el hijo le dijo: Padre, he pecado contra el cielo y ante ti, y ya no soy digno de ser llamado tu hijo. Pero el padre dijo a sus siervos: Sacad de prisa el mejor vestido, y vestidle; y poned un anillo en su mano, y calzado en sus pies. Y traed el becerro engordado y matadlo, y comamos y hagamos fiesta; porque este mi hijo estaba muerto, y ha revivido; se había perdido, y ha sido hallado. Y comenzaron a regocijarse. **Lucas 15:11-13,21-24.**

Esta parábola que se ha mal llamado del hijo pródigo, pero, que debe llamarse del Padre amante, porque los dos hijos fueron pródigos porque ambos recibieron sus bienes, pero, uno tuvo la valentía de irse con su dinero a malgastarlo, y el otro, se quedó con su dinero y también en la casa del padre, pero, no conocía su corazón, ni tenía su carácter.

Esta parábola nos enseña varias cosas;

Erradas decisiones nos hacen abandonar las personas más importantes en la vida e iniciamos un ciclo de jornadas erráticas para terminar estancados y deseando comer lo mismo que los cerdos, y anhelando regresar pero la vergüenza nos retiene.

Al final nos proponemos el regreso pero con la mentalidad de esclavos y no de hijos. Gracias a Dios por el Padre Amante que corre al avistarnos, nos abraza y nos recibe como hijos de nuevo.

Si te has apartado, regresa, el Padre te espera y te perdona. Hay una fiesta preparada para ti, y Dios te pone calzado, vestido nuevo, y anillo en tu dedo. Es tiempo de celebrar porque has vuelto a la vida y a la comunión en la casa del Padre. Esa es la vida en el Reino, lo demás es religión.

PERLAS PARA CUERDOS. Agosto 20

Mateo 6:23.....*Así que, si la luz que hay en ti es tinieblas, ¿cuán grandes no serán las tinieblas mismas?*

Ya dijimos anteriormente que para algunas personas la Apariencia o la Imagen es más importante que la realidad. También dijimos que detrás de lo cosmético que nos oculta está la Verdad que Somos. Esta saldrá a la superficie cuando se escurra lo ficticio.

Ahora bien, no hay ningún problema con ocultar o mejorar ciertas áreas que necesitan -a nuestros ojos- un retoquecito, La dificultad con eso, es que vivamos de apariencias porque tarde o temprano saldrá a la luz lo que somos y lo real al manifestarse, será interpretado como mentira y muchos pensarán que somos un fiasco.

Vive por la premisa de que Dios te hizo, y que El no hace porquerías. Y que los mayores arreglos que necesitamos están por dentro y no por fuera.

Detrás de la crítica de muchas gentes lo que se mueve son las tinieblas. Algunas personas ven el éxito que otros tienen en lo que dicen o hacen y quieren involucrarse donde no le han invitado, en otras palabras, pretenden asumir un papel protagónico por medio de la crítica.

Si le contestamos a quien nos contradice, le estamos cediendo el control de lo que dijimos a esa persona.

El arma más poderosa no es contra atacar, sino ignorar. Uf cómo duele el no ser tomado en cuenta.

Todos tenemos luz interior, porque todos, hasta el más vil pecador es criatura de Dios, pero, los que no han recibido a Jesús la luz del mundo, su lámpara es apagada por las tinieblas que le rodean y es controlado por ella. ¡Deja penetrar la luz, que la hermosa luz de Dios fulgure en ti!

PERLAS PARA CUERDOS. Agosto 21

Mas alábese en esto el que se hubiere de alabar: en entenderme y conocerme, que yo soy Jehová, que hago misericordia, juicio y justicia en la tierra; porque en estas cosas me complazco, dice Jehová. **Jeremías 9:24.**

Mucha gente hablan del Dios que no conocen. Trazan teorías de lo que ellos suponen que el Soberano piensa y luego, ellos mismos la creen.

En una ocasión Pablo llegó a Atenas y encontró a la multitud entregada a la idolatría y entre los dioses había uno llamado "el dios no conocido" y dijo: A ese que ustedes no conocen es que yo vengo a predicarles.

Lo bueno es que Dios se ha dado a conocer a través de su hijo Jesús y de su palabra escrita.

Cuando aceptamos a Jesús como salvador y Señor de nuestras vidas, El Espíritu Santo nos hará renacer y nos llenará de propósito y de poder.

Sin nacer de nuevo podemos tener irreales expectativas acerca de Dios y su voluntad por lo que concebimos ideas imaginarias de su persona y hasta construir teorías falsas alrededor de nuestras ficticias ilusiones. Eso nos convierte en vagabundos espirituales.

Nosotros podemos tener falsas ilusiones acerca de Dios y formar ciertas ideas inventadas de su persona y hasta construir teologías alrededor de nuestras falsas ilusiones. Eso nos convierte en vagabundos espirituales. La voluntad de Dios es que disfrutemos la vida de Cristo a plenitud. El Espíritu Santo nos llenará de propósito y de poder cuando hemos aceptado a Jesús como salvador y Señor de nuestras vidas.

La voluntad de Dios es que lo conozcamos perfectamente y disfrutemos la vida de Cristo a plenitud.

PERLAS PARA CUERDOS. Agosto 22

Romanos 3:23. *"Por cuanto todos pecaron, y están destituidos de la gloria de Dios"*

La persona peca porque es pecadora y no al revés o sea no es pecadora porque peca. Si fuera así, solo basta con dejar de hacer aquello que categorizamos como pecado y ya deja de serlo.

Según lo que dice la Biblia, no existe tal cosa como; "yo no soy tan malo" porque "todos pecaron" y por tanto todos están destituidos de la gloria de Dios. La palabra que el original se usa para destituir traduce "quedar corto" No llenar la medida o expectativa. En otras palabras el modelo de Dios, el original de Dios, que en el Nuevo Testamento se le llama el Hijo de Dios, no es llenado por los que viven en pecado y permanecen en su pecado.

Por eso, la única solución al pecado, es una nueva creación, la cual solo Dios puede dar por el nuevo nacimiento. Por eso Jesús le dijo a Nicodemos "os es necesario nacer de nuevo"

Un moralista es una persona que estudia y enseña el buen comportamiento o lo que es éticamente aceptable como bueno. Muchas personas piensan que siendo moralistas son aceptables delante de Dios y no es así.

Todos hemos pecado, por tanto nos quedamos cortos del modelo de Dios. Cambiar de conducta es reforma, cambiar de vida es renacimiento.

Los programas reforman la conducta de las personas pero no las salvan. Solo Cristo Salva.

He aquí, tú amas la verdad en lo íntimo, Y en lo secreto me has hecho comprender sabiduría. **Salmos 51:6.**

La verdad es algo más que la ausencia de mentira. Así como la luz no puede ser definida por las tinieblas, la mentira no la puede ser elemento de constatación de la verdad.

Aunque la verdad es un concepto, pero, en la Biblia la verdad es más que eso, es la Palabra de Dios y es una persona, Jesús, quien dijo: *"Yo soy la verdad"* refiriéndose a sí mismo como la realidad de las sombras que anunciaban en el antiguo testamento la llegada de la verdad.

Repetir muchas veces una mentira no la convierte en verdad. El esconder la cabeza del peligro no nos aleja de El. El creer una declaración con apasionamiento no la traerá a la realidad si Dios no fue quien la originó. No todo lo que sube al corazón viene de Dios, aunque seas conforme a su corazón y sea una buena obra y sea para El. David le subió el deseo de hacerle casa a Dios y El se lo prohibió.

La verdad muchas veces es distorsionada tratando de hacerla aparente. La hipérbole es una Figura del lenguaje que consiste en aumentar o disminuir exageradamente la verdad de aquello sobre lo que se habla. El problema es que se minimiza la competencia y se potencializa lo personal.

No siempre el multiplicar es bueno, ni el restar es malo. Piensa que el cáncer es una multiplicación exagerada de células y que cuando alguien te ofende, no hay daños si le restas importancia.

Si lo que hemos decimos no procede de la Sabiduría Divina, de la convicción de quienes somos en Dios y de la seguridad de que hay un propósito en lo que hacemos; lo que tendremos no permanecerá, en otras palabras, no habrá verdad en ello ni tendrá durabilidad.

Salmos 139:16. *Mi embrión vieron tus ojos, Y en tu libro estaban escritas todas aquellas cosas Que fueron luego formadas, Sin faltar una de ellas.*

Dios te escogió desde antes de nacer, te ha dado todo lo que necesitas por medio de una provisión maravillosa, te ha promovido por encima de tus compañeros para que muestres a tu generación la grandeza de su Poderío. ¡Esa es tu asignación!

Quizás no veas en este momento lo grande de tu llamado, pero, eso no te descarta, solo te dice que lo que ves ahora mismo no es lo real, sino temporal y pasajero y que estas en proceso para cumplir tu visión.

Comienza con pequeños actos de obediencia, asistiendo a tus compromisos, siendo puntual, se responsable, se agradecido, luciendo tu abolengo, pronto el rey te mandará a llamar y pondrá en tus manos la decisión de qué hacer con tus adversarios, con tu nobleza les mostrarás a otros tu carácter y honrarás a quien te dio nombre.

Toma hoy la decisión de permitir que ciertas personas entren a tu círculo íntimo de relaciones. Hay conexiones Divinas que te van a catapultar a tu destino profético.

No pienses tampoco que un fracaso te define a ti, ni porque alguien te haya abandonado eso te va a paralizar. La experiencia nos enseña que para que haya sanidad cuando se pierde la continuidad de la piel, hay que cortar porque solo así se restablece la capacidad conectar y se evita la infección.

Recuerda que lo que hoy estás viviendo está escrito en el libro y que no va a faltar ninguna de ellas, así como llegastes tú también vendrán contigo tus bendiciones.

PERLAS PARA CUERDOS. Agosto 25

Yo soy la vid, vosotros los pámpanos; el que permanece en mí, y yo en él, éste lleva mucho fruto; porque separados de mí nada podéis hacer. **Juan 15:5.**

Estamos viviendo tiempos de grandes retos, donde pareciera que la gente ha perdido la conciencia de su humanidad. Y si usted no me cree mire las redes sociales de cómo están inundadas de personas que ven un accidente y en vez de ayudar comienzan a grabar para publicarla y que se haga viral y poder ser notorios aunque sea por un día.

Los seres humanos estamos destruyendo nuestro planeta y estamos buscando vida en otros planetas en un escapismo irracional en vez de corregir lo malo que está nuestra tierra. Culpamos a Dios por los desastres naturales, peor somos nosotros que talamos los árboles y echamos desperdicios al mar.

Anne Graham fue entrevistada en The Early Show y Jane Clayson le preguntó "¿Cómo podría Dios dejar que algo así sucediera? Refiriéndose a los ataques del 11 de septiembre, y a los frecuentes huracanes y terremotos por doquiera. Anne Graham dio una acertada respuesta a su necia pregunta. Ella dijo: "Creo que Dios está profundamente entristecido por esto, así como nosotros, pero durante años hemos estado sacando a Dios de nuestras escuelas, y de nuestro gobierno y lo sacamos de nuestras vidas. Y siendo Dios caballero que es, creo que se ha retirado silenciosamente.

El Salmista dijo y con mucha razón, Si Jehová no edificare la casa, En vano trabajan los que la edifican; Si Jehová no guardare la ciudad, En vano vela la guardia. Salmos 127:1.

No podemos culpar a Dios de lo que sucedió si El no estaba presente. Este mundo debe volver a creer que Dios es nuestro amparo y nuestra fortaleza.

PERLAS PARA CUERDOS. Agosto 26

"Y viniendo David a Saúl, estuvo delante de él; y él le amó mucho, y le hizo su paje de armas" **1 Samuel 16:21.**

Según este texto Saúl no odiaba a David, sino que por el contrario lo amaba. Pero, intentó matarlo varias veces.

Esto nos enseña que el mayor peligro no está en los que te odian, de esos tú te cuidas, sino de aquellos que te dicen que te aman pero ponen sus intereses por encima de sus convicciones y sentimientos. Un conocido refrán dice que el amor y el interés se fueron al campo un día y más pudo el interés que el amor que le tenía.

Algunas personas que dicen que aman se sobrevaloran y tratan de des-acreditar a quien expresa públicamente su opinión sobre un asunto y que tomó de su muy ocupado tiempo para referirse exclusivamente a su situación o condición personal.

De muchacho en mi barrio jugábamos canicas o bolas o "vellugas" y cuando uno de los jugadores tiraba sin objetivo específico decía: "A lo que agarre mi bon" Un Bon, era la canica que muchas veces era más grande que las otras y se usaba para golpear las demás y que pasaran a ser propiedad del jugador.

Cuando alguien escribe o da un mensaje, lo hace a lo que "Agarre su voz" Si logra tocar a alguien y ganarle para la causa del que le envió a escribir o a hablar, amén, si no es para ti, déjalo pasar. !Y así pueden seguir siendo amigos!

Somos hechura suya, creados en Dios para buenas obras. Dios ha preparado el camino por donde debemos transitar; Si nos salimos de ese trayecto es cuando hay dificultades. Y especialmente los expositores de la palabra de Dios lo que hacen es trazar ese camino.

Del hombre son las disposiciones del corazón; Más de Jehová es la respuesta de la lengua. Todos los caminos del hombre son limpios en su propia opinión; Pero Jehová pesa los espíritus. **Proverbios 16:1-2.**

Cuando hay elecciones no sabemos lo que nos depara el futuro, pero, si quién tiene en sus manos nuestro futuro; ¡JESUS!

Algunos compañeros han asegurado como buenos ciudadanos que no se debe votar y eso solo beneficia a los candidatos que llevan la delantera, o que están en el puesto. Se vota porque es un deber ciudadano.

Otros dicen que hay que votar por cualquiera, porque ambos son timadores. Pero esa es una de las pocas similitudes. Se vota por quien vaya a proteger las libertades individuales, de expresión y que al finalizar su periodo seamos mejores que al principio, para que podamos coexistir y morar en paz.

Algunos han dicho que hay que votar por tal o cual candidato porque ha hecho tal promesa, pero si uno cuenta las promesas falsas e incumplidas, deja de cumplir su deber.

Recuerdo un candidato en Sur América, que en su campaña electoral prometió un puente sobre el río y alguien le susurró que en ese pueblo no había río, a lo que respondió; no importa, le construimos el río también.

El voto es una responsabilidad ciudadana y cristiana, vote por quien quiera, pero, vote. Al votar, aumentan los recursos gubernamentales asignados a nuestra gente.

Ah, no seas bruto, no pierdas amistades por opiniones y preferencias; ¡respete la inteligencia, la opinión y el espacio ajenos para que respeten los suyos!

Juan 13:1b. *Como había amado a los suyos que estaban en el mundo, los amó hasta el fin.*

En este texto Jesús nos habla de la perfección no solo del amor, sino de quien ama. Por tanto se quitó el manto (símbolo de poder) y se ciñó una toalla (símbolo de servicio)

Nuestros hechos hablan mejor de lo que somos que cualquier palabra. El hecho de que Jesús sabía quién era, {identidad} lo que le había sido otorgado {Autoridad}, de dónde venía{Origen} y a dónde iba {Destino}, le daban la base para amar y servir de esa manera. No podremos amar en esa forma si no tenemos una identidad adecuada, si no tenemos sentido de significado y propósito.

El amor se demuestra, no solo se expresa. Jesús le dijo a Pedro "¿Me amas?" Alimenta mis ovejas. El amor se demuestra primero en un dejar a un lado cosas que son menos importantes para ocuparnos de aquellos que amamos. Si amas a Dios dedícale tiempo. Hoy es un buen día para demostrar el amor que le tenemos. Sube a la casa de Dios.

Santo Dios, hoy al comenzar nuestros afanes diarios, ponemos nuestras vidas en tus manos. Que tu Santo Espíritu nos guíe en cada decisión, y que nos impulse a que en cada cosa que digamos o actuemos sea en el marco de tu santa voluntad.

Hoy confesamos que somos tuyos, que somos recipientes de tu amor inalterable e inexplicable y que tenemos la firme decision de recibir y disfrutar ese amor incondicional. Que otros puedan ver tu luz en nosotros y podamos testificar como aquel ciego: "Yo solo sé que habiendo sido ciego, ahora veo"

En el nombre de Jesús. Amén

"Abba, agapao se"

Y les dijo: Cuando oréis, decid: Padre nuestro que estás en los cielos, santificado sea tu nombre. Venga tu reino. Hágase tu voluntad, como en el cielo, así también en la tierra. El pan nuestro de cada día, dánoslo hoy. **Lucas 11:2-3.**

Cristo les dijo a sus discípulos que pidieran el pan diario. Es una forma de expresar nuestra dependencia en su provisión y no en nuestras habilidades o posesiones.

Un amigo me corrigió porque oraba por los alimentos antes de comer y pedía por los que no lo tenían, me dijo que esa es una oración religiosa, que yo debía suplir a los que no tenían.

Con el perdón y todo respeto a mi amigo, eso es humanismo, aunque tenga qué comer y tenga mi despensa llena como para poder compartir, mi dependencia siempre es y será Dios.

Cuando no tenemos algo pedimos para que nos supla y si tenemos, pedimos para que no nos falte. Y no solo por eso, sino, para que nos caiga bien, hay tantos aditivos en los alimentos para su producción, conservación y elaboración y muchos de ellos cancerígenos que no nos podemos dar el lujo de comer sin orar.

Estamos viviendo tiempos peligrosos, donde el enemigo no sólo está fuera, sino dentro, en la casa, en lo que comemos.

En este día Dios te bendice llamándote de una manera diferente. A Sarai y a Abram el Señor le añade una H que es la quinta letra del alfabeto Hebreo y que habla de Gracia, lo que nos habla de una promesa incondicional. No es por los méritos personales es por su gracia. recibe de parte de Dios tu H en este día.

PERLAS PARA CUERDOS. Agosto 30

Hebreos 10:24 *"Considerémonos unos a otros para estimularnos al amor y a las buenas obras"*

Cuando nos dedicamos a censurar y no a aportar soluciones, corremos el riesgo de convertirnos en personas muy juiciosas.

Cuando amamos pasamos por alto los defectos; siempre y cuando no se conviertan en una práctica.

No es buena idea mezclar amor con la crítica, esta, siempre busca los errores. El amor cubre multitud de pecados. Muchas relaciones se deterioran porque ya no encuentran espacio para el elogio. Espero que este día, puedas ver lo que Dios ve en ti y en lo demás y lo resaltes.

Si no sabemos quiénes somos, no sabremos de dónde venimos y quizás nos pasemos la vida intentando llegar al lugar de donde salimos, sin saber su localización.

Si no sabemos quiénes somos tendremos problemas identificando a dónde iremos y seremos como veletas, llevados por los vientos de la incertidumbre.

Bendito sea el Dios Altísimo y benditos sean los de la simiente de Abraham. Mis hijos, les voy a dar un consejo, sí ves la luz apagada deja de criticar a tu hermano porque no la prendió; enciende la luz.

Los críticos nunca han llegado a nada bueno, siempre estarán esperando que quien hace algo se equivoque para condenarle. Sean cabeza y no cola que en esa parte todo huele mal.

Proverbios 29:25. *El temor al hombre es un lazo, pero el que confía en el Señor estará seguro.*

El temor es un sentimiento aprendido, los niños no nacen con él. Mi hijo desde pequeñito no mostraba temor ni a la oscuridad, ni a la soledad, porque sus padres no le enseñamos eso.

Muchas personas sea como juego o como castigo por malas conductas le infunden miedo a sus hijos y luego cuando son grandecitos no quieren que teman.

El mundo ha catalogado a sus habitantes en dos categorías: Depredadores y Presas. Mi experiencia es que en el sentido social, los primeros en alguna medida son presas de otros depredadores. Sin embargo hay algunas personas demasiado nobles como para aprovecharse de las debilidades de los demás y otros demasiado fuertes como para ser devorados por nadie.

Ten cuidado porque el diablo y sus agentes andan como leones rugientes buscando a quien devorar. Hoy salió un grupo con la misión de victimizar, a alguien. Tú, No te dejes engañar!

El que confía en el hombre aunque tenga barras de hierro y cerrojos de acero en su casa, vivirá en temor.

Pero, quien teme al Señor, aunque viva al descubierto, estará confiado.

En tiempos de competencias, las pasiones polarizan los "perplejos", se pierden amistades, se rompen lazos familiares y luego los actores que compiten se dan la mano y se reparten botines y posiciones.

¡En cualquier competencia, participa, da lo mejor de ti y deja el resultado a Dios!

Quien no ha escapado del pasado, sólo podrá regresar al futuro. No habrá progreso si se mantiene el retroceso.

Septiembre

PERLAS PARA CUERDOS. Septiembre 1

Mi carne y mi corazón desfallecen; Mas la roca de mi corazón y mi porción es Dios para siempre. Porque he aquí, los que se alejan de ti perecerán; Tú destruirás a todo aquel que de ti se aparta. **Salmos 73:26-27.**

Junto con el Salmista pienso que los que viven sus vidas sin Dios son suicidas en potencia. Andan, -como decía mi señora madre- con la soga arrastra.

Es necedad, saber que Dios tiene la solución para todos nuestros problemas e ignorarlo por la consabida prepotencia de creer que no lo necesitamos a Él.

Muchas personas dicen: La vida es corta, así que hay que disfrutarla y vivirla. Y mi pregunta es; ¿Cómo puede alguien disfrutar la vida sin el autor de la misma? La vida sin Cristo es solo existencia y como está vacía, trata de llenarla con cualquier cosa que obnubile la mente, con tal de no pensar y no sentir el hastío de ese vacío existencial. Lo peor no es eso, sino que no puede concebir cómo otros pueden vivir sin su anestésico de conciencia.

Es cierto, la vida es corta, por eso quiero vivirla plenamente y mientras lo hago, enviar material para el otro lado dónde vamos todos y donde cosecharemos lo que hemos sembrado de este lado.

La vida es corta y puede ciertamente dejar de ser en un abrir y cerrar de ojos, en breve puede ya no existir.

Mis órganos internos podrán dejar de funcionar, pero, mi espíritu siempre estará dispuesto. Dios fortalece mi corazón; él es mi herencia eterna.

No le cuentes a Dios de tus grandes problemas, por el contrario, háblale a tu problema, de lo grande que es tu Dios. Arrodíllate siempre ante tu Dios y no ante el problema.

Los que le creemos a Dios decimos como Pablo, *"para mi el vivir es Cristo y el morir es ganancia".* Filipenses 1:21

Aprovechando bien el tiempo, porque los días son malos.
Efesios 5:16.

Estamos viviendo tiempos peligrosos especialmente para la gente de fe, porque, la amenaza mayor no está en los peligros de confrontación bélica, ni en la inseguridad social o en las pestes que acosan o en el cambio climático, sino, en el acostumbramiento a las normas y patrones de la cultura secular, lo cual, trae como consecuencias una falta de pasión para las cosas espirituales. Ya no hay tiempo para congregarse, ni involucrarse en las cosas de Dios, siempre hay algo más apremiante.

El descanso físico después de mucho trabajo, no nos hace pensar en trabajar menos, sino, en ausentarnos más de las cosas sagradas.
La presión de tener "todo" lo que otro posee, nos controla y nos hace razonar que para pagar las facturas debemos trabajar más, aunque para ello, nos alejemos de las cosas de Dios, y abandonemos las buenas prácticas de la fidelidad en nuestras finanzas, pero, no pensamos en bajar los gastos.
Si hay que ocuparnos en cosas importantes como la familia, reducimos el tiempo a Dios, porque es el que no se queja, pero, no dejamos de ver el deporte o la novela favoritos. Ponemos en competencia a Dios con otras cosas que también merecen nuestra atención, pero, pocas veces se escucha a alguien decir; voy a trabajar menos.

En fin, nos vamos deslizando, hasta que nos hemos apartado totalmente del fuego de la hoguera y nos convertimos en fogones apagados.

Si es cierto que la muerte y la vida están en poder de la lengua y el que la ama comerá de sus frutos, tal y como lo dice el proverbista, no es menos cierto que todo en la vida es una siembra y una cosecha.

El que siembra para la carne de la carne segará corrupción, pero el que siembra para el Espíritu de él segará vida eterna.
Gálatas 6:8.

Aprovechando bien el tiempo, porque los días son malos.
Efesios 5:16.

He resuelto por decreto que en este año, en el Reino de mi vida, en el cual tengo no solo la última, sino la única palabra de este lado del sol:

1. No perder mi tiempo con gente que no quiere ser relevante.
2. No desperdiciar mis energías con personas que no quieran trascender.
3. No malgastar mis recursos en cosas que solo sean temporales.
4. Evitar a toda costa a aquellos que son garrapatas/parásitos que solo chupan mi existencia sin aportar nada.
5. Cambiar mi forma de pensar; aceptando sólo aquello que me aporte valores.
6. Revisar mi filosofía de vida para deshacerme de lo que no esté actualizado.
7. Someterme con regularidad a un auto-chequeo de integridad.
8. Cuidar lo que oigo, porque el sentido que conecta el espíritu con lo eterno es el oído.
9. Velar mis palabras para que sean pocas y valiosas, ellas revelan mis creencias.
10. Por último pero lo más importante Renovar mi relación con mi Padre-Dios, a quien le debo todo. Amar lo que El ama, aborrecer lo que no le agrada, levantar con mi honra su nombre y servir en su Reino con excelencia y entusiasmo.

Isaías 66:12, 14. *Porque así dice Jehová: He aquí que yo extiendo sobre ella paz como un río, y la gloria de las naciones como un torrente que se desborda; y mamaréis, y en brazos seréis traídos, y sobre las rodillas seréis mimados. /Y cuando veáis esto, se alegrará vuestro corazón, y vuestros huesos reverdecerán como el césped; y la mano de Jehová para con sus siervos será conocida, y se enojará contra sus enemigos.*

No sé qué esperas para este año, pero, si apuntas a nada, de seguro que a nada le darás. Es tiempo de activación y apresuramiento de todas las promesas que Dios nos ha dado. Lo que parecía imposible ocurrirá y lo que tardaba generaciones, en un instante ocurrirá.

Los que piensan que Dios llega tarde, se asombrarán, al ver que de un lugar insignificante proceda vindicación y provisión. Una vez que El irrumpa en nuestras vidas; el tiempo se acelerará, la distancia se acortará, el silencio se acabará. Todas las puertas se abrirán.

La gloria de la naciones vendrán a ti, y de su obscuridad sacarás provecho con tu luz, beberán del torrente de tus delicias Y paz como un río brotará de ti. No quedara hueso torcido ni habrá escándalo en tu casa, tus hijos volverán a ti como cuando los criabas. Dios mismo se encargará de los que te aborrecen. Te dice el Señor, solo confía en Dios, porque El hace nuevas todas las cosas. Este es año de nuevos comienzos y por tanto de nuevas oportunidades.

Si creías que tu carnaval había pasado, estas equivocado, porque hay una nueva temporada para ti y entenderás la diferencia entre lo bueno y lo mejor, entre lo ridículo y lo sublime, porque no irás solo, porque contigo vá el ángel de Jehová, andarás de la mano del poderoso gigante que te acompaña.

No solo tú lo verás sino que tus enemigos y los que te echaron en el horno de fuego verán no solo tu liberación sino que verán dentro de tu horno de fuego a uno semejante al hijo de Dios.

1 Reyes 8:27. *Pero ¿es verdad que Dios morará sobre la tierra? He aquí que los cielos, los cielos de los cielos, no te pueden contener; ¿cuánto menos esta casa que yo he edificado?*

¡Bendiciones en este hermoso día! Cuando ores, debes hacerlo con la certidumbre de que aquel con quien estás hablando es el creador de todo lo que existe, por tanto "No pongas limites a aquel que es inmenso"

Lo que Salomón no entendía, porque no le fue revelado, es que un Dios tan grande, decidiera en su soberanía habitar entre los hombres, y eso fue lo que vino a cumplir Jesús. Cuando el libro de Juan, hablando de Jesús, dice que *"habitó entre nosotros"* traduce literalmente "Puso su tabernáculo"

Cuando hables con Dios, si El es tu Padre, hazlo con la confianza del niño que se acerca a su Papito y cuando hayas pedido sabe qué; El que no veas lo prometido cuando lo esperas, no significa que no llegará. Recuerda; cuando Dios te da una promesa, Ya ocurrió. El siempre te dice el final desde el principio. Lo que nunca te dice es el proceso que tienes que pasar para llegar a tu destino.

¡Lo que esperas ya esta! Tu fe abre el depósito de los cielos, acorta la distancia a tu propósito y acelera el tiempo de su cumplimiento, mientras esperas, mantente ocupado en lo que tienes que hacer.

Mira que dije ocupado y no preocupado porque no podrás añadir a tu estatura un codo por más que te afanes.

Si estás esperando el bus, no vas a adelantar su llegada si sacas la cabeza a ver si viene, pero, puedes aprovechar el tiempo leyendo un libro mientras llega.

¡Recuerda, el que ha de venir, vendrá y no tardará!

PERLAS PARA CUERDOS. Septiembre 6

Lucas 21:25-26. *Y habrá señales en el sol, en la luna y en las estrellas, y sobre la tierra angustia de las gentes, perplejas a causa del bramido del mar y de las olas; /desmayándose los hombres por el temor y la expectación de las cosas que sobrevendrán en la tierra; porque la potencia de los cielos serán conmovidas.*

Una cosa que debemos entender de las señales de que Jesús habló en la Biblia acerca de su retorno, no es que esas señales tienen que cumplirse, sino que esas cosas estarían ocurriendo cuando El regresara.

Hoy soplan fuertes vientos de inseguridades en un mar de incertidumbres, pero el Señor nos ha dicho que no temamos. Todavía no hemos visto nada, el texto dice claramente que la gente desfallecerá de solo ver lo que está sucediendo.

Hoy podemos ser testigos presenciales aunque no estemos en los lugares.

La palabra "cielos" en el original es la misma que para Uranio, un elemento integral de las bombas nucleares modernas.

Estemos preparados, porque los que aman y sirven al Señor, sólo verán los principios de dolores.

¿Saben qué?, Aunque soplen vientos, hayan saqueos, tsunamis e inundaciones, aunque se turbe la gente, no temeremos porque con nosotros está el que hizo el mar, los vientos y diseñó nuestro destino.

La tempestad nos sirve para probar nuestro fundamento y para agilizar nuestra llegada a la meta señalada. Debemos saber si somos salvos o no, la religión no salva, solo Cristo salva

PERLAS PARA CUERDOS. Septiembre 7

Porque todos ofendemos en muchas cosas. Si alguno no ofende en palabra, éste es varón perfecto, capaz también de refrenar todo el cuerpo. **Santiago 3:2**

En este mundo siempre van a haber ofensas y heridas, porque la gente va a cometer errores, sean estos voluntarios o no.

Cuando una persona falla se siente bien mal, y si nosotros somos intolerantes y le criticamos o juzgamos; asumimos las consecuencias de acciones que no cometimos, por ser partícipes de pecados ajenos.

Los errores no tendrán la última palabra si sabemos bregar bien con ellos a través de la tolerancia y del perdón.

Seamos amorosos y compasivos, sabiendo que también nosotros erramos el blanco.

Ahora bien, ¿cómo bregamos con los abusos? ¿Cómo lidiamos con los excesos? ¿Quiere decir que debemos permitir los atropellos y el desorden en lo nuestro? No, para ello está la justicia de Dios que no contradice su amor ni su misericordia.

Justicia es darle a cada cual lo que se merece.

Misericordia es sentir compasión por las necesidades y el dolor ajenos. Dios nos manda a tener ambos junto con la fe. Mateo 23:23.

Si solo usamos la justicia y no la misericordia, seríamos indolentes. Si usamos la misericordia y no la justicia, viviríamos en un caos. Debemos ser equilibrados.

El antídoto contra la violencia -en sentido general- que impera en el mundo hoy, es "Tener la paz de Dios en nuestros corazones". Esto es a Cristo quien dijo: "La Paz os dejo, mi paz os doy, no como el mundo la da yo os la doy"

"Y había en Jerusalén un hombre llamado Simeón; este hombre era justo y devoto, aguardando la consolación de Israel; y el Espíritu Santo estaba sobre él. Y el Espíritu Santo le había comunicado que no vería la muerte antes de haber visto al Cristo del Señor. Y movido por el Espíritu, vino al templo; y cuando los padres introducían al niño Jesús para hacer lo que la costumbre de la ley prescribía sobre él, él le tomó en brazos, y bendijo a Dios, diciendo: Ahora, Soberano Señor, puedes dejar que tu siervo se vaya, Conforme a tu palabra, en paz" **Lucas 2:25-29.**

Tú vas a recibir lo que esperas. Simeón, aunque era un anciano, tenía un sueño. Él no estaba esperando la muerte, sino ver la Gloria de Dios, al Mesías.

El ser viejo no es sinónimo de oler a mentol, arrastrar los pies, ni vivir con la esperanza caída, no es un asunto de años de vida; es una situación del alma.

No te sujetes al patrón social de que ser joven es tener salud sin recursos y ser viejo es tener recursos para gastarlo en medicinas.

Yo no me muero cuando se mueran los que no creen, yo no me muero cuando se muere la mayoría de mi familia, yo no me muero de la enfermedad que murieron mis antepasados, no me muero cuando el diablo quiera; hasta que se cumpla mi propósito no moriré, sino que viviré, veré mi tercera y cuarta generación lograr cosas que yo soñé, viviré hasta que vea la gloria de Dios.

Muchos ya han logrado bastante porque fueron los primeros que se graduaron en su familia, pero, hay cosas no realizadas, status no alcanzados, que uno de tus descendientes va a lograr; todavía hay cosas qué inventar, mejoras que obtener, mientras puedas soñar estarás vivo y después de eso, tu memoria nunca morirá en realidad mientras haya quien te recuerde. A volar alto, que eres águila y no gallina.

Proverbios 17:6. *Corona de los viejos son los nietos, Y la honra de los hijos, sus padres.*

Para nadie es un secreto la poca vergüenza de los abuelos que a los nietos les celebramos cosas que a los hijos les impedíamos.

Veo y conozco de primera mano el entusiasmo por la venida de los nietos. Cada vez que llego a visitar mis nietos, el mayorcito me pregunta: "Papabuelo, are you my daddy's dad?" Cuando le digo que si, entonces me da algunas quejas de su padre, esperando que yo lo corrija, como su padre lo hace con él.

¿Por qué se quieren tanto los nietos?
Hay muchas razones para ello.

Lo primero es que cuando fuimos padres no estábamos entrenados para criar y cuando aprendemos ya somos abuelos. Es la segunda vuelta, ya tenemos experiencia y lamentamos haber sido tan duros con nuestros hijos, viendo lo bien que les ha ido.

Lo segundo es que con los nietos no tenemos las tensiones emocionales por las inseguridades y limitaciones económicas que tuvimos con los hijos.

También podemos disfrutar su presencia y cuando nos cansamos de tanta "gozadera" tenemos una opción que no teníamos con los hijos y es mandarlos para su casa.

Por último cuando somos abuelos tenemos mayor disponibilidad de tiempo porque estamos retirados.

De allí se ha acuñado la expresión " Si hubiera sabido que tener nietos era tan bueno, los hubiéramos tenido antes que los hijos"

Felicidades a todos los abuelos

PERLAS PARA CUERDOS. Septiembre 10

Así que, el que piensa estar firme, mire que no caiga. **1 Corintios 10:12**

Este versículo se refiere a no caer de la fe, de la gracia que hemos recibido y a permanecer firmes, constantes, y a no desviarnos de las sanas enseñanzas que hemos recibido.

No es bueno apartarse de los preceptos morales que desde la infancia nos fueron inculcados, porque pasarán su cuota de culpabilidad y condenación aunque sea subconscientes.

Pero, cuando pasan los años también debemos velar por las caídas físicas por causa de la fragilidad de los huesos.

Tuve una caída, pero, mientras me ayudaban a incorporar unas cariñosas damas que me acompañaban, pensé en lo fácil que es caerse de sus pies cuando no tenemos una buena base de sustentación.

Lo difícil es levantarse. Después de una caída, lo menos riesgoso es quedarse en el suelo, así no volvemos a caer.

Pero, los seres humanos no fueron diseñados para vivir arrastrándose, ni para aspirar el polvo, eso es para los reptiles. Si has caído, no te quedes en el suelo. Si siete veces cae el justo, siete veces el Señor lo levantará.

A parte de algunas fisuras en mí, me encontraba bien

Los antepasados me enseñaron que los viejos se mueren de una de estas tres cosas; y todas comienzan con C: Corazón, Caídas y Correderas.... ¿Sabes a lo que me refiero verdad?

2 Corintios 10:4. *"Porque las armas de nuestra milicia no son carnales, sino poderosas en Dios para la destrucción de fortalezas..."*

Terrorismo. Es una forma violenta de lucha política que persigue destruir el orden establecido provocando en la población y los adversarios, caos y confusión por medio del miedo y la intimidación.

El primer acto terrorista comenzó en el huerto del Edén donde todo era paz, gozo, libertad porque el orden de Dios imperaba. Pero un terrorista entró en escena y el primer hombre le dió entrada obedeciéndole y quebrantando el orden.

Hace varios años atrás un día como hoy ocurrieron los ataques terroristas más devastadores contra objetivos no militares causando la muerte de millares de personas en la zona cero, pero unos cuantos miles sufriendo las consecuencias de las caídas de los edificios de lo que se conocía como las torres gemelas que albergaban el centro del comercio mundial.

Aunque los autores intelectuales y patrocinadores han pagado el precio por su desafío al orden y la paz mundial, desde entonces nadie está seguro, nadie está confiado, y la sociedad no ha vuelto a ser la misma. Países enteros han pagado un alto precio por albergar los terroristas, algunos hasta llegando a desaparecer y otros geográficamente re-localizados por la migración obligatoria de sus residentes.

Muchas cosas hemos aprendido de ese hecho histórico. Entre ellas que el odio y el rencor jamás podrán vencer el amor; y que la venganza y la revancha no se comparan con el perdón. Que la globalización es una realidad, porque al golpear la economía número uno del mundo en ese entonces, todos sufrieron, porque todos están interconectados.

Los únicos que no han sufrido son aquellos cuya economía no depende de la Bolsa de valores, sino, de la economía del cielo, porque allí el ladrón no mina ni la polilla corrompe.

Efesios 5:18. *"No os embriaguéis con vino, en lo cual hay disolución; antes bien sed llenos del Espíritu..."*

Hoy como decimos frecuentemente tenemos acceso a mayor cantidad de información y por tanto hay muchos maestros que enseñan y no sabes quienes son ni conoces su carácter, por tanto tenemos gentes enseñando las palabras de un Dios que no conocen. Por tanto han diluido el mensaje de la palabra de Dios y distorsionado su significado.

Dos cosas nos enseña este versículo de la palabra: Primero a no embriagarse con vino porque en ello hay excesos, la palabra para disolución es -asōtia- Que traduce literalmente "sin salvación" Algunos interpretan que lo que está prohibido es emborracharse, pero, un poco de levadura leuda toda la masa y a un borracho no le puedes poner en una situación donde vuelva al hoyo donde salió.

La otra cosa es ser llenos. Esta es una palabra muy interesante, en el original en que fue escrito el sagrado libro es -plēroō- que significa estar repletos o completos, estar satisfechos, o terminados.

El modo verbal es imperativo, no es una opción, es un mandato. Lo que Pablo quiere decir en otras palabras es que para vivir la vida cristiana satisfactoriamente, el creyente debe ser lleno o dirigidos por el precioso Santo Espíritu, como el barco de vela es empujado por el viento.

La unción nos llena de valentía, nos dirige a la realización de los sueños Divinos, nos empuja para llegar a nuestro destino.

Si tenemos la unción del santo como dice 1 Juan 2:20, entonces se manifiesta el poder, sale a flote la vida, de nuestros labios proceden palabras de fe, de ánimo, de esperanza.

El Espíritu Santo no puede ser prisionero de nuestros temores, de nuestras inactividades y nuestro pesimismo. Sed llenos del Espíritu Y si estamos llenos, activémoslo, que se vea. ¡La unción pudre el yugo!

Mateo 22:12. *Y le dijo: Amigo, ¿cómo entraste aquí, sin estar vestido de boda? Más él enmudeció.*

En la Biblia el estar desvestido o mal vestidos está relacionado con vivir fuera de la voluntad de Dios o en pecado.

El que vive en pecado, aunque esté vestido hasta las narices, delante de los ojos de Dios está desnudo.

Así lo demuestra este caso de la parábola de uno que entró sin vestido apropiado a una boda.

El pecado es un hecho misterioso que hace que la persona actúe irracionalmente para luego no encontrar la respuesta esperada a sus acciones.

El verdadero creyente no racionaliza el pecado, por el contrario se aleja de él y de los que lo practican, por lo menos como dice la escritura, no participan de las obras infructuosas de las tinieblas.

Si nuestros amigos y familiares no se sienten incómodos diciendo improperios, siendo indecentes, mintiendo, abusando o actuando fuera de los límites morales delante de nosotros, entonces no hemos sido un ejemplo para ellos, somos como Lot, que se sentaba con los habitantes de las llanuras de Sodoma y los llamaba hermanos. No vas a entrar en la boda.

A la iglesia de Laodicea el Señor le dice: *Porque tú dices: Yo soy rico, y me he enriquecido, y de ninguna cosa tengo necesidad; y no sabes que tú eres un desventurado, miserable, pobre, ciego y desnudo.* **Apocalipsis 3:17.**

El apóstol Pablo dice que los que todos los que habéis sido bautizados en Cristo, de Cristo estáis revestidos. **Gálatas 3:27**

Lucas 18:1. *También les refería Jesús una parábola sobre la necesidad de orar siempre, y no desmayar,*

Orar es hablar con Dios. Es comunicarse con nuestro creador en intimidad y esperar su respuesta. Dios nos habla a nuestros espíritus y por su palabra.
Orar es señal de dependencia en Dios. El cristiano que no ora es altivo, malicioso, auto-suficiente, falto de relación.

Hay quienes piensan que la oración es un castigo porque de pequeños le obligaron a orar, por tanto, no oran. Pero, orar, es un acto de amor. Si alguien dice que te ama y no le hablas; le crees?
Otros piensan que si es Dios, El lo sabe todo y no necesita nuestra perorata, pero, El mismo es quien nos dice que debemos orar en todo tiempo.

No conozco a alguien que haya tenido mayor revelación de la gracia y mayor testimonio de su relación con Dios que Pablo y es el mismo Pablo quien recomienda a orar sin cesar, a orar en todo tiempo.

Cuando oramos podemos decir que dependemos de Dios y de su gracia para todo. Oramos aunque tengamos lo que pedimos, porque al hacerlo reconocemos de donde viene nuestra provisión. Debemos orar antes de tomar cualquier decisión, y después de tomarla. Orar es una necesidad.

Por último orar no es repetir expresiones escritas por otros, Jesús dijo que cuando oremos, no usemos repeticiones vanas como los gentiles que creen que por su palabrería serán oídos. Mateo 6:7.

Se ora al Padre, no al hijo, ni al Espíritu Santo, ni a ningún ser creado. Y se pide en el nombre de Jesús, **Juan 14:13; 15:16; 16:23**, o sea, quién nos garantiza ser escuchados es el que está a la diestra del Padre, por lo que hizo Jesús en la cruz, El es el único mediador entre Dios y los hombres. **1 Timoteo 2:5**. Todos los demás son impostores. No lo digo yo, o una religión, lo dice su palabra. ¿Estás orando?

PERLAS PARA CUERDOS. Septiembre 15

Proverbios 4:18. *Mas la senda de los justos es como la luz de la aurora, Que va en aumento hasta que el día es perfecto.*

Somos muy tendientes a criticar lo que está mal o nos parece de acuerdo a nuestro standard que no está bien. Pero, pocos aportan soluciones.

Tengo un conocido con aspiraciones políticas que siempre critica al síndico o alcalde de su ciudad por la basura acumulada en su área, por lo que le sugerí que esa era una buena oportunidad para formar un grupo de limpieza y hermosear su cuadra o su barrio y cuando la gente vea eso, tendrán una alternativa en las próximas elecciones; pero no, le vi la cara que puso, como de, ese no es mi trabajo.

Es muy fácil ladrarle a las tinieblas, pero, infructuoso, es más fácil y mejor encender una luz.

No es que no se condene lo que está mal, pero, para tener credibilidad, hay que hacer algo en ese sentido, aportar soluciones; si solo criticamos, somos parte del problema.

Si los justos no actúan lo que predomina es la prevaricación; Si los buenos se cansan la maldad prevalece, si los hijos de luz no alumbran, las tinieblas obscurecen el ambiente.

Por tanto no calles, no ceses de hacer el bien, no te rindas; que el único recurso que el mal tiene contra ti es el desaliento.

Un viejo himno decía "Brilla en el sitio donde estés, puedes con tu luz algún perdido rescatar"

Seamos faros de luz en vez de riscos de encallamiento, alumbremos el camino para otros, pero, nadie puede dar lo que no tiene, para alumbrar, hay que estar llenos de luz y solo Cristo dijo, que El es la luz del mundo y quien le sigue no andaría en tinieblas, sino que tendría la luz de la vida.

Mateo 17:20. *Jesús les dijo: Por vuestra falta de fe; porque de cierto os digo, que si tenéis fe como un grano de mostaza, diréis a este monte: Pásate de aquí allá, y se pasará; y nada os será imposible.*

Con frecuencia escucho personas pidiéndole a Dios que les aumente la fe. No se si ellos entienden el texto que hemos tomado en este día para reflexionar. Lo que nos está diciendo no es que tengamos una fe gigante como un monte para mover las dificultades, sino, todo lo contrario, que tengamos fe como una grano de mostaza, que es de la más pequeña de las conocidas y con esa fe moveremos el monte.

En otras palabras, lo que necesitas no es más fe sino, usar la que tienes.

Todo es cuestión de fe, no es lo mismo creer en Dios que creerle a Dios. La Biblia dice que los demonios creen y tiemblan. El verbo creer en el original en que fue escrito el libro sagrado tiene implícita la idea de escuchar con la intención de obedecer. Si oímos el consejo de Dios y no obedecemos, sino que razonamos o interpretamos, eso, no es creer.

Hay retos que todos enfrentamos, hay montañas que tenemos que mover con nuestra fe. Si lo piensas bien, todos tenemos uno. ¿Cuál es el tuyo?

Puede ser la lectura de un libro, terminar una tarea, aceptar un desafío que creas imposible. Solo quiero decirte que tú puedes y que te pongas delante de tu "Reto" y le digas o te mueves o te muevo y emprende los primeros pasos para ver desaparecer ese monte. Recuerde que en Cristo los montes se allanan y los valles se elevan.

Pasa a la otra página de ese libro.

PERLAS PARA CUERDOS. Septiembre 17

Examinaos a vosotros mismos para ver si estáis en la fe; probaos a vosotros mismos. ¿O no os conocéis bien a vosotros mismos, que Jesucristo está en vosotros? A menos que estéis reprobados. **2 Corintios 13:5.**

Tenemos que constantemente someternos a un exámen de fidelidad, no sólo de lo que creemos, sino, cómo actuamos. Hoy día, mientras más conocimientos teológicos tenemos menor nivel de obediencia.

Hay que mirarse en el espejo de la verdad, y si lo que ves no está de acuerdo al diseño original, no limpies el espejo, que el problema está en ti. Recuerda la reflexión solo te dice lo qué hay, pero tú debes corregir lo que está mal.

Muchos de los que enseñan a las multitudes, no cualifican ni como creyentes, porque dicen y no hacen, son hipócritas, porque como dice Jesús ponen cargas sobre los demás que ellos mismos ni con un dedo quieren llevar.

Leyendo el libro de Santiago, me doy cuenta, cuán necesitados estamos de cambios; de arrepentimiento, cambios de mentalidad, de corazón, de actitud, de dirección.

Dios no puede echar el vino nuevo de su Espíritu en los viejos odres de la ley, de la carnalidad, de la religión.

Esta temporada va a ser un tiempo de muchos desafíos, pero, los que están dispuestos a hacer los cambios necesarios en su vida, en su casa, en sus viejos patrones, saldrán adelante. Los que no, serán arrastrados por el alud de lodo por el que están rodeados.

Es tiempo de dejar las ñoñerías y amarrarse los pantalones de la madurez y hacer los correctivos necesarios.

PERLAS PARA CUERDOS. Septiembre 18

Pero si vosotros no perdonáis, tampoco vuestro Padre que está en los cielos, perdonará vuestras ofensas. **Marcos 11:26.**

Una de las razones por las que no nos gusta perdonar, es porque pensamos que al hacerlo estamos justificando la conducta de los que nos han herido. Lo más importante no es que el otro cambie; quizás no lo haga, pero, quien perdona cambia y le quita el control al ofensor.

Cuando no perdonamos, vemos a la persona que nos ha ofendido hasta en la sopa, y ocupa nuestro espacio, nuestro tiempo y parte de nuestra energía.

Alguien dijo que cuando somos ofendidos (Real o imaginariamente) se abre una herida, cuando estamos heridos, hay dolor, esto trae una deuda, que debe ser pagada o cancelada.

Cuando ocurre esto, el ofensor se mete en una prisión, si nos vengamos o resentimos, nos encerramos con esa persona, pero, si perdonamos, salimos de ella.

Esperar que sea el otro que cambie para cambiar una situación, es producto de mentes limitadas que todavía dependen de lo que haga el otro; Si cambiamos nuestra manera de pensar, cambiarán nuestros sentimientos y luego nuestras acciones y por tanto, todo nuestro mundo cambiará, aunque los demás se mantengan inmutables.

No permitas que sea otro quien determine, si hay fiesta en tu vida o no, y mucho menos la música que tu disfrutas, lamentablemente hay muchos que se van a la tumba sin gozar lo que le gusta porque siempre había otro que dictaba lo que debía hacer. Decide hoy amar, escoge perdonar.

PERLAS PARA CUERDOS. Septiembre 19

Soportándoos unos a otros, y perdonándoos unos a otros si alguno tiene queja contra otro. De la manera que Cristo os perdonó, así también hacedlo vosotros. **Colosenses 3:13**

Ayer decíamos que las ofensas producen heridas y que estas duelen, pero, el dolor y el temor a infecciones suceden hasta que se cicatriza. Y las cicatrices en ocasiones son feas, aunque nos cuentan una historia.

Las cosas que más frecuentemente hieren el alma son: el Familiar indiferente, o la propuesta indecente de un desconocido, y el mutismo, o la alabanza silente de un amigo; pero ninguna de ellas procederán de un corazón excelente.

Esta clase de amor se caracteriza firmemente por lo extravagante de sus premisas y si no ves el fuego por lo menos encuentras las cenizas.

Unos investigadores de la Universidad de Pensilvania, han descubierto la forma de evitar las feas cicatrices.

Algunas de esas marcas nos fascinan y nos sirven para contar nuestras pequeñas historias, pero, las heridas medianamente profundas pueden dejar marcas visibles fastidiosas. Todo tiene que ver con los tipos de células que intervienen en la cicatrización de las heridas superficiales (adipositos) y las profundas (fibroblastos) convirtiendo estos últimos en los primeros.

Asimismo hay una forma para que las heridas profundas del alma no dejen marcas y es por medio del perdón que hace que convirtamos nuestra historia en una experiencia positiva en vez de una marca que palidezca la actitud y demude el semblante.

Proverbios 28:13. *El que encubre sus pecados no prosperará; Mas el que los confiesa y se aparta alcanzará misericordia.*

Todos los seres humanos luchamos con alguna área de vulnerabilidad y como un mecanismo de defensa tendemos a cubrirla; unos por vergüenza o temor y otros para no ser imitados.

En nuestras casas casi siempre tenemos un cuarto donde guardamos las cosas que no usamos a diario y en ellas hay cosas con poco uso y otras muy usadas

En mi caso, no practicaré el síndrome de la "ventana rota" otros no imitarán el mal que descubrí, sino que seré libre de toda impureza, porque confesaré mi pecado a Dios y me apartaré de eso.

En los que son guiados por el Espíritu; manifiestas son las obras de la carne"

Yo estoy listo para sacar la basura de mi vida, para que el camión de la Sanidad se la lleve.

La gloria no es de quien saca la basura sino de quien se la lleva.

Creo que de las pocas cosas que el "hombre" no compite ni comparte es la basura. Solo los que no quieren mejorar la guardan. El pecado es basura!

No guardes basura en tu vida, ni la pongas en el patio, ni en algún cuarto secreto.

Los disposofobicos, ni cuenta se dan de la basura acumulada. Recuerda que el camión solo se lleva la que nosotros sacamos.

PERLAS PARA CUERDOS. Septiembre 21

Lucas 2:25-26, 29-30. "*Y había en Jerusalén un hombre llamado Simeón; este hombre era justo y devoto, aguardando la consolación de Israel; y el Espíritu Santo estaba sobre él. / Y el Espíritu Santo le había comunicado que no vería la muerte antes de haber visto al Cristo el Señor. / Ahora, Soberano Señor, puedes dejar que tu siervo se vaya, Conforme a tu palabra, en paz; / Porque han visto mis ojos tu salvación...*"

Cada uno va a recibir lo que espera.

Simeón era un anciano que tenía un sueño.

El ser viejo no es un asunto de años de vida; es una situación del alma. No te sujetes al patrón social de que ser joven es tener salud sin recursos y ser viejo es tener recursos para gastarlo en medicinas.

La muerte huye de los que tienen el propósito de Dios por cumplir; "muertos son los que tienen el alma muerta y viven todavía"

La palabra De Dios dice que los justos aún en la vejez fructificarán, estarán vigorosos y verdes. Mientras haya una visión en nuestras vidas, estaremos aguardando la promesa.

Simeón no estaba esperando la muerte, sino ver la Gloria De Dios; al Mesías, y eso fue lo que vio. Yo espero a Jesús, y Qué esperas tú?

Si el Espíritu de Dios está en nosotros, El no puede ser prisionero de nuestros temores, de nuestras inactividades y nuestro pesimismo. Si tenemos la unción del santo como dice Juan, entonces se manifiesta el poder, sale a flote la vida, de nuestros labios proceden palabras de fe, de ánimo, de esperanza. La unción nos llena, nos dirige, nos empuja a la consecución del propósito de Dios. La unción pudre el yugo! Sed llenos del Espíritu Y si estamos llenos, activémoslo, que se vea.

PERLAS PARA CUERDOS. Septiembre 22

Job 11:13, 15-17. *Si tú diriges tu corazón a Dios, Y extiendes a él tus manos; / Entonces levantarás tu rostro limpio de mancha, Y serás fuerte, y nada temerás; Y olvidarás tu miseria, O te acordarás de ella como de aguas que pasaron. / La vida te será más luminosa que el mediodía; Aunque oscurezca, será como el amanecer.*

Una de las peticiones más frecuentes que tienen los creyentes es por fortaleza. Pareciera que existe un temor permanente a fallarle a Dios. Este pasaje que hemos tomado del libro de Job nos dice cómo puede fortalecerse una persona y como evitar el vivir en temor; Que nuestro corazón se dirija a él, extender a él las manos y levantando el rostro limpio de mancha.

Los espacios vacíos son pronto llenados por otras personas o cosas de la misma especie y luego sólo quedará de lo primero un recuerdo vago el cual podemos usar como referencia para futuras acciones.

La persona sabia primero piensa antes de hablar y de actuar. Es por eso, que tomar decisiones con la cabeza caliente no es recomendable, hay que dejar pasar un tiempo para que podamos pensar y luego actuar.

Pero nuestras manos deben dirigirse a Dios, levantadas en señal de rendición ante su soberana voluntad.

No permitas que ni la separación de una persona, ni la distancia afecten tu estado de ánimo. No dejes que la nostalgia controle tu vida. Milan Kundera, en su "Ignorance" dice que Nostalgia viene de "nostos" que Significa regreso y de "Algos" que significa "sufrimiento" Nostalgia es pues el sufrimiento causado por el anhelo implacable de regresar.

Lo más triste es cuando en una relación; uno quiere retornar a lo que antes fue, mientras el otro, lo que quiere es, alejarse de lo que pudo haber sido y no fue. Pero, hoy tienes la oportunidad de regresar a Dios y ser lo que él diseñó que fueras.

Isaías 59:19. *Y temerán desde el occidente el nombre de Jehová, y desde el nacimiento del sol su gloria; porque vendrá el enemigo como río, más el Espíritu de Jehová levantará bandera contra El.*

Dios no es el autor de nuestras desgracias, es el enemigo. Pensar lo contrario es atribuirle despropósito. Es el enemigo que quiere nuestra destrucción y ruina.

Para librarnos de ese enemigo que ha jurado destruirnos debemos estar aliados con alguien más poderoso que él y ese es Jesús quien lo derrotó en la cruz.

Eso sí, no hay cosa que suceda en nuestras vidas que Dios no esté enterado. El permite las dificultades para probar nuestro carácter y afirmar el fundamento.

Todo lo que edifiquemos en esta vida; sea relaciones, posiciones o posesiones será sometido a la prueba de los fundamentos.

El buen fundamento es cuando edificas sobre la Roca y está basado en que oyes la palabra de Dios; y la haces.

El mal fundamento es lo que es edificado sobre cualquier otra cosa. La prueba, que es identificada como lluvias, ríos, vientos; darán fuerte sobre aquello que has edificado. El buen fundamento resistirá la prueba, el mal fundamento traerá grande ruina.

La pregunta que debemos hacernos en cualquier cosa que hagamos o tengamos es; ¿Cuál es el fundamento? ¿Resistirá la prueba? ¿Traerá gloria a Dios?

Como la grulla y como la golondrina me quejaba; gemía como la paloma; alzaba en alto mis ojos. Jehová, estoy en aprieto; ven en mi ayuda. **Isaías 38:14.**

Hay quienes se quejan de todo, no tienen contentamiento, en nada encuentran satisfacción. Si están acompañados se quejan y si los dejan solos también.

Se cuenta de un hombre que se acercó a su consejero para contarle el problema que tenía. Ya no soportó esta vida, le dijo. Somos nueve personas que vivimos en un cuarto pequeño, y estamos demasiado apretados. ¡Ya no sé qué hacer! El consejero le recomendó: Esta semana, vas a meter la cabra que tienes al cuarto con ustedes. Al hombre le pareció increíble el consejo, pero el líder insistió: Haz lo que te digo, y vuelve dentro de una semana.

Al cabo de una semana, el hombre regresó. Tenía ojeras negras por la falta de sueño, y temblaba de nervios. ¡Es horrible! Dijo el hombre. Nadie puede dormir con esa cabra en el cuarto, y además ¡apesta!

Está bien, respondió el consejero, regresa a tu casa y suelta la cabra. Vuelve la próxima semana, y cuéntame cómo sigue todo. Cuando se acabó la semana, el hombre regresó.

La vida es bella, le dijo al pastor. Ahora disfruto de cada momento del día ya que sólo somos nueve, sin la cabra.

Si el espíritu de queja azota tu vida, recuerda que hay situaciones peores que la que estás viviendo y hay personas que no tienen ni la mitad de lo que tú tienes y no se están quejando. La queja es el lenguaje del desierto. La alabanza es el lenguaje de la fe.

Alguien dijo: "Me quejé porque no tenía zapatos, hasta que encontré a uno que no tenía pies. No uses la quejabanza como tu forma de expresarte.

Génesis 39:3-4. *Y vio su amo que Jehová estaba con él, y que todo lo que él hacía, Jehová lo hacía prosperar en su mano. /Así halló José gracia en sus ojos, y le servía; y él le hizo mayordomo de su casa y entregó en su poder todo lo que tenía.*

Todos traemos de nacimiento dones dados por Dios para cumplir nuestra asignación desde una posición de liderazgo.

Es ese don dado por Dios el que te va a llevar a tu destino profético. Dios le dio a José el don de visiones e interpretación de sueños y eso fue que lo llevó al palacio donde cumpliría con su asignación en esta vida.

No es haciendo política ni cortando la cabeza de los que están por encima de ti, ni rebelándote contra la autoridad que se consiguen cosas en el Reino de Dios, sino por disposición en altas instancias. Jesús le dijo a la madre de los hijos de Zebedeo que el dar posiciones en su Reino era potestad del Padre.

Cuando la gente nos ve en acción ejerciendo nuestro don, nos sigue y por tanto somos influyentes. Si decimos que somos líderes y nadie nos está siguiendo; deliramos.

Cuando una persona en autoridad ve que tienes influencia y que tienes resultados y la gente te sigue, te ofrecerá una posición.

El problema es que tenemos mucha gente buscando posiciones sin ejercer liderazgo, sin ser influyentes, sin desarrollar su don. Quieren disfrutar los beneficios de quién ha servido, pero sin haber trabajado para ello.

Los procesos de Dios lo que hacen es sacar de ti lo que está de más para que sea visible solamente el carácter del Padre en ti y hará que caigas en gracia con los demás.

Ningún arma forjada contra ti prosperará, y condenarás toda lengua que se levante contra ti en juicio. Ésta es la herencia de los siervos de Jehová, y la recompensa que obtendrán de mí, dice Jehová. **Isaías 54:17.**

Dios siempre ha prometido recompensar, pagar con honra a los que le sirven y le honran a él. Esa es la herencia de los que le sirven.

El diablo te quiere hacer creer que quien falla al intentar una empresa es un fracasado, pero, eso no es así. Y no solo eso, sino que has aprendido una manera más de cómo no se hace lo que intentaste.

Pero, muchos de nosotros nos desanimamos cuando las cosas no nos funcionan como esperábamos. Y eso también lo vemos en el ministerio. La Biblia nos dice en **Lucas 9:62**. *Y Jesús le dijo: Ninguno que poniendo su mano en el arado mira hacia atrás, es apto para el reino de Dios.*

Pocas veces se aprende de los errores ajenos. Las heridas solo marcan a quienes las experimentan, no a quienes las observan; pero si por temor a fallar no se emprende lo que esperamos; de seguro que nunca lo lograremos.

Todos los grandes proyectos involucran serios riesgos, múltiples sacrificios y grandes inversiones.

Por lo tanto antes de lanzarnos a cualquier gran empresa debemos preguntarnos: ¿Vale la pena arriesgarnos a perderlo todo?

Sería bueno revisar cuántas cosas comenzaste en la vida y no llevaste a término por temor a la crítica, al qué dirán o al fracaso, no realizando que no culminar algo nos llena de más temores.

Lo bueno es que mientras haya vida podemos volver a comenzar y mientras haya esperanza nos mantendremos vigentes.

Porque la palabra de Dios es viva y eficaz, y más cortante que toda espada de dos filos; y penetra hasta la división del alma y del espíritu, de las coyunturas y de los tuétanos, y discierne los pensamientos y las intenciones del corazón. **Hebreos 4:12.**

Hay quienes no creen la Biblia. Otros la creen selectivamente; Solo las partes que les conviene y otros aunque la cargan consigo, viven como que no la creyeran en absoluto.

Pero, Yo creo que cada palabra en la Biblia contiene todo el poder creativo de Dios.

Siendo un joven estudiante universitario, conocí a Jesús como mi salvador. Tuve una experiencia que las personas podían creer o no. Pero, era mi experiencia y nadie con sus argumentos podía convencerme de lo contrario.

Han pasado muchos años y puedo decir que de aquel joven herido, impulsivo, ignorante y extraviado queda muy poco. Esa palabra que creo y predico hoy en día, ha transformado mi vida. Soy una nueva creación. Yo soy testigo del poder que hay detrás de cada palabra en la Biblia.

Pero, la Biblia no solo nos transforma, sino que nos hace un diagnóstico más profundo que cualquier equipo moderno de los males que no solo nos pueden aquejar físicamente sino en lo más profundo del ser, donde los equipos modernos no pueden llegar porque es un área no visible.

La palabra de Dios es viva, y por tanto da vida y es eficaz, produce el efecto para lo cual fue enviada, es generadora de vida. Y corta lo que está de más y no solo eso sino que va a las motivaciones del ser interior donde no puede llegar ni el mismo individuo. Usa la palabra de Dios para alimentar, diagnosticar y tratarte.

Salmos 2:7-8. *"...Jehová me ha dicho: Mi hijo eres tú; Yo te engendré hoy. Pídeme y te daré por herencia las naciones, y como posesión tuya los confines de la tierra"*

Este es un salmo mesiánico y por tanto lo que dice en él se refiere a Jesucristo como el mesías prometido. Pero como Jesús está en el creyente por medio de la resurrección de los muertos y nos da el poder de vivir la vida cristiana; entonces eso, se aplica a los cristianos también.

Nosotros somos hijos de Dios engendrados en Cristo por medio de la palabra y por el Espíritu de Dios. *"A todos los que le recibieron a los que creen en su nombre les dio potestad de ser llamados hijos de Dios"* Juan 1:12

Una vez pregunté a un amigo cristiano que si pudiera describir su relación con Dios con una palabra; Cuál sería esa palabra? Y me dijo: Soberano!

Creo que buscó la palabra más altisonante que le vino a la mente, pero la palabra que mejor describe a Dios en el Nuevo Testamento es Padre.

En esta relación yo No escogí a Dios, él me escogió a mí, yo no lo busqué; El me encontró. Por tanto, no tengo gloria alguna sino que toda gloria pertenece a aquel que me engendró. Mi trabajo como hijo es pedir. ¡Aleluya!

Jesús vino a dar a conocer a Dios como el Padre y a traer gloria a su nombre. En esto es glorificado mi Padre, en que llevéis mucho fruto...

¡El mundo sabrá qué clase de Padre tienes, por el fruto que llevas, por la vida que vives! ¿Estás trayendo gloria a tu Padre?

Eclesiastés 5:2-3. *No te des priesa con tu boca, ni tu corazón se apresure á proferir palabra delante de Dios; porque Dios está en el cielo, y tú sobre la tierra: por tanto, sean pocas tus palabras. /Porque de la mucha ocupación viene el sueño, y de la multitud de las palabras la voz del necio.*

Cuando la Biblia habla del corazón, no se está refiriendo al órgano muscular que es el centro del sistema circulatorio, sino al ser interior, a la parte más profunda del ser, a la parte espiritual del humano.

Los seres verdaderamente sabios limitan sus palabras, no porque no tengan que decir, sino porque han aprendido el secreto para que no sea descubierto su corazón.

Pienso que las personas que tienen mayores cosas que enseñarnos son las que menos hablan. Hoy día hay una fascinación con hablarlo todo, y mientras menos tiene que decir, más habla la gente.

Los que son peritos en el arte de vivir, han aprendido a controlar sus impulsos y deseos de comunicarlo todo. En otras palabras tienen dominio propio.

Por tanto, nuestras palabras, aunque suenen bonitas y bien arregladitas, si no vienen de arriba; no tienen poder. Lo que garantiza que lo que digamos o hagamos viene de Dios, es que El lo haya dicho, no todo lo que sube al corazón es de Dios, sino pregúnteselo al profeta Natan que le dijo a David, haz todo lo que está en tu corazón porque Dios está contigo; y Dios tronó del cielo y dijo NO, no me edificará casa El, sino su hijo. ¿Era un buen deseo? Claro! Pero no venía de arriba.

Jesús dijo: Generación de víboras, ¿cómo podéis hablar bien, siendo malos? porque de la abundancia del corazón habla la boca. / Más yo os digo, que toda palabra ociosa que hablaren los hombres, de ella darán cuenta en el día del juicio;

PERLAS PARA CUERDOS. Septiembre 30

Pero Jesús dijo: Dejad a los niños venir a mí, y no se lo impidáis; porque de los tales es el reino de los cielos. **Mateo 19:14.**

El Señor ama los niños y nos ha dicho que el que no se haga como un niño no podrá entrar en el Reino de Dios.

La niñez se caracteriza por su dependencia en los adultos, y su inocencia para la maldad y su candidez en decir las cosas. Mientras los adultos dan muchas vueltas para decir algo y lo complican todo, ellos son directos y sencillos.
Dios espera que seamos como niños al momento de pedirle a Él.

No hay cosa demasiado insignificante para llevarla a Dios en oración. He aprendido que no importa lo que pidamos, aunque sea un disparate, el Espíritu Santo, la sube al Padre interpretada. Dios toma en serio todas nuestras peticiones, aunque no tengan sentido. Un niño oró de esta manera. "Querido Dios, por favor, cuida a mi papá y a mi mamá y a mis hermanitos y al perro y al gatito y cuídame también a mí. Y también, Dios, cuídate tu; porque si algo te llega a pasar, todos estamos fritos."

El niñito de color ve en una esquina de NYC al vendedor de globos soltar algunos y al notar cómo se elevan sobre los rascacielos y que no tiene ninguno negro se acerca preguntándole: ¿Y los negros suben?

Hijo, le contesta el comerciante, lo que los hace subir está por dentro.

Se cree que los Japoneses son tan respetuosos con los mayores y sociables con los demás, por el tiempo que de niños los padres pasan con ellos, durante los primeros 3 años la madre lo carga por doquier, no se separan de ellos y hablan todo el tiempo. Un niño Nipón criado bajo esta costumbre, haría cualquier cosa por no ofender a sus padres, sin necesidad de golpes son corregidos por una mirada de desaprobación. Parecidos a nuestros niños verdad.

Octubre

PERLAS PARA CUERDOS. Octubre 1

"Y renovaos en el espíritu de vuestra mente" **Efesios 4:23.**

No podemos tener una nueva vida, si Dios no nos renueva en nuestro espíritu, pero, no podremos tener nueva actitud y nuevas costumbres si no renovamos nuestra mente. La primera parte la hace Dios, la segunda la tenemos que hacer nosotros.

La palabra que se usa en el idioma griego para renovar es: -ananēoō-que es una palabra compuesta que significa nuevo otra vez.

¿Cuántos de nosotros no quisiéramos una nueva oportunidad en muchas cosas que hemos fallado? Pero, aquí nos está hablando de qué hay que renovar; El espíritu de la mente.

Dios nos renueva; pero obviamente aquí la acción recae sobre la persona

Una de las acepciones de esta palabra es restablecer una relación que se había interrumpido.

El hombre por causa del pecado estaba enemistado con Dios, pero Dios da el primer paso y nos busca y renueva la relación, pero aquí entra la segunda acepción de la palabra que es sustituir algo por una nueva pero de la misma clase, lo que Dios hace es que a la vez de amistarnos con él, también nos hace hijos, una nueva y mejor relación.

Pero a nosotros nos toca, usar esa semilla que fue sembrada por Dios, para volver nuestra mente a su primer estado.

PERLAS PARA CUERDOS. Octubre 2

Porque en él (Cristo) habita corporalmente toda la plenitud de la Deidad, y vosotros estáis completos en él, que es la cabeza de todo principado y potestad. Y El canceló el documento de deuda en contra nuestra, que consistía en ordenanzas, y que nos era adverso, quitándolo de en medio y clavándolo en la cruz, y despojando a los principados y a las potestades, los exhibió públicamente, triunfando sobre ellos en la cruz. **Colosenses 2:9-10,14-15.**

Cuando el hombre originalmente oyó y obedeció la voz de Satanás, le cedió legalmente los derechos que Dios le había otorgado sobre la creación, porque todo aquel que es vencido por alguien, es siervo de quien le venció aunque sea con engaño.

Pero Cristo al morir en la cruz, lo despojó para devolver ese documento de deuda cancelada a quienes le crean y le sirvan.

No se puede reclamar propiedad legítima de lo que ha sido ilegalmente adquirido, pero, como muchas personas no entienden el proceso legal envuelto en la redención, no ponen una demanda por lo que legalmente ahora les pertenece.

Ni porque pase el tiempo, ni porque se lave lo adquirido en otros medios de ingresos legales, si se posee algo robado, eso no da derecho legal al ladrón, porque en el mundo espiritual, no hay fecha de vencimiento,

Despojar es quitar a alguien por medio de sentencia legal lo que se ha robado y devolverlo a su legítimo dueño. El diablo roba, y Jesús lo despojó con su muerte en la cruz.

Pon un reclamo a lo que te pertenece y te fue robado; sea salud, familia, propiedades, felicidad. El estarse quejando no funciona; orar con fe y entendimiento sí. ¡Ora!

PERLAS PARA CUERDOS. Octubre 3

Salmos 118:24. *Este es el día que ha hecho Jehová; Nos gozaremos y alegraremos en él.*

Antes de hacer cualquier cosa hoy agradece a Dios por el privilegio de estar vivos, porque respiras, piensas, y tienes esperanza.

Cuando salgas de casa hoy no te olvides de vivir, disfruta lo que el día trae y no te quejes por lo que la vida quita.

No dejes atrás tu bolsa de paciencia. La vas a necesitar porque hay muchos ignorantes y despistados que no entienden tu misión y filosofía de vida.

Sigue persiguiendo la felicidad mientras se asoma a tu horizonte la aurora prometida. Hay una promesa de Dios para los justos y es que *"La senda de los justos es como la luz de la aurora que va en aumento hasta que el día es perfecto"* **Proverbios 4:18**.

Cuando hayas alcanzado lo que soñabas, no lo sueltes, solo los que han luchado por algo, saben lo que cuesta; muchos sabrán el precio de algunas cosas, pero tú sabes el valor de lo intangible.

Dios te colme de bendiciones en tu trayecto hoy. Y cuando termines de leer esto, levanta tus ojos al cielo y solo menciona mi nombre; El me conoce.

PERLAS PARA CUERDOS. Octubre 4

Pero Jehová tenía preparado un gran pez que se tragase a Jonás; y estuvo Jonás en el vientre del pez tres días y tres noches. **Jonás 1:17.**

¿Quién no ha escuchado y disfrutado la inusitada historia de Jonás y sus intentos de escapar de Dios, pero, solo para encontrarse con los elementos de su creación?

Dios envió al profeta Jonás a predicar a Nínive, un pueblo enemigo del suyo y que tenía fama por el mal trato que le daba a sus cautivos. Pero, en su razonamiento el profeta dormilón se fue a Tarsis en una embarcación, para encontrarse en el camino con una gran tempestad de parte de Jehová, y los expertos marineros echaron todo lo que pudieron para aligerar la embarcación y Jonás entendiendo que era por su causa le dijo a ellos que a quién debían arrojar era a Él, porque era fugitivo del Dios poderoso.

Ellos lo hicieron así y un gran pez preparado por Dios hizo que se tragara a Jonás para preservarle la vida y que volviera a su asignación.

Una maestra agnóstica al referirse al hecho dijo que era físicamente imposible que una ballena se tragara a un ser humano porque aunque era un mamífero muy grande su garganta era muy pequeña.

Una niña que asistía a clases Bíblicas afirmó que Jonás había sido tragado por una ballena. Irritada, la profesora le repitió que una ballena no podía tragarse ningún humano; físicamente era imposible… La niñita dijo " Cuando llegue al cielo le voy a preguntar a Jonás". La maestra le preguntó, " ¿Y qué pasa si Jonás se fue al infierno?". La niña le contestó: " Entonces le tocará a usted preguntarle"

Fuera de broma, cumple con lo que Dios te ha mandado a hacer y deja el resultado a Dios. No hagas como Jonás, ni seas intérprete incrédulo de lo que Dios te ha dicho y que tú sabes lo que es.

PERLAS PARA CUERDOS. Octubre 5

Pues a sus ángeles dará orden acerca de ti, De que te guarden en todos tus caminos. En las manos te llevarán, Para que tu pie no tropiece en piedra. **Salmos 91:11-12.**

Ya sabemos por la Biblia que Dios nos ha asignado ángeles a nuestro lado para que nos asistan. Ellos son "espíritus ministradores puestos a favor de aquellos que serán herederos de la salvación eterna"

El problema es que muchos ángeles están en la fila de desempleo porque no los estamos usando. No es hablándole a Los Ángeles que se ponen en acción, ni rindiéndole culto.

La pregunta es ¿cómo activarlos? No es dándole órdenes como muchachos de mandado, sino usando la palabra de Dios, ellos obedecen a sus decretos, son ejecutores de ella.

Mire cómo lo dice el Salmista. Bendecid a Jehová, vosotros sus ángeles, Poderosos en fortaleza, que ejecutáis su palabra, Obedeciendo a la voz de su precepto. **Salmos 103:20.**

Lo que Los Ángeles obedecen es la palabra del Señor y si no la conocemos y usamos correctamente, ellos, permanecerán inactivos o peor que ellos sean nuestros oponentes por causa de nuestras palabras insensatas.

Mire como dice Salomón: *"Cuando haces a Dios una promesa, no tardes en cumplirla; porque él no se complace en los insensatos. Cumple lo que prometes. Mejor es que no prometas, y no que prometas y no cumplas. No dejes que tu boca te haga pecar, ni digas delante del ángel, que fue ignorancia. ¿Por qué harás que Dios se enoje a causa de tu voz, y que destruya la obra de tus manos?* **Eclesiastés 5:4-6.**

PERLAS PARA CUERDOS. Octubre 6

Y le preguntaron sus discípulos, diciendo: Rabí, ¿quién pecó, éste o sus padres, para que haya nacido ciego? Respondió Jesús: No es que pecó éste, ni sus padres, sino para que las obras de Dios se manifiesten en él. **Juan 9:2-3.**

Tanto en el mundo espiritual como en lo físico cuando se hace la anamnesis, es frecuente buscar la historia de alguien para diagnosticar el origen del mal. Y constantemente somos guiados por paradigmas que nos señalan que si tuvimos un pasado triste, eso, tiende a repetirse en el futuro.

La premisa es que cuando somos marcados en etapas tempranas de nuestras vidas por el abandono, el maltrato y el abuso; se abren puertas emocionales que aprovecha la serpiente y nos inyecta con su veneno de: minusvalía, incapacidad y de falta de identidad. Y cuando llega el momento de reproducirnos, eso es lo que traemos al mundo como si fuera normal.

Según los expertos en esos campos, nuestra historia presente depende mucho de nuestras experiencias pasadas.

Pero cuando has recibido a Cristo como salvador de tu vida, eres librado del yugo del pasado. Y tu futuro no tiene que estar determinado por tu pasado. Por eso el profeta Isaías predijo que *"los hijos no heredarán la dentera de las uvas agrias que se comieron los padres.*

Tu futuro si estás en Cristo está asegurado. Pablo dijo: *De modo que Si alguno está en Cristo, nueva criatura es; las cosas viejas pasaron; y todas son hechas nuevas.* **2 Corintios. 5:17**.

Levíticos 16:29-30. *Y esto tendréis por estatuto perpetuo: En el mes séptimo, a los diez días del mes, afligiréis vuestras almas, y ninguna obra haréis, ni el natural ni el extranjero que mora entre vosotros. Porque en este día se hará expiación por vosotros, y seréis limpios de todos vuestros pecados delante de Jehová*

Este es el día en que el Sumo Sacerdote entraba al lugar Santísimo ofreciendo sacrificios por los pecados y se relaciona con la subida la segunda vez de Moisés al monte a hablar con Dios en donde pasó 40 días; en estos dos acontecimientos se cree que tanto Moisés como el SS veía a Dios Cara a Cara y por eso, adquiere esta fiesta también este nombre. Cuando Pablo dice en **1 Corintios 13:12.** *Ahora vemos por espejo, oscuramente; mas entonces veremos cara a cara. Ahora conozco en parte; pero entonces conoceré como fui conocido.* Ya ustedes saben a qué se está refiriendo.

Esta fecha, Era un día de ayuno, por tanto la persona estaba debilitado en su carne, pero en el Espíritu. Hechos 27:9 *Y habiendo pasado mucho tiempo, y siendo ya peligrosa la navegación, por haber pasado ya el ayuno, Pablo les amonestaba"* por eso se le llamaba "el ayuno" Se cree que **Isaías 58:1-12** fue escrito en esta época.

A esta festividad también se le conoce como el día o el gran día. Ese día terminaba con toque de trompetas. Apocalipsis 1:10. *"Yo estaba en el Espíritu en el día del Señor, y oí detrás de mí una gran voz como de trompeta…"*

Como ya hemos dicho es un día de Juicio, o de Ira de Dios, entonces es de entender que la ira que ha sido postergada, por causa de la cruz, será sellada en este día. Por eso 2 Pedro 3:10 dice; *"Pero el día del Señor vendrá como ladrón en la noche; en el cual los cielos pasarán con grande estruendo, y los elementos ardiendo serán deshechos, y la tierra y las obras que en ella hay serán quemadas"* Y en Judas 1:6 *Y a los ángeles que no guardaron su dignidad, sino que abandonaron su propia morada, los ha guardado bajo oscuridad, en prisiones eternas, para el juicio del gran día;* Y **Apocalipsis 6:17.** *Porque el gran día de su ira ha llegado; ¿y quién podrá sostenerse en pie?*

Filipenses 4:19. *Mi Dios pues suplirá todo lo que os falta conforme a sus riquezas en gloria en Cristo Jesús.*

Pablo le dice esta expresión a un grupo de creyentes que habían sido los más grandes colaboradores y sostenedores de su ministerio.

La vida da muchas vueltas y en ocasiones los que están arriba quedan abajo, los que han suplido se convierten en necesitados, pero, el secreto de dar para Dios, es que nuestras dádivas no caen en el vacío, sino que se convierten en un depósito al cual tenemos acceso en cualquier momento.

Dios no es un limosnero para estar en necesidad de unos centavos que nos sobran, sino que cuando a Él le traemos ofrendas, ellas se convierten en una oportunidad de dar para nuestro propio beneficio.

Eso, ya ha sido reconocido no solo por los religiosos, sino que hasta libros seculares tienen ese principio. Como el hombre más rico de Babilonia.

Dios nos instruye a ser colaboradores y cuando nos dice algo, y obedecemos, eso queda marcado en nosotros como una señal y no se aceptan opiniones ni interpretaciones, y solo quedamos en paz cuando vemos cumplido el deseo de Dios.

Cuando Pablo dice en **2 Timoteo 1:12**. *"Por lo cual asimismo padezco esto; pero no me avergüenzo, porque yo sé a quién he creído, y estoy seguro que es poderoso para guardar mi depósito* para aquel día. Nos habla de un depósito que nos está reservado para el día de necesidad.

Recuerda; las limosnas son para los hombres, a Dios se le da ofrendas, por tanto da con solicitud y liberalidad y cuando estés en necesidad, habrá un tesoro reservado en los cielos para ti.

Génesis 18:19. *Porque yo sé que mandará a sus hijos y a su casa después de sí, que guarden el camino de Jehová, haciendo justicia y juicio, para que haga venir Jehová sobre Abraham lo que ha hablado acerca de él.*

A veces en medio de las tormentas de la vida, se nos olvida quiénes somos y nuestra asignación. Una está ligada con la otra.

Siendo mi hijo Danny pequeñito, enfermó de gastroenteritis y estaba tan deshidratado y desmejorado que salí corriendo con Él para el Centro asistencial de la ciudad más cercana ya que vivía en una zona rural.

Cuando estuvimos allá, no le encontraban las venas y el niño me miró y con sus deditos me hizo seña para que lo librara de aquel suplicio, en eso pensé, pero "Yo soy médico" que hago yo aquí. Tomé mi muchacho y me fui con él. Para asombro mío, en el trayecto de nuevo a casa, todo cesó. Así también en las dificultades, se nos olvida, quienes somos y quien es nuestro padre. Ayudamos a mucha gente y no somos capaces de ayudarnos a nosotros mismos ni a los de casa.

De Noé se ha dicho muchas cosas. Los predicadores nos asombramos de que no se ganó a nadie en esos 120 años que se supone tomó la construcción del arca, nadie fuera de su familia.

Pero, piénselo bien, salvó su familia! Eso es mucho, y más si pensamos que hoy existen muchos que están ganando multitudes y su principal congregación, que es su familia, la están perdiendo.

La razón a mi entender es que muchos tienen sus prioridades distorsionadas, están haciendo lo que Dios no le mandó a hacer.

PERLAS PARA CUERDOS. Octubre 10

1 Corintios 6:19 *"¿O ignoráis que vuestro cuerpo es templo del Espíritu Santo, el cual está en vosotros, el cual tenéis¿ de Dios y que no sois vuestros?"*

Ese texto no invita a la interpretación, ni a la exégesis está muy claro, somos el templo del Espíritu Santo y mi cuerpo no me pertenece sino a aquel que habita en mí.

Hoy existen muchas opiniones acerca de si los creyentes se pueden tatuar su cuerpo o no y la respuesta aunque aparentemente es simple, en la práctica no lo es, porque esta generación no valora los principios establecidos en la palabra de Dios.

Una de las cosas que aducen los que piensan que eso no tiene mucho valor en el día de hoy, es que es un mandato del antiguo pacto. (Levíticos 19:28) Pero, no piensan lo mismo cuando citan el mismo pacto cuando Dios le dice a Israel que si guardaba sus mandamientos, sería cabeza y no cola, estarían arriba y no debajo.

Los que lo adversan piensan que los tatuajes son satánicos, y aunque creemos que hay algunos que si lo son, hay otros que los que justifican los mismos se hacen que representan símbolos cristianos.

En mi manera de ver las cosas, los creyentes no deben tatuarse, simplemente porque Dios lo dijo y si el Señor se lo prohibió a Israel, los cuales no tenían el Espíritu Santo en ellos, cuánto más a su pueblo santo en donde habita permanentemente.

Para el verdadero cristiano, aquel que ha conocido a Dios; el cuerpo no es la prisión del alma, pero tampoco algo a lo cual tenemos que dedicarle nuestro tiempo y energía para exhibir, sino que como dice el apóstol Pablo nuestro cuerpo es templo del Espíritu Santo:

Le dijo uno de la multitud: Maestro, di a mi hermano que reparta conmigo la herencia. Mas él le dijo: Hombre, ¿quién me ha constituido sobre vosotros como juez o repartidor? **Lucas 12:13-14**.

Leyendo la prensa de mi país, un conocido articulista en un análisis sobre Vladimir Lenin y Mao Zedong, cita a los teólogos de la liberación del actual papa para decir que el único verdadero comunista que ha existido es Jesucristo.

Desde hace mucho que escucho a algunos ignorantes catalogar con semejante adjetivo al Salvador. Y la verdad es que no sé de dónde sacan tal barbaridad.

Me imagino que por causa del hambre que hubo en el primer siglo de nuestra era la comunidad de creyentes de la época se volcó "voluntariamente" a vender sus propiedades para suplir las necesidades de los demás.

O quizás por el asunto de que por causa de la necesidad en el desierto, se relata en dos oportunidades que Jesús multiplica los panes y los peces para suplir la escasez. Pero, aún a esas mismas gentes luego los reprende porque solo lo buscaban por los panes y los peces. Añadiendo a esto, que nunca procuró usar su poder para obligar a nadie a dar lo que tenía ni para controlar la gente desde una posición de gobierno. Por el contrario, siempre dijo: "Si alguno quiere"

El texto que hemos tomado, encontramos a Jesús desmintiendo tal presunción al decir: ¿Quién me ha puesto entre vosotros como juez o partidor? Y esto es confirmado cuando le dijo a uno de los gobernantes de la época: "Mi reino no es de este mundo"

PERLAS PARA CUERDOS. Octubre 12

Generación de víboras! ¿Cómo podéis hablar lo bueno, siendo malos? Porque de la abundancia del corazón habla la boca. **Mateo 12:34**

Oyendo las expresiones que surgen de los apasionamientos tanto políticos, deportivos y hasta religiosos, nos asombramos y tratamos de disculpar a personas que admiramos y hasta cierta forma respetamos por sus logros.

Sin embargo, no es menos cierto que las palabras son como las plumas cuando se sueltan al aire; se intenta recogerlas, pero, es muy difícil porque siempre queda alguna que el viento arrastró y lo que es peor, revela lo que en verdad hay en el corazón.

Por años como consejero de individuos y parejas, he tratado de echarle agua fría a situaciones calientes, recomendando que no escuchen las palabras, que piensen en las heridas del corazón. Pero, es muy difícil echar para atrás lo que se dijo, y peor es restablecer relaciones rotas por esas desatinadas expresiones.

Lo que sí puede hacer el ofensor es enmendar la actitud, cambiando la manera de pensar de uno mismo y no querer tener la última palabra siempre, ni creer que siempre se tiene la razón.

Tengo un amigo que se busca enemigos gratuitos, expresando todo lo que le viene a las emociones, una vez traté de corregirlo y me salió con palabras fuertes por lo que opté de conservarlo como amigo a pesar de sus niñerías y dejarlo que enfrente las consecuencias. El apóstol Pablo nos dice que niño es quien habla y siente, antes de pensar.

PERLAS PARA CUERDOS. Octubre 13

No dejando de congregarnos, como algunos tienen por costumbre, sino exhortándonos; y tanto más, cuanto que veis que aquel día se acerca. **Hebreos 10:25.**

Algunos de nosotros tienen experiencias frustrantes en cuanto al congregarse, porque fueron obligados asistir a los servicios religiosos de niños. Y esos sentimientos son comprensibles. A mi me sucedió y peor, porque mi padre no iba, solo nos enviaba.

Pero ya adulto, cuando tuve mi encontronazo con Jesús, cada domingo despierto con la sensación de que tengo una cita muy importante a la cual no puedo faltar.

Toda mi mente, mi corazón, mi espíritu y mis fuerzas están dirigidas a un lugar señalado por mi Padre en donde sus hijos nos hemos de congregar, para escuchar el testamento que dejó nuestro hermano mayor y en el cual dejó instrucciones específicas para mí.

Me visto de acuerdo a la ocasión y todas mis emociones y deseos se vuelcan hacia ese lugar.

Espero que no falte ninguno de mis hermanos, porque si alguno de ellos falta el abogado puede tomar la decisión de no leer todo el consejo del juez y me podría perder algunas instrucciones importantes para mi vida cotidiana.

Hay que dejar a Dios hablar y obrar. Si no te ha dado resultado lo que has hecho hasta ahora, déjalo a él trabajar su obra en ti y olvídate de los demás. Dios tiene una palabra de dirección para ti y tu gente para los días por venir. Es tiempo de dejar a Dios que sea Dios.

Yo iré delante de ti, y enderezaré los lugares torcidos; quebrantaré las puertas de bronce, y haré pedazos los cerrojos de hierro; y te daré los tesoros escondidos, y los secretos muy guardados, para que sepas que yo soy Jehová, el Dios de Israel, que te llamo por tu nombre. **Isaías 45:2-3.**

Los occidentales tenemos en poco el nombre que ponemos a nuestros hijos, muchos de los cuales, nuestros padres lo hicieron bajo un "jumo" Pero, no así los orientales, porque para ellos, el nombre está ligado al destino de la persona.

Yo en lo particular conozco algunas personas que viven en constante sufrimiento porque sus padres le pusieron "dolores" Esas personas fueron marcados por sus padres.

Por esa razón cuando Raquel, la esposa de Israel le dió el nombre "Benoni" a su segundo hijo, que significa "hijo de mi tristeza" su padre se lo cambió a Benjamín que significa "hijo de la mano derecha" Muchos de los Benjamitas salieron zurdos y eran expertos cazadores que dónde ponían el ojo ponían la flecha, porque al estar a la mano derecha del padre, usaban la izquierda para agarrarse de Él.

Tú heredas a quien te dio su nombre, a quien te llama. A quien se llama, también se dota, y tanto el llamamiento como los dones son irrevocables. Romanos 11:29. ¿Quién te llamó o te puso nombre?

El es tu proveedor, el que te dota de todo lo que necesitas para cumplir tu propósito. Si no lo has visto, es porque no sabes lo que tienes en la mano. El no necesita mucho, solo a alguien que sepa Quién es el que le llamó y a Quién sirve y que El no te quita lo que te dio.

¿Qué significa tu nombre? El mío es Dios es mi justicia. Aleluya!

PERLAS PARA CUERDOS. Octubre 15

Cuando caiga tu enemigo, no te regocijes, Y cuando tropiece, no se alegre tu corazón; No sea que Jehová lo mire, y le desagrade, Y aparte de sobre él su enojo. **Proverbios 24:17-18.**

Alguien conocido me enseñó hace muchos años que "quien a su adversario apoca en sus manos muere"

Hay una tendencia malsana de ridiculizar o minimizar lo que no nos gusta o lo que no entendemos.

Yo en lo particular me gustan los deportes, pero, no me gustan las competencias, porque Dios nos llamó a compartir no a competir.

Una de las técnicas de los contrarios para ganar, es impresionar al oponente sea por apariencia o con palabras para que se atemorice y se paralice, no pudiendo competir. Esa era la técnica del dios griego Fobos (de donde procede la palabra fobia)

Es muy peligroso intentar ridiculizar a un adversario después que ha perdido, porque en ocasiones usted no sabe lo que está pasando por su mente, o las emociones envueltas, o los resultados que trajeron esa pérdida. No se sabe cómo puede reaccionar.

Especialmente en mi país, los fanáticos de los diferentes equipos, especialmente de béisbol, les gusta mofarse del contrario y no son pocas las desgracias que han ocurrido después de una burla que hirió susceptibilidades; se pierden más que apuestas: amistades, La Paz, integridad física, y la libertad, por un momento de locura.

Por eso quiero pedir si te gusta u equipo de cualquier deporte, que tengas cordura y paz y que gane el mejor; pero, que gane el mío. Jejeje.

¡Bendiciones!

Y los sacó fuera hasta Betania, y alzando sus manos, los bendijo. Y aconteció que mientras los bendecía, se fue alejando de ellos, e iba siendo llevado arriba al cielo. y estaban siempre en el templo, alabando y bendiciendo a Dios. Amén. **Lucas 24:50, 51,53.**

Jesús comienza su ministerio hablando de las dobles bendiciones conocidas como las Bienaventuranzas y termina su estadía terrenal cuando culmina su ministerio bendiciendo a los suyos.

Algunas personas no entienden lo que queremos decir cuando hablamos de que ya somos bendecidos en Cristo. Lo que quiero decir es que ninguna maldición te entra porque ya eres bendecido.

Ahora si te dan bendición es bienvenida, porque existe lo que se llama la doble bendición o bienaventuranza. En otras palabras si me bendices, Amén es lo que soy, pero si me maldices, no cabe, no entra porque estoy lleno, soy bendito.

Es en Cristo que la bendición de Abraham se cumple o completa en nosotros.

Cuando le dices a una persona que Dios te bendiga eso es en futuro, es un deseo. Pero si lees Efesios 1:3, dice que *"nos bendijo* (pasado) y si Lees **Gálatas 3:9**, dice que los que son de la fe *"son bendecidos"* implicando un hecho ya ocurrido.

Lo que quiero decir es que mi bendición no depende del deseo de alguien, sino que es un hecho consumado.

Porque raíz de todos los males es el amor al dinero, el cual codiciando algunos, se extraviaron de la fe, y se traspasaron a sí mismos con muchos dolores. **1 Timoteo 6:10.**

La voluntad de Dios es que sus hijos seamos prosperados en todas las cosas. No que vivan en miseria, así como no es la voluntad de Dios que estén enfermos. El apóstol lo dice en 3 Juan 1:2. Amado, yo deseo que tú seas prosperado en todas las cosas, y que tengas salud, así como prospera tu alma.

El objetivo de la prosperidad y las riquezas es mostrar la gloria de Dios. La prosperidad espiritual está íntimamente relacionada con la humildad y la santidad. Humildad para que la gente no ponga la vista en tu hermosura sino en quien te la da. Santidad, porque sin ella nadie verá al Señor en ti, si no tienes santidad.

Todas las impurezas tienen que haber salido. Debes haber sido probado y refinado como el oro.

El dinero no es malo en si mismo, no debería ser un objetivo per se, sino un instrumento para conseguir cosas materiales, cuando tenemos las necesidades espirituales suplidas.

Lo que la Biblia nos advierte es contra el amor al dinero, que es la raíz de todos los males.

Las finanzas nos sirven, pero, si las preferimos sobre nuestro servicio a Dios o la relación con nuestros semejantes; se convierten en un terrible amo.

Con el dinero puedes comprar una casa pero no un hogar; puedes obtener relación pero no comunión, podemos comprar medicinas pero no salud. Puedes comprar cosas a la familia y amigos, pero no cariño.

Pobrecito es quien sólo tiene dinero.

Y el que planta y el que riega son una misma cosa; aunque cada uno recibirá su propia recompensa conforme a su propia labor. Porque nosotros somos colaboradores de Dios, y vosotros sois labranza de Dios, edificio de Dios. **1 Corintios 3:8-9.**

Dios no nos puso en esta tierra para que controlemos a los demás, sino, para que colaboremos unos con otros. Nadie tiene derecho o exclusividad en todo el bien humano; lo que me falta a mí, otro que puede ser mi oponente lo tiene.

Cómo se angustian y enojan los contrarios cuando ven el éxito del otro. Me gusta ver la gente honesta que puede reconocer que su adversario lo hizo bien.

Dice un proverbio popular: "Las manos que dan esperan" y siempre pienso en su aplicación invertida; Si esperas que un día te respalden o reconozcan en algo, también debes respaldar y reconocer a los demás.

Conozco mucha gente que creen que el Cielo es su "Conuco personal" y lo de los demás es terreno baldío.

Hasta que no se rompa ese caciquismo infernal y se aprenda a apreciar y colaborar con los demás, lo que tenemos y hacemos es más de lo mismo.

Digo esto porque cuantos servidores heridos he encontrado en mi travesía y lo peor es que ellos están llenos de orgullo al no reconocerlo. Y la soberbia es como el mal aliento, todos saben quién la padece menos el que lo tiene.

Lo importante es que la recompensa del que sirve no viene de los hombres, sino de Dios, porque al servir, a Dios lo hacemos y nos convertimos en sus colaboradores.

Si decimos que tenemos comunión con él, y andamos en tinieblas, mentimos, y no practicamos la verdad; **1 Juan 1:6.**

Todos los creyentes que han aceptado a Cristo como salvador tienen una relación con Dios (Son hijos) pero no todos tienen comunión. Esto se refiere a intimidad. El hijo pródigo aunque estaba fuera de la casa y no comía en la misma mesa (comunión) que el Padre, sin embargo era hijo.

¿Cómo sabemos si alguien tiene comunión? Si no oran, no leen ni estudian la Biblia y si su vida espiritual depende de que otros oren o les digan un buen deseo.

El enemigo sabe que su bienestar depende de cómo estén las cosas materiales para "sentirse" bien, Por eso, les vienen problemas de salud, familiares, laborales, en el hogar, económicos etc, y se les va La Paz y pareciera que el mundo se les cae encima y Dios lo permite para que busquen su rostro y quiten la mirada de las cosas y de las gentes.

MI ORACIÓN HOY
Señor dame Gracia delante de ti y de los hombres; ayúdame a seguir creciendo y dame fortaleza porque largo es el camino que resta.

Hay mucho qué hacer y poco tiempo, limitados recursos y pocos quienes quieran ayudar. Pero sé que tú tienes 7,000 reservados que no han doblado sus rodillas ante los baales modernos y por lo menos 300 que no han inclinado sus cuerpos para tomar complacientemente de las aguas corrientes sino que tienen fe en su destino profético y en la asignación que se les ha dado. Con esa gente yo quiero trabajar y hacer la diferencia.

Despierta su espíritu y hazlos que vean. En el nombre de Jesús lo pido, Amén.

Hebreos 11:8-9. *"Por la fe Abraham, siendo llamado, obedeció para salir al lugar que había de recibir como herencia; y salió sin saber a dónde iba. Por la fe habitó como extranjero en la tierra prometida como en tierra ajena, morando en tiendas con Isaac y Jacob, coherederos de la misma promesa."*

Dios no nos pide que conozcamos todas las respuestas o entendamos todas las cosas, pero sí nos manda a obedecer lo que nos dice. La base de la obediencia del creyente es la Obediencia de Cristo, que siendo Dios, obedeció a su Padre. Por eso, los hombres de fe como Abraham, obedecieron aunque no supieran ni entendieran mucho.

La oración no es para decir: "Dios, voy a hacer tal cosa y te pido que lo bendigas" NO. Significa tranquilizar tu corazón, meditar sobre lo que Dios te ha revelado en su Palabra y estar dispuesto a escuchar lo que El te puede decir en el secreto. No tomes ninguna decisión importante sin haber antes orado para buscar la dirección de Dios.

La oración detiene nuestro accionar y nos evita muchos errores. Si contemplas una compra importante, si buscas pareja, si te piensas mudar o tomar alguna decisión acerca de tus hijos, no lo hagas sin haber pasado tiempo en oración primero, y estar seguros que Dios te habla.

Dios tiene un pueblo que le ama y le sirve. A veces nos preocupamos por las noticias que nos llegan de los maltratos y asesinatos de creyentes, por el solo hecho de ser Cristianos. No nos debe asombrar, ni asustar pués ellos no están indefensos.

En los lugares en donde Dios va a hacer grandes cosas, los primeros creyentes riegan con su sangre el terreno para la gran cosecha; así fue al principio del cristianismo. Pero las promesas desde el principio son: 1. Que serán multitudes de millares y 2. Que poseerán sus descendientes las puertas de sus enemigos.

Solo alaba a Dios y eleva una plegaria para que sean fortalecidos en fe.

PERLAS PARA CUERDOS. Octubre 21

"Y sabemos que a los que aman a Dios, todas las cosas les ayudan a bien, esto es, a los que conforme a su propósito son llamados" **Romanos 8:28**

Cuando vivimos conscientes del propósito de Dios en nuestras vidas, nada de lo que hacemos ni de lo que nos sucede es insignificante. El universo, lo creado, lo visible y lo intangible trabajan coordinadamente para que lleguemos a nuestro destino.

No existe la casualidad sino la causalidad. Lo bueno y lo desagradable se ponen de acuerdo para beneficio nuestro, por eso ambos son saludados con gratitud y oramos a Dios el Padre para que nos revele lo que no entendemos. Repitan conmigo: Somos llamados y tenemos propósito!

¿Sabes que hay personas que quieren ir al cielo pero no pueden vivir aquí en la tierra con otros que también piensan ir en el mismo vehículo para el mismo sitio? Qué les parece llegaran a ese lugar? El que esté libre de ese enredo, sea el primero en arrojar su pan sobre las aguas.

Nunca vamos a ser completamente exitosos ni verdaderamente felices, si no conocemos el lugar que Dios tiene asignado para nosotros.

Siempre vamos a estar a la caza de algo sin saber qué buscamos, vamos a tener la sensación de que hay algo más. Como decía Woodrow Wilson "Seremos derrotados por nuestros éxitos secundarios" Es como ocupar el tercer lugar entre los finalistas, nadie se acuerda de ellos el próximo día.

Hay un lugar debajo del sol donde podrás desarrollar todo tu potencial. No te conformes con menos. Solo debes saber cuál es ese lugar y cual tu llamado y no poner tus ojos en lo que hacen los demás porque estás muy ocupado y apasionado con lo tuyo

Cuando llegue ese tiempo, no habrá más enfrentamiento, solo colaboración.

Romanos 12:9. *El amor sea sin fingimiento. Aborreced lo malo, seguid lo bueno.*

Un refrán que aprendí en mi amada Venezuela dice: "Cuando hay santos nuevos, los viejos no hacen milagros" Cuando terminamos viejas relaciones y empezamos nuevas, lo hacemos con renovado entusiasmo, palabras de elogio para las recién descubiertas nuevas amistades y de menosprecio a las viejas.

Pronto descubrimos que al idilio de lo novedoso, le sigue la prueba de la incertidumbre y que lo que a los primeros pasamos por alto, a los segundos no. Nunca escupas para arriba, ni cierres la puerta de la cual no tienes llaves.

Cuando alguien encuentra una nueva relación opuesta por el vértice a la que antes tenía, su motivación es diferente, cambian sus preferencias, se desconecta de sus viejas relaciones y se torna sensible a cosas triviales.

Cuando eso ocurre, se pierde el tiempo en quejas sin sentido, todo para deshacerse de los "viejos santos, porque ya no le sirven" Las prioridades no son las mismas, y todo se lo encuentra malo; entonces le hace creer a los otros que los demás que el mal viene de otra fuente.

Aunque todos preferimos a las personas positivas a nuestro alrededor, es bueno ser optimista en cuanto a las personas pesimistas, de ellos también podemos aprender.

G.B. Stern dijo: "Tanto los optimistas como los pesimistas contribuyen a nuestra sociedad; El optimista inventa el aeroplano; el pesimista inventa el paracaídas"

Eso se podría resumir con el conocido adagio: ¡Si la vida te da limones has una limonada!

Salmos 18:30. *En cuanto a Dios, perfecto es su camino, Y acrisolada la palabra de Jehová; Escudo es a todos los que en él esperan.*

Esperar en el Señor requiere fe. El hecho de que no podemos ver lo que Dios está haciendo, no significa que Él está inactivo. Es como el Bambú, que crece los primeros años hacia abajo, para luego surgir en la superficie con unas raíces a prueba de tormentas. Así nos sucede en los momentos de Espera; Nuestro Padre celestial trabaja fuera de nuestro reino visible, arreglando y orquestando una serie de eventos para llevar a cabo su plan para nuestras vidas. A su tiempo, el resultado ordenado por el Señor se hará evidente.

Cuando estamos satisfechos hay una tendencia natural al "Reposo" pero cuando estamos hambrientos, buscamos el alimento hasta saciarnos y establecemos un círculo vicioso. Si encontramos aquel lugar en donde ya no hay mas llanto ni más dolor, no hay mas necesidad; vendemos lo que tenemos para adquirir aquel lugar.

Si estás pasando por situaciones difíciles, es probable que te estén probando a ver de qué material estás hecho. Primero se aplica fuego y luego una vez que el precioso metal ha sido fundido o refinado, debe ser probado. Por cuanto su composición no es pura, sino una combinación de metales, hay que saber qué porcentaje tiene de cada componente, para ello se usan ciertos ácidos que los hacen reaccionar. **1 Pedro 1:7** *"para que sometida a prueba vuestra fe, mucho más preciosa que el oro, el cual aunque perecedero se prueba con fuego, sea hallada en alabanza, gloria y honra cuando sea manifestado Jesucristo.*

En su tiempo, tus ojos verán la prueba de su fidelidad. Y podrás cantar; Dios ha sido fiel!!!

Isaías 58:6-7. *¿No es más bien el ayuno que yo escogí, desatar las ligaduras de impiedad, soltar las cargas de opresión, y dejar ir libres a los quebrantados, y que rompáis todo yugo? ¿No es que partas tu pan con el hambriento, y a los pobres errantes albergues en casa; que cuando veas al desnudo, lo cubras, y no te escondas de tu hermano?*

Los ejercicios espirituales como Ayunar, vigilar, orar, son muy buenos para tener intimidad con Dios, pero muchas veces los usamos para esconder nuestra maldad. Ellos deben ser acompañados por la libertad.

Las disciplinas cristianas no deben ser usadas contra otras personas, sino, para acercarnos nosotros más a Dios y servir a los demás con solicitud. Ellas nos fortalecen espiritualmente en la dura batalla contra nuestro enemigo más cercano; La carne.

Dios siempre contesta nuestras oraciones, el problema está en nosotros que estamos tan entretenidos con los ruidos de esta vida que no escuchamos su voz. A veces dice que sí, otras veces No, y en otras guardas silencio para que nosotros tomemos la decisión.

Lo que Dios tiene reservado para aquellos que habitan en su presencia, para los que se gozan y se deleitan en él, sobrepasa lo que nuestros sentidos puedan percibir.

No nos conformemos con migajas, no hagamos de nuestra herencia una religión muerta y sin satisfacción, la vida en Dios es una aventura gloriosa. ¡Disfrútala!

PERLAS PARA CUERDOS. Octubre 25

Proverbios 18:2. *No toma placer el necio en la inteligencia, Sino en que su corazón se descubra.*

En estos días que estamos viviendo la gente tiene una fascinación con descubrir por los medios sociales su vida, tanto lo bueno como lo malo. Cuando Dios nos manda a ocultarnos, no es simplemente por amargarnos la vida, sino que es por causa de los otros porque al ver que eres favorecido(a) no envidien tu manto pero también por causa tuya para que no te expongas tanto que vean no solo lo bueno sino también lo malo.

Científicos examinaron usuarios de Facebook para examinar los rasgos de la personalidad y los motivos que influyen en los temas que eligen para escribir sus actualizaciones.

La investigación encontró:

*Las personas con baja autoestima publican más frecuentemente actualizaciones de estado acerca de su pareja actual.

*Los narcisistas actualizan con más frecuencia acerca de sus logros, mostrando su necesidad de atención y validación de la comunidad de Facebook. Estas actualizaciones también recibieron un mayor número de "Me gusta" y comentarios, lo que indica que realmente el narcisismo se alimenta con éste tipo de posteos.

Los narcisistas también escribieron más actualizaciones de estado sobre su dieta y rutina de ejercicios, lo que muestra como utilizan Facebook para transmitir el esfuerzo que ponen en su apariencia física.

Hay un viejo refrán que dice: "Loro viejo no aprende a hablar" Y otro que dice que "Perro viejo no aprende nuevos trucos" Estos dichos de la sabiduría popular nos indican lo difícil que es enderezar a un árbol que ha crecido torcido, o a una persona que ya ha sido formada.

Números 8:25. *Pero desde los cincuenta años cesarán de ejercer su ministerio, y nunca más lo ejercerán.*

No se puede dirigir las nuevas generaciones con los viejos métodos. Quien no se renueva se fosiliza!

Tiranosaurio Rex, era uno de los grandes dinosaurios depredadores y/o carnívoros no aviarios que subsistieron a la época de extinción masiva.

Cuando escucho o leo alguno de los expositores actuales que quieren imponer los anticuados métodos de conducir la cosa pública y la sociedad actual bajo su extinta interpretación de la historia; pienso en estos animales.

Esos individuos son resabios o Cadáveres insepultos que quieren imponer sus viejos métodos que como las viejas cédulas de identificación ya caducaron, pero ellos se aferran a lo viejo en vez de entrar en lo nuevo de Dios.

Critican toda cuestión moderna, la valoración moderna, la interpretación moderna, el lenguaje actual, los retos modernos. Pero no se dan cuenta que lo que ellos llaman antiguo en su momento fue también moderno, si no, estuvieran leyendo y hablando la forma antigua en que se decía "aqueste" en vez de aquel.

Critican los que no se quejan como ellos, a los que practican y viven en prosperidad, pero ellos son más ricos que los que lo que critican.

Se nutren de los ignorantes que les oyen y que creen que la forma de mostrar fervor y equidad es golpeando a los demás porque eso fue lo que aprendieron en la casa.

Por eso era que Dios en el antiguo pacto ordenaba que los sacerdotes quienes eran la autoridad no sólo espiritual sino sanitaria, se retiraran a los 50. Para no tener Tiranosaurio Rex dirigiendo los asuntos importantes de un pueblo en constante movimiento.

Salmos 130:3. *JAH, si mirares a los pecados, ¿Quién, oh Señor, podrá mantenerse?*

Cuando los justos y piadosos, tienen consciencia de pecado y saben que están "Destituidos de la Gloria de Dios" que no hay uno que no haya pecado y que desde la planta de los pies hasta la coronilla de la cabeza, lo que hay en los hombres no es más que hinchazón y podrida llaga; que no hay justo ni aún uno. Siempre viven con el peso de la culpa y condenación, pero, cuando tienen el "Don de Justicia" son libres y saben que su aceptación y Santidad no dependen de obras de justicia propia sino de lo que Cristo logró en la cruz.

Si tu conciencia te reprende, hay uno mayor que tu conciencia y el cual te dice que entregó el cuerpo de la gloria suya para que ocupara el cuerpo de la humillación tuya y así imputar su naturaleza para que fuéramos participantes de la misma.

Somos dignos en Cristo de sentarnos en lugares celestiales. El diablo lo sabe y le da jaqueca cada vez que piensa que él no tiene esperanza y nosotros aunque imperfectos sí. Y no solo eso, sino que aguardamos la Bienaventurada esperanza y la manifestación gloriosa de nuestro gran Dios y salvador Jesucristo.

No permitas que nadie pisotee tu dignidad. Eres libre-si eres salvo, claro está-por tanto vive como tal y no dependas de la aprobación de los demás.

Ya fuiste aprobado en Cristo Jesús. No permitas que Réprobos quieran gloriarse en tus limitaciones. ¡Eres libre! ¡Camina como tal, vive en paz, depende solo de Dios!

Salmos 27:3. *Aunque un ejército acampe contra mí, No temerá mi corazón; Aunque contra mí se levante guerra, Yo estaré confiado.*

Cuando parezca que todo se ha levantado contra ti, cuando pareciera que todos se confabularan para hacerte quedar mal, cuando hasta la voz del amado no parecieras escuchar; una sola cosa te mantendrá de pie, el saber que estás haciendo lo que te asignaron.

No importa lo que otros hagan, digan o dejen de hacer; ¡Tu persiste! Con tu fe vencerás todo lo que se levante, y tu recompensa no viene de los hombres, sino de Dios.

Todos los humanos cometemos errores. Ellos, muestran nuestra humanidad, pero, no podemos vivir errando, porque estaríamos caminando en círculos, siempre tratando de justificarnos.

Si los yerros de otros nos afectan, el perdón enseña nuestra grandeza. Si no lo hacemos, nos enyugaremos en su caminata por el desierto. ¡No permitas que alguien sin rumbo determine hacia dónde vas!

Todos los seres humanos en diferentes épocas de nuestras vidas, podemos pasar por etapas de desaliento, depresión y ansiedad y esto no tiene que ver necesariamente con la santidad, la unción, ministerio o estar o no en el lugar adecuado.

La salida de esa situación será rápida o lenta, para provecho o no, dependiendo de si entendemos la manera en que estamos hechos, el plan de Dios y a los ajustes que hagamos en nuestras vidas.

Nuestra confianza está en saber que aunque nos rodee un ejército, más son los que están con nosotros que los que están con ellos. Y al final, Dios los entregará en nuestras manos, y los venceremos.

PERLAS PARA CUERDOS. Octubre 29

Proverbios 28:15-16. *León rugiente y oso hambriento es el príncipe impío sobre el pueblo pobre. / El príncipe falto de entendimiento multiplicará la extorsión; Mas el que aborrece la avaricia prolongará sus días.*

Nadie debe sorprenderse por lo que hacen los políticos cuando están en el palacio presidencial. Los políticos se rigen por algunos principios Maquiavélicos como son:

-La **consecución de un bien mayor**. Descuidan y hacen daño a los más desposeídos por el bienestar de su partido y de los suyos, aunque vaya contra los pobres de la nación.

-**El fin justifica los medios**. Por eso hacen y prometen cualquier cosa para ganar y luego se olvidan de sus promesas.

-**Todos esos hombres tienen su precio**. Por eso compran conciencias de contrarios, la opinión de la prensa, y al pueblo hambriento con limosnas en tiempo electorales. Por eso no es extraño las compras de cédulas y los regalos de canastas de alimentos.

-**Si no puedes vencer a tu adversario, alíate a él**. Por eso existen las famosas alianzas de contrarios y personas cuyo origen está basado en la oposición a ciertas prácticas, terminan apoyándolas, aunque se destruya el partido.

¿Les parece conocido? El que cree en políticos no cree en Dios. Claro está que toda regla tiene su excepción y hay algunos que de verdad quieren y les gusta servir, pero, tienen que luchar contra esas máximas mencionadas.

PERLAS PARA CUERDOS. Octubre 30

Bienaventurado el Varón que no anduvo en consejo de malos. **Salmos 1:1**

Estamos viviendo en un mundo corrompido y guiado por la opinión de personas perversas.

Cuando vemos la TV o entremos al internet debemos hacerlo con la palabra de Dios en nuestra boca.

Muchas personas siendo creyentes, escuchan a psicólogos impíos, consejeros indefinidos, maestros inmorales, revistas sin valores etc.

Nosotros debemos en estos días tener muy pendiente este Salmo, porque la razón de la felicidad está en que alguien no escuchó el consejo de malos. Lot no era un modelo de perfección a ser imitado, sin embargo ante una sociedad como la de Sodoma y Gomorra; impía, él "se afligía por la conducta de los malvados" **2 Pedro 2:6-8**.

Por la maldad, Dios condenó a la destrucción a las ciudades de Sodoma y de Gomorra, reduciéndolas a ceniza y poniéndolas de ejemplo a los que habían de vivir impíamente, y libró al justo Lot, abrumado por la nefanda conducta de los malvados (porque este justo, que moraba entre ellos, afligía cada día su alma justa, viendo y oyendo los hechos inicuos de ellos),

Hoy la infidelidad y la traición se visten con ropajes muy parecidos a la necesidad y el deber. ¿No ha visto usted personas que dicen que le aman y respetan pero cuando cambian los vientos le acometen con la estocada mortal del rechazo y el abandono? Te dicen que siempre serás su....pero a la primera oportunidad te cambian prefiriendo otras personas a quienes acaban de conocer.

Se requiere integridad y carácter para no pagar con la misma moneda y rechazar los avances de quienes se aprovechan de tu debilidad momentánea.

Salmos 55:12-14. *Porque no me afrentó un enemigo, Lo cual habría soportado; Ni se alzó contra mí el que me aborrecía, Porque me hubiera ocultado de él; /Sino tú, hombre, al parecer íntimo mío, Mi amigo, y mi familiar; / Que juntos nos comunicábamos dulcemente los secretos, Y andábamos en amistad en la casa de Dios.*

Este pasaje es una referencia profética a la traición de Judas a Jesús, pero que quizás David el autor no entendía a que se refería su inspirador.

Como seres sensibles que somos en ocasiones hay experiencias que nos afectan emocionalmente. Y nos duele más porque para otros no fue tanta la sorpresa, ya nos lo habían advertido. Pero creímos que a nosotros no nos podía pasar. Es lo que conocemos como desengaño o desilusión: Este es una Impresión negativa que experimenta alguien al comprobar que la realidad de algo no responde a la expectativa o la ilusión puestas en ello.

No te ha sucedido? Que cuando esperamos algo bueno y no llega, te queda un mal sabor. Pero, también sientes lo mismo cuando esperas algo malo y no ocurre.

Cuando oramos por algo, debes creer que sucederá tal y como hemos pedido y no te preocupes que no fue por causa tuya que no pasó, ni siquiera por el que creyó, sino por causa del que lo hizo que es bueno todo el tiempo.

Lo más importante no es lo que oyes, ves, piensas crees o sientes, sino, lo que haces después con eso.

Muchas veces no tenemos control sobre lo que perciben nuestros sentidos, pero, si somos responsables por nuestra conducta y esta no es más que reflejo del carácter.

Noviembre

PERLAS PARA CUERDOS. Noviembre 1

Por tanto, os digo que todo lo que pidiereis orando, creed que lo recibiréis, y os vendrá. **Marcos 11:24**

Es un consuelo y a la vez un reto el saber que cualquier cosa que pidamos en oración lo podemos recibir, pero, eso tiene una condición atada a la promesa; debemos creer.

El problema es que a veces pedimos una cosa con la boca, pero nuestros pensamientos están en otro lugar. Lo que creemos lo confesamos y estamos dispuestos a invertir en ello.

Al comenzar esta nueva semana oro al Señor para que nos ayude a soltar el control de nuestras vidas y ponerlo en sus manos. Que sea El, el Capitán de nuestra embarcación tanto en tiempos tranquilos como cuando azota la tormenta.

Ruego para que tengamos sobriedad en todas las cosas, que vivamos en esta vida quieta y reposadamente siendo compasivos con los necesitados y buenos administradores de todos recursos que has puesto en nuestro cuidado.

Oramos por los líderes que dirigen nuestras naciones para que puedan hacer su trabajo efectivamente y sin apasionamientos a fin de que les vaya bien porque si el barco se hunde al menos, todos nos mojaremos.

Oro por salvación de los perdidos, por los desempleados, los desamparados, por una reforma migratoria justa, por los que están enfermos para que sean sanados, oro por los matrimonios, por que haya amor entre los seres humanos, que La Paz fluya como Ríos, que el gozo de Dios inunde nuestros corazones, todo esto lo pido en el nombre de Jesucristo. Amén

PERLAS PARA CUERDOS. Noviembre 2

Isaías 55: 6-9. *Buscad a Jehová mientras puede ser hallado, llamadle en tanto que está cercano. Deje el impío su camino, y el hombre inicuo sus pensamientos, y vuélvase a Jehová, el cual tendrá de él misericordia, y al Dios nuestro, el cual será amplio en perdonar.*

Quiero considerar con ustedes que la mentalidad Hebrea y la Griega son diferentes en cuanto al concepto del arrepentimiento.

Juan predicó el arrepentimiento basado en la ley de Moisés, un Judío tenía que mostrar su arrepentimiento especialmente en las fiestas. Para los Judíos con la fiesta de Yom Teruah que es una celebración muy festiva se abría una puerta y esa puerta permanecía abierta por 10 días y después se cerraba. Es en este periodo que estaban cuando Jesús fue a Nazaret y se le dio el libro y leyó **Lucas 4:18-21**; *"El Espíritu del Señor está sobre mí, Por cuanto me ha ungido para dar buenas nuevas a los pobres; Me ha enviado a sanar a los quebrantados de corazón; /A pregonar libertad a los cautivos, Y vista a los ciegos; A poner en libertad a los oprimidos; A predicar el año agradable del Señor. /Y enrollando el libro, lo dio al ministro, y se sentó; y los ojos de todos en la sinagoga estaban fijos en él. / Y comenzó a decirles: Hoy se ha cumplido esta Escritura delante de vosotros*

 Permítanme señalar algunas cosas: Jesús llega a su tierra un día Sábado, periodo de puertas abiertas y abre el libro o pergamino. Y lee este pasaje que habla de la venida del ungido, o el Mesías o Cristo, el cual iba a dar buenas noticias a los pobres, sanar a los quebrantados de corazón *A pregonar libertad a los cautivos, Y vista a los ciegos; A poner en libertad a los oprimidos; A predicar el año agradable del Señor,* "Ven que aquí no añade el día de la venganza de Jehová {Ese día fue el día de la Pascua} pero el año agradable {Que es el Jubileo} y luego cierra el libro.

Ese cierre de libro nos habla del cierre de las puertas que para los Judíos era tan conocido. Y Añade; *Hoy se ha cumplido esta Escritura delante de vosotros.*

PERLAS PARA CUERDOS. Noviembre 3

1 Tesalonicenses 5: 2, 4. *Porque vosotros sabéis perfectamente que el día del Señor vendrá así como ladrón en la noche;/Mas vosotros, hermanos, no estáis en tinieblas, para que aquel día os sorprenda como ladrón.*

La definición del diccionario para la palabra sorpresa es; "Alteración emocional que causa una cosa que no estaba prevista o no se espera. Es tomar a alguien desprevenido.

Muchos creyentes como comparan a Dios con sus padres terrenales y estos nunca les regalaban nada, y cuando lo hacían era una gran sorpresa, siempre están esperando ser sorprendidos por actos de bondad o acciones de parte de Dios, pero esa no es su voluntad, sino que Dios quiere que cada uno de sus hijos tenga en sus manos la agenda de Dios, su calendario, para que nada les tome por sorpresa. Porque el texto que tomamos como base dice; el que anda en tinieblas no sabe a dónde va pero el que anda en luz no tropieza.

Mucha gente vive sorprendida porque anda en tinieblas y esas sorpresas vienen especialmente cuando las cosas no salen como esperábamos porque no coinciden con nuestra perspectiva de ver las cosas.

En este caso esas cosas sorprendentes pueden ser agradables o no para nosotros, pero siempre, si vienen de Dios serán justas.

El caso que viene a la mente es el de Jonás cuando fue enviado a llevar el mensaje a Nínive, su expectativa era de destrucción para un pueblo pecador, pero cual no fue su sorpresa cuando Dios ante el arrepentimiento de aquella nación pagana, los perdonó.

La venida de Cristo no será una sorpresa para los cristianos fervorosos, sino que será un día de anticipada expectativa. Los que serán sorprendidos según el texto son los que andan en tinieblas.

Salmos 103:7, *Sus caminos notificó a Moisés, Y a los hijos de Israel sus obras.*

Quien vive de sorpresas puede ser decepcionado. Pero los que conocen al Señor no solo lo conocen a él sino su agenda, por eso dijo en Juan 15:15. *Ya no os llamaré siervos, porque el siervo no sabe lo que hace su señor; pero os he llamado amigos, porque todas las cosas que oí de mi Padre, os las he dado a conocer.*

Leí lo que le sucedió a una niña. Siempre le había dicho a su papá que le gustaría ver dónde trabajaba, así que él decidió llevarla un día al trabajo.

Ella parecía estar muy contenta de conocer a cada compañero de trabajo que su padre le presentaba, pero cuando iban de regreso a la casa, llevaba una cara de decepción. "¿Qué pasa?" – le preguntó su padre. "¿No te divertiste?" La niña respondió: "Bueno, estuvo bien. Pero en realidad pensé que iba a ser más como un circo. Siempre andas diciendo que trabajas con un montón de payasos, pero yo nunca los vi."

Dígale al que está a su lado, Dios no siempre viene por el camino que le estamos esperando, porque no conocemos sus caminos. Mucha gente conoce las manos de Dios, lo que hace, pero no lo conocen a El, no conocen su corazón.

En el estanque de Betesda había muchos enfermos esperando que se movieran las aguas para que el primero que entrara fuera sanado según la creencia de la gente, pero un paralítico que tenía 38 años en esa condición no tenía quien le ayudara a entrar y cada vez que lo intentaba, alguien llegaba primero, eso era frustrante, pero Dios llegó por dónde El no lo esperaba y lo sorprendió con una orden de restauración. "Levántate, toma tu lecho y vete a tu casa"

Marcos 16:16. *El que creyere y fuere bautizado, será salvo; mas el que no creyere, será condenado.*

El Nuevo Testamento nos señala por doquier que el bautismo es para los que han creído.

El día de Pentecostés, cuando los que recibieron el mensaje fueron bautizados. El Etíope Eunuco que Felipe le predicó fue bautizado y en cada otro ejemplo que podemos encontrar, los que son bautizados lo hacen porque han creído en Cristo.

Esta experiencia nos enseña que una vez la persona recibe al Señor, al creerle, debe ser bautizado, hay personas que pasan años en la iglesia y nunca se han bautizado, debes inscribirte, aunque el bautismo no te cambia, sino que es una muestra pública de tu fe, también es un mandato del Señor.

El bautismo no es un simple acto religioso que se celebra a los recién nacidos, como acostumbra la iglesia popular, que piensa, que se recibe algún beneficio espiritual por el simple hecho de hacerlo. El bautismo es Bíblico si quien lo recibe es como un acto sucecuente al creer en Jesús como Salvador. Por lo regular, un creyente en Cristo estará bautizado; pero el simple hecho de bautizarse no lo convierte a uno en Cristiano.

La palabra misma baptizō en el original significa sumergir, por tanto el acto mismo no puede ser un rociamiento, hay que ser sumergidos en las aguas.

El ser bautizados en el nombre de Jesús significa que la salvación sólo viene por medio de Jesucristo. Eso es lo que quiere decir Pedro cuando les dice que hay que bautizarse en el nombre de Jesús; recuerde que los Judíos y los temerosos en Dios y los prosélitos conocían la palabra, solo les faltaba conocer y creer a y en Jesús. Cornelio y su familia fueron bautizados por la autoridad de Jesucristo, declarando su fe en El.

PERLAS PARA CUERDOS. Noviembre 6

Deuteronomio 10:12. *Ahora, pues, Israel, ¿Qué pide Jehová tu Dios de ti, sino que temas a Jehová tu Dios, que andes en todos sus caminos, y que lo ames, y sirvas a Jehová tu Dios con todo tu corazón y con toda tu alma.*

Tener una relación con Dios implica compromiso. Y este es de acuerdo al Diccionario de la Real Academia de la Lengua Española, La obligación contraída por medio de acuerdo, promesa verbal o escrita o contrato legal.

En los tiempos antiguos, estos se establecían con una palabra, un apretón de manos, un zapato o el bigote de un viejo o cualquier prenda y/o esas cosas que formaban parte de la personalidad del individuo. Ellas le daban estatus de contrato y su cumplimiento le daba características de hombres serios, tanto así que uno de esos actos o cosas era suficiente garantía de que su dueño regresaría a honrar un compromiso hecho. En tiempos más recientes, testigos, abogados y la presencia de autoridades le daban validez al compromiso.

Hoy esos compromisos son cosas del pasado, la misma sociedad nos ha vendido la idea de que se puede prescindir de ellos, de manera que nadie quiere hacer compromiso serio porque a casi nada parece importarle. Se toma prestado sin compromiso, si puede se paga si no que nos lleven al buró de crédito, total ya el crédito está dañado. Se entra en una relación amorosa sin ningún tipo de compromiso, sólo para ver si funciona, si funciona se casan y aun después de casados si no funciona se divorcian. Van a la relación, al matrimonio, entran al compromiso con el plan B.

Este comportamiento no ha respetado la iglesia, la institución sagrada que no se debiera sujetar a las normas de esta sociedad, pues no somos de este mundo, la gente busca iglesia a su conveniencia. Se visitan iglesias hasta encontrar una que les acomode a su forma de ser, su carácter personal, carácter que al ser lavado con la sangre de Jesucristo debió haber sido cambiado según 2da Corintios 5:17. *"Si alguno esta en Cristo, nueva criatura es"*

Mateo 13:12. *Porque a cualquiera que tiene, se le dará, y tendrá más; pero al que no tiene, aun lo que tiene le será quitado.*

Este texto nos habla de responsabilidad, que es más que cumplir una asignación, implica poner en acción todas nuestras facultades para sacar adelante todo aquello que se nos ha confiado.

Una persona confiable es aquella que cumple con sus obligaciones haciendo un poco más de lo estipulado al extremo de sorprender, porque sueña dormido, piensa despierto y vive con intensidad, con el fin de ver todo aquello en lo que ha empeñado su palabra, triunfar. Para la persona comprometida no hay retroceso y no hay lugar más hermoso que donde está su visión.
La persona con una visión es generosa, busca como dar más afecto, cariño, esfuerzo, bienestar... en otras palabras: va más allá de lo que supone en principio el deber contraído.
Es feliz con lo que hace hasta el punto de no ver el compromiso como una carga, sino como el medio ideal para perfeccionar su persona a través del servicio a los demás.

Una persona responsable siente el impulso de velar la reputación o imagen de aquello con que está relacionado. {Como José con María} Da pena que algunas personas que están enlazados por un contrato laboral, hable mal de su empleador, o un esposo hable mal de su esposa ante personas que ni conoce, o el estudiante que habla mal de sus maestros o el profesor que se queja de los alumnos, o los ciudadanos que hablan mal de sus países. Me incluyo.

El problema con muchos llamados creyentes es que tienen compromisos de largo alcance con muchas cosas, con sus Casas, matrimonios, trabajos, carros, pero, para Dios tenemos la antítesis del compromiso, ¡Excusas!

Casi siempre, la falta de compromiso se debe a descuidos un tanto voluntarios, pero principalmente a la ignorancia, al egoísmo, la comodidad y la pereza.

Mateo 23: 23. *Ay de vosotros, escribas y fariseos, hipócritas! porque diezmáis la menta y el eneldo y el comino, y dejáis lo más importante de la ley: la justicia, la misericordia y la fe. Esto era necesario hacer, sin dejar de hacer aquello.*

Tuve un sueño en el que no veía rostro alguno, pero veía los pantalones de un varón con una escoba en la mano y limpiando un piso lleno de polvo. Cuando lo ví inmediatamente entendí lo que Dios me quería decir. Cada vez que Dios va a hacer algo grande comienza con un movimiento de limpieza y pureza personal.

Al Señor no le agrada las personas hipócritas, que aparentar ser y no lo son. Pero, el hipócrita, no solo oculta la verdad, sino que hace creer que la mentira que vive es verdad.

Debemos revisar nuestro Cristianismo práctico a la luz de la Verdad, y ver cuán íntegros somos en nuestras vidas. Como el piloto de un avión advierte tanto a la tripulación como a los pasajeros cuando se acercan momentos de turbulencia, les aseguro que en los próximos días vamos a tener un viaje turbulento, por lo cual les recomiendo que se abrochen los cinturones. Yo mismo he sido confrontado por el Señor en mi cristianismo y la forma de ejercer mi liderazgo, por lo cual sé de qué le estoy hablando.

Permítame explicar un momento, a veces como ministros y personas inteligentes sabemos que hay situaciones que no son fáciles de enfrentar, porque no hay forma de que todas las partes envueltas queden satisfechas, por tanto preferimos no agitar el avispero.

Nos hacemos los desentendidos y le damos una solución temporal a algo que a lo largo va tener consecuencias desastrosas.

Es tiempo de que dejemos de pasar por alto las cosas que hacemos que son como y dejemos de enfocarnos en las minucias que otros hacen que son como mosquitos. Si vamos a colar, que todo pase por el cedazo.

PERLAS PARA CUERDOS. Noviembre 9

Tito 1:5. *"Por esta causa te dejé en Creta, para que corrigieses lo deficiente, y establecieses ancianos en cada ciudad, así como yo te mandé..."*

Si no permitimos que se nos corrija o voluntariamente no corregimos lo que está mal en nosotros, pronto seremos un basurero oficial en donde se acumulará todos los desperdicios.

"El verdadero discipulado, tiene que ver con disciplina. Tiene que ver con aprender y poner en práctica lo aprendido. El discipulado cristiano no es solamente teórico. Hoy, vamos a las instituciones educativas cristianas y nos hacemos de un título. Sin embargo, en cuanto a nuestro nivel de obediencia, estamos en kindergarten. Amados, cristianismo es vida, es vivencia, es práctica, es hacer, es andar, es obediencia"

La teoría de las ventanas rotas es una teoría de criminología, que señala el efecto y normativas del desorden urbano y del comportamiento antisocial.

La teoría indica que el mantener y monitorear el entorno urbano en un estado bien ordenado pueden evitar más vandalismo y una escalada en delitos más graves.

Para ello pone como ejemplo un edificio en un barrio, si tiene una ventana rota y no se corrige, pronto llamará la atención de los desocupados y comenzarán a tirar piedras a los vidrios buenos. O si se deja una bolsa de basura abandonada en el pavimento, si no se recoge pronto, otros arrojarán basura hasta que se convierte en un basurero oficial.

¿Hay algo deficiente en nosotros? ¿Algo que corregir? Hagámoslo pronto antes que sea muy tarde.

PERLAS PARA CUERDOS. Noviembre 10

Mateo 20:26. *Más entre vosotros no será así, sino que el que quiera hacerse grande entre vosotros será vuestro servidor,*

Una de las cosas con las que tenemos que lidiar, es con la apariencia, a nadie le gusta que le corrijan, todos quieren ser admirados y que los otros crean y sepan lo buenos que son ellos y no solo eso sino que rompen brazos para llegar y ocupar los primeros lugares y ser reconocidos como jefes. Por eso fue que Jesús les dijo a sus discípulos que en el Reino de Dios no es así, sino que el que quiera ser grande sea un servidor.

Nos gusta estar a cargo, de tal manera que cuando no estamos al frente de algo, no lo hacemos, y por el contrario lo desestimulamos. En estos días escuché de alguien que le dijo a otra persona que quería el número de la teleconferencia para entrar, le dijo, "No se meta en eso. Déjeme decirle, usted será cualquier cosa menos líder. Hipócrita, porque si eres tú que diriges querría que todos entraran.

Muchos no sirven si no tienen un título, o cargo, y si no están haciendo algo, ya la iglesia no es Buena. Aman más lo que hacen para Dios que a Dios mismo.

Cuando el Señor habla de esto, pareciera que estuviera viviendo los tiempos modernos, donde grandes ministerios están usando incorrectamente la palabra de Dios para ganancias personales, están llenando de dinero sus arcas personales, con villas, aviones para placer, vidas de dudosa reputación, sin ninguna cobertura espiritual, ni a quien responderle por su vida y acciones.

Juzgamos y condenamos a otros por "percatas minutas" pero tenemos serios problemas morales y en el hogar. Es tiempo de que nos miremos a nosotros mismos y veamos que si estamos libres de pecado es que podemos arrojar la primera piedra.

PERLAS PARA CUERDOS. Noviembre 11

Lucas 2:25-26. *Y he aquí había en Jerusalén un hombre llamado Simeón, y este hombre, justo y piadoso, esperaba la consolación de Israel; y el Espíritu Santo estaba sobre él. /Y le había sido revelado por el Espíritu Santo, que no vería la muerte antes que viese al Ungido del Señor*

Revelación es el descubrimiento de algo desconocido, oculto o secreto. Siempre viene de la Divinidad a los seres creados. La mayoría de las religiones basan su filosofía y su origen a una revelación de una verdad. Sólo el Cristianismo, está basado en una persona; Jesús que es La verdad.

Dios ha escogido revelarse por medio de las cosas creadas es lo que llamamos revelación general también a través de medios milagrosos, esta es la revelación especial que incluye la apariencia física de Dios, sueños, visiones, la profecía, la Palabra de Dios (la revelación escrita), y lo que es más importante – Jesucristo, que es la palabra hecha carne.

Ahora bien Dios ha revelado a los que han nacido de nuevo, a los humildes los secretos del Reino de Dios.

-Todos los principios del Reino deben ser revelados, no se aprenden.

-Las cosas del Espíritu Santo, no se perciben en los sentidos, sino en el espíritu por Revelación.

-Del nivel de revelación que tengamos dependerá nuestro nivel de obediencia.

-Cuando alguien no tiene revelación no entiende.

No es lo mismo revelación que entendimiento, alguien puede recibir una revelación de una verdad, pero, no entenderla para lo cual se necesita iluminación.

2 Corintios 3:13-15. *y no como Moisés, que ponía un velo {kaluma} sobre su rostro, para que los hijos de Israel no fijaran la vista en el fin de aquello que había de ser abolido. / Pero el entendimiento de ellos se embotó; porque hasta el día de hoy, cuando leen el antiguo pacto, les queda el mismo velo no descubierto, el cual por Cristo es quitado. / Y aun hasta el día de hoy, cuando se lee a Moisés, el velo está puesto sobre el corazón de ellos. / Pero cuando se conviertan al Señor, el velo se quitará.*

Uno de los impedimentos para que se manifieste la visión y la revelación es lo que llamamos velos.

El velo, Es una cobertura que trata de ocultar el rostro. Ahora bien cuando la Biblia habla de la faz o el rostro se está refiriendo a la gloria de alguien o de algo.

Aparte de Moisés Abram tenía un velo. Lot, cuyo nombre significa velo, fue un impedimento para que Abram viera lo que Dios tenía preparado para El, cuando se separaron, Dios le cambió el nombre, le puso Abraham y le dijo alza tus ojos y mira, porque todo lo que ves será vuestro.

Los discípulos tenían los ojos Velados para no ver a Jesús tal como era. Pedro, lo había visto por revelación, por eso Jesús le dijo: *Bienaventurado eres Simón, porque no te lo reveló carne ni sangre.* Lucas 24:45. *Entonces les abrió el entendimiento, para que comprendiesen las Escrituras;*

Ahora bien, los velos son obra de Satanás. *En los cuales el dios de este siglo cegó el entendimiento de los incrédulos, para que no les resplandezca la luz del evangelio de la gloria de Cristo, el cual es la imagen de Dios.* **2 Corintios 4:4.**

Hechos 1:8. *Pero recibiréis poder cuando haya venido sobre vosotros el Espíritu Santo y me series testigos en Jerusalem en Judea, en Samaria y hasta lo último de la tierra.*

Creemos que Dios a quien llama, capacita, y prove de todas las herramientas y recursos necesarios para el servicio a que le ha llamado.

En la historia de los valientes de David, vemos que todos aquellos amargados y endeudados que entraron al principio a ser parte del grupo de fugitivos que le acompañaron y luego le llevaron al trono, al final de su historia, fueron dotados del mismo espíritu que había en su líder; David. Por tanto resultaron ser conquistadores, guerreros, Valientes, matadores de gigantes, de osos y leones.

Fue que David quien había sido ungido para reinar, les impartió de lo que había recibido. Había sido ungido en la casa de su padre Isaí.

Los discípulos no podían ser menos, pero en vez de Jesús de solo darle lo que tenía, les impartió lo que era; el ungido!, por eso se les llamó Cristianos.

No podremos ser valientes si no somos lo mismo que nuestro líder, "ungidos" No podremos ser efectivos si no tenemos lo mismo que tenía nuestro Señor valentía.

Pero, el objetivo final, no es para lucir o aparentar sino para compartir el testimonio de que Jesucristo Vive, Salva, Vuelve por segunda vez y que tiene poder para transformar vidas.

1 Corintios 4:15. *Porque aunque tengáis diez mil ayos en Cristo, no tendréis muchos padres; pues en Cristo Jesús yo os engendré por medio del evangelio.*

El apóstol Pablo dice estas palabras a la iglesia en la cual él había invertido tanto desde su fundación y les recuerda que él es SU PADRE, pues aunque tengáis 10,000 paidagogós *líder de muchacho,* siervo cuyo oficio era llevar a los niños a la escuela; (por implicación [figurativamente] *tutor «pedagogo»* solo yo los engendré {Gennáo} *en el evangelio.*

¿Qué es un Padre? Es quien engendra o nos da vida, es quien cría o nos brinda sus cuidados, es quien nos alimenta o sostiene, es quien nos corrige o disciplina y es quien nos bendice.

Los padres no se eligen, nos son asignados por la Divina providencia. Cuando somos pequeñitos en la etapa de Recién nacidos, no conocemos a los padres en todas sus facetas, pero según vamos creciendo en edad y conocimiento, nos damos cuenta quien es nuestro padre y a esa persona le brindamos nuestra confianza, obediencia y honra.

Así como el padre natural cumple estas funciones; así también el padre espiritual:

- Criar. –gadal– Hacer grande. Isaías 1:2. Padre es con quien te crías y no solo quien te engendra.

- Alimentar. Mateo 6:26. **Hay quienes quieren tener padres, pero, solo para que los mantengan.**

- Corregir. Es disciplinar. El hijo que no es corregido a tiempo, avergüenza a sus padres. 2 Timoteo 3:16.

- Bendecir. En Hebreo, Barak. Esta capacidad paterna es muy importante para tener una buena identidad y ser afirmados.

Cuando un padre se queja no imparte bendición. Hebreos 13:17.

Isaías 66:13. *Como aquel a quien consuela su madre, así os consolaré yo a vosotros, y en Jerusalén tomaréis consuelo.*

Se conoce como madre en nuestra definición, a la hembra que ha parido, la que ha dado a luz hijos. Hoy día se llama madre a muchas personas, pero solo la que ha llevado en su vientre a una criatura y ha sufrido los sinsabores del embarazo y los dolores del parto es en realidad una madre.

Quizás para muchos esta definición no sea "políticamente correcta" porque hay muchas personas que se han desgastado dándole amor y cuidado a niños que no son suyos y para ellos, esa es su verdadera madre. Y en realidad, estamos en deuda con las personas que así se sacrifican, pero de acuerdo a la definición no es una madre. Entonces debíamos llamar madre también a los varones que han hecho lo mismo con niños que no son sus hijos. Eso sí se puede tener un amor como el de una madre, pero como decía mi madrastra, madre solo hay una y madre aunque sea de bohuco"

Aunque la sociedad secular y comercializada ha tergiversado el rol de la madre, presentando a mujeres jóvenes y hermosas en sus anuncios televisivos y olvidando a la mujer del campo que se gasta y entrega para poner cada día el pan en la mesa de su familia; y se ha olvidado de la anciana madre que ya ha visto crecer sus hijos y estos se acuerdan de ella solo en un día especial; Si es cierto que la sociedad consumista celebra ese día como una fiesta sádico-masoquista, pues lo que se le regala a la madre es efectos del hogar, como para que trabaje más y nos sirva mejor; la iglesia debe hacer más énfasis en este papel, al educar sus miembros a ser buenos hijos, y honrando y dando honor a ese ser tan especial.

El poeta escribió "Toma esta flor le dije a una paloma y llévasela al ser que más me quiera, dile que es la flor de más aroma de todas las que adornan las praderas. Al momento pensé que la llevaría a mi amada, pero, la dejó sobre la tumba fría donde yace mi madre idolatrada"

Lucas 10:3-4. *He aquí yo os envío como corderos en medio de lobos. No llevéis bolsa, ni alforja, ni calzado; y a nadie saludéis por el camino"*

Una cosa que debemos pensar al cumplir con el mandato del Señor de hacer discípulos, es la importancia de confiar en Dios. Jesús les ordenó a ellos que no llevaran cartera, bolsa ni sandalias; su confianza tenía que estar puesta en Dios. No debían perder tiempo en juntar todo el equipo que podrían necesitar; debían salir a hacer la obra.

Una de las razones por la que Jesús les dijo esto es porque hay un peligro que todos enfrentamos.

Es el peligro de la eterna preparación. Eso ocurre cuando pensamos: Que no estamos preparados aún. Que no sabemos lo suficiente. Que no lo podemos hacer. O cuando vemos a los instructores que Dios tiene para que nos ayuden como omnipresentes y decimos; el pastor tiene que ir conmigo. Mis amigos no me van a recibir o creer. Tengo que prepararme más.

¿Y si se me presentan obstáculos? La mayoría de los hombres y mujeres de Dios que son exitosos, no lo fueron porque salieron de un seminario, sino los que implementaron lo que tenían.

Pero ¿qué dice Jesús? Jesús dice que ya tienes lo que necesitas, porque el Espíritu Santo está morando en ti. En lugar de caer en la trampa de la preparación perpetua, pon tus manos a la obra. Empieza a hacer ahora lo que puedas para compartir el mensaje de salvación con otros que lo necesitan.

¿Te has preguntado cómo te ve Jesús en su relación con él? Qué haremos con Jesús llamado el Cristo, se cumple hoy en nuestras vidas. Él te ha llamado para que compartas con otros lo que ha hecho contigo, para que seas testigo. Sus palabras en Mateo 28:19, *"Vayan y hagan discípulos",* son para ti. El primer paso hacia una vida de evangelismo es darte cuenta del llamado de Jesús. ¿Has escuchado el llamado? ¿Has respondido?

PERLAS PARA CUERDOS. Noviembre 17

Filemón 1:15-16. *"Porque quizás para esto se apartó de ti por algún tiempo, para que le recibieses para siempre; / no ya como esclavo, sino como más que esclavo, como hermano amado, mayormente para mí, pero cuánto más para ti, tanto en la carne como en el Señor.*

Debemos tener la actitud de Pablo de creer que todo lo que había sucedido con Onésimo – su huida a Roma y su encuentro en la cárcel - había sucedido con una razón. Esta fue para que sirviera de utilidad para el evangelio y para Pablo y el mismo Filemón, pero desde una nueva relación, la de hermano del que antes fuera su amo.

Todo esto había sucedido para que Onésimo pudiera conocer a Cristo, recibir la salvación y ministrar a otros.

El encuentro de Pablo y Onésimo en un momento de crisis, fue aprovechado por este para hablar con él del Salvador que lo podía ayudar. Es posible que en nuestro entorno haya también personas que enfrentan momentos de dificultad. Quizás algún amigo, vecino, compañeros de trabajo, o algún familiar enfrenta alguna clase de crisis ahora mismo.

Como ya hemos dicho en otras oportunidades las **crisis** son oportunidades para tener un encuentro con Dios. Cuando te das cuenta de que algún conocido está en problemas, ¿cómo reaccionas? Algunas personas rehúyen a la persona, porque no saben qué decir. Otros tratan de mostrar empatía, pero no ofrecen ninguna esperanza.

Nosotros tenemos la solución, la medicina que puede ayudar a cualquier persona que enfrenta una crisis. Cuando alguien que tú conoces está en crisis, muéstrale el amor de Dios. Pregúntale si puedes orar con él, y ayúdale en lo que puedas. Si se presenta la oportunidad, háblale de la bienaventurada esperanza en Cristo. No desperdicies la oportunidad que se te presenta.

PERLAS PARA CUERDOS. Noviembre 18

Marcos 2:1-12: *"Entró Jesús otra vez en Capernaúm después de algunos días; y se oyó que estaba en casa./E inmediatamente se juntaron muchos, de manera que ya no cabían ni aun a la puerta; y les predicaba la palabra./ Entonces vinieron a él unos trayendo un paralítico, que era cargado por cuatro. / Y como no podían acercarse a él a causa de la multitud, descubrieron el techo de donde estaba, y haciendo una abertura, bajaron el lecho en que yacía el paralítico. / Al ver Jesús la fe de ellos, dijo al paralítico: Hijo, tus pecados te son perdonados*

Miremos detenidamente la condición y la situación de aquel paralítico. Si sus 4 amigos no lo hubieran llevado a Jesús, él no podría haber llegado. ¡Estaba paralizado! No se podía mover sin ayuda. En un sentido espiritual, nuestros amigos también lo están. Si nosotros no los llevamos a Jesús, ellos probablemente no llegarán a Él por su propia cuenta.

Algo que deberíamos saber a estas alturas del juego es que un verdadero amigo ayuda en la necesidad. La mayor necesidad que tienen nuestros amigos es su necesidad de salvación. ¿Cómo podemos ayudarles con esta necesidad? La manera correcta es presentarle a Jesús para que sean salvos por fe y llevarle e instruirle a usar su fe. Es un plan a largo plazo y no solo darle algo para quitárnoslo de arriba. ¿O preferimos mantenernos callados para evitar la incomodidad?

El Señor nos llama a ser como los conejitos. ¿Sabes lo que hacen los conejos? ¡Se multiplican! Hay una diferencia entre sumar y multiplicar. Casi todos lo aprendimos en la primaria. Una Iglesia que vive sumando miembros crecerá muy despacio, o quizás se estancará por causa de la natural migración y el cumplimiento de los tiempos que dice que "Muchos irían de aquí para allá" y por el robo de ovejas que se ha convertido en parte del engordamiento de los que no han entendido su llamado.

La Iglesia que crece por suma y no por multiplicación es aquella que cree que los padres son los únicos que deben trabajar, cocinar, aportar y que los hijos su única función es divertirse, quejarse y engordar. Cuando esto ocurre, sólo se puede alcanzar a dos o tres personas a la vez.

PERLAS PARA CUERDOS. Noviembre 19

Si alguno tiene sed, venga a mí y beba. **Juan 7:37**

La pregunta que yo hago en el día de hoy es; ¿Quieres tu ser limpiado por la palabra de Dios? Porque la verdad es que todos necesitamos ser limpiados constantemente por ella, pero no podemos cegarnos a la realidad que hay gente que le gusta su pecado y no quieren ser limpios.

¿Sabes cuál es la diferencia entre un cordero y un cerdo en el lodo? Creo que todos lo sabemos, al cerdo le gusta el lodo y si lo lavan buscará la manera de volver a enlodarse, pero, el cordero, aunque caiga en el lodo, eso es solo temporal, porque no es su estado natural.

Siempre recuerdo de una anécdota de mi madre que vino a trabajar a EUA en los años 60's para ayudar en la crianza de sus hijos. En uno de esos trabajos, le tocó ayudar en una casa de una familia adinerada que tenía hijos adolescentes. Un día encontró un par de tenis del joven de la familia, que estaban muy sucios, por lo que diligentemente procedió a lavarlos y los dejó impecables. Cuando el joven llegó a la casa, puso el grito al cielo y preguntó, ¿Quién me lavó los tenis? Por lo que mi madre respondió muy orgullosa de su labor; Fui yo, el muchacho dijo palabras impublicables y se marchó resabiando del lugar. La verdad era que los tenis estaban sucios, y desde el punto de vista lógico necesitaban limpiarse, pero la realidad era que el muchacho, en una época donde el movimiento hippie estaba comenzando, quería sus calzados sucios y sus pantalones rotos, su pelo revuelto y sin peinar y mientras más distante del "status quo" mejor.

Los niños piensan en blanco y negro. Ellos necesitan (en tanto aprenden) instrucciones específicas por medio de órdenes claras, tenemos que darles información concreta: Haz esto, no hagas lo otro. Ellos no son capaces de entender que a veces hay que hacer una cosa, y a veces hay que hacer otra. Ellos reciben una orden de sus mayores y las obedecen, dependiendo de quién se lo diga, pero ellos no entienden todavía que ellos no pueden dar órdenes a sus padres. ¡La instrucción limpia!

"Ni estimo preciosa mi vida con tal que acabe con gozo la carrera que tengo por delante" **Hechos 20:24.**

Pablo tenía un compromiso no con los hombres sino con Dios y a pesar de los sufrimientos y de las dificultades, de las traiciones y abandonos, el pudo mostrar donde estaba en realidad su prioridad.

En toda empresa que empecemos debe haber un compromiso total, si no será un fracaso total. Hay que poner el corazón, la mente, los sentimientos, las fuerzas, todo nuestro ser. Pero nuestro trasfondo familiar y cultural, nos hace ser apáticos a las relaciones. Lamentablemente si no hay relación, no hay compromiso, por tanto, tampoco hay entrega (Solo se entrega sin compromiso el espíritu prostituido).
Si hemos sido formados así, debemos trabajar duro para romper esa barrera y debemos comenzar comprometiéndonos por lo menos a trabajar en ello, mejorando nuestra relación con Dios, familiar, de pareja ministerial, con nuestros discípulos.
Caín no tenía una buena relación con su hermano. ¿Acaso soy yo guarda de mi hermano? Y lo mató, su condena fue vivir errante y como extranjero en la tierra. Los discípulos estuvieron dispuestos a dar su vida por Jesús, cuando vieron que su maestro dio su vida por ellos.

Fred, dependiente de una tienda, no tenía compromiso con su empleo; era grosero con los clientes y perezoso. En varias ocasiones su jefe estuvo a punto de despedirlo. Pero no lo hizo porque pensó en la esposa y los hijos de Fred, los cuales sufrirían por el despido.
Un día, un cliente de la tienda pasó por allí y notó que Fred ya no estaba. Preguntó al gerente por él y le dijeron que Fred había aceptado otro empleo. El cliente dijo: «¿Lo va a reemplazar?» El gerente contestó: «No, no es necesario. Fred no dejó vacante.»

Hay personas que cuando se van, como el Fred de nuestra historia, no hacen falta y han sido tan ineficientes en sus funciones y tan poco comprometidos en la relación que al abandonarlo, dejan la sensación de que no se necesita a nadie en él. Se cierra la posición.

2 Pedro 1:5, 8. *"Vosotros también, poniendo toda diligencia por esto mismo, añadid a vuestra fe virtud; a la virtud, conocimiento; /Porque si estas cosas están en vosotros, y abundan, no os dejarán estar ociosos ni sin fruto en orden al conocimiento de nuestro Señor Jesucristo.*

Quiero invertir mi tiempo con sabiduría. No tengo las mismas fuerzas que antes, pero, el tiempo que me queda lo voy a hacer que cuente, trayendo fruto que honren a Dios primero y luego el esfuerzo que otros hicieron en formarme.

No soy un bagazo presto a ser desechado porque ya fui aprovechado. Por eso quiero invitar a todos mis amigos y contactos a vivir a plenitud las cosas que potencian tu existir. En otras palabras no disfrutes a medias. La mayoría de las cosas que más disfrutamos no cuestan nada. Piénsalo!

¿Por qué dedicarle tiempo a lo que nos resta y limita nuestro vivir? Hoy es un buen día para comenzar a vivir de verdad! Comiénzalo en el conocimiento de que todavía tienes mucho que aportar y que siempre habrá alguien quien te quiera escuchar y mientras compartes disfruta a Dios, las gentes que te aprecian y la vida que Dios te ha dado.

Dios va a poner en tu camino personas que necesitan tu ayuda, no rechaces asistirles solo porque tienes problemas mayores que los de ellos.

Es una prueba para ver si pones tus intereses por delante de los demás. Recuerda; si en lo poco eres fiel en lo mucho te pondrán. Antes de darte lo propio, primero te pondrán a servir en lo ajeno.

Hay caminos que al hombre parecen derechos pero su fin es de muerte. Dios te da la capacidad de redireccionar tu vida en donde perdiste el sentido de a donde ibas. Ten cuidado, las circunstancias no deben apresurarte a tomar decisiones que luego puedes lamentar. Recuerda que aún lo cojo no se sale del camino y por más torpe que seas no te extraviaras si sólo lo sigues a Él.

2 Pedro 1:20. *Entendiendo primero esto, que ninguna profecía de la Escritura es de interpretación privada,*

Dios es Dios y hace lo que quiere, cuando quiere y a quien quiere. Todo es suyo y no tiene que pedir permiso para usarlo.

Nadie lo hace cambiar de planes una vez ha decidido hacer algo; el secreto de aquellos que obtienen respuestas positivas en oración es que saben lo que ya El ha determinado hacer. Así que él hará conmigo todo lo que quiera hacer.

Cuando pienso en todo esto, me gusta y emociona el presentarme ante El, porque es una hermosa aventura descubrir lo que mi Padre ha decidido hacer, y descubro que como hijos somos favorecidos, tenemos una ración mayor, y una posición privilegiada en su mesa; a su mano derecha.

Por tanto nada hará que me calle; ni aun en medio del sufrimiento temporal porque esos solo son distracciones para que no disfrute mi herencia como hijo.

Muchos ignorantes tratando de interpretar la intención de Espíritu al inspirar a los autores humanos de la "Palabra" Siempre debemos tomar primero el sentido usual u ordinario de las palabras para una correcta interpretación-Así dice una de las reglas hermenéuticas-en otras palabras; Si te digo que siento amor por ti, no interpretes que lo que quiero es almorzar o amortiguar tu caída, solo porque se parecen al comenzar.

Si la Biblia es lo que decimos que es, la palabra de Dios, por qué ignorantes en las cosas del Espíritu y del Reino de los cielos, para justificar su pecado, pretenden que se cambie lo que está escrito, si fue Dios que lo dijo, es así y punto.

Efesios 2:10. *Porque somos hechura suya, (poiēma) creados en Cristo Jesús para buenas obras, las cuales Dios preparó de antemano para que anduviésemos en ellas.*

Una de las estrategias del enemigo de la justicia es hacer que las personas hechas a la imagen de Dios se sientan insatisfechas de quiénes son y de lo que hacen y no se dan cuenta que Dios no hace porquerías. Por eso el Sabio Salomón dijo, que todo lo hizo hermoso en su tiempo.

Si Dios te hizo, entonces tu eres parte de ese todo, por tanto tienes una belleza que solo necesita ser descubierta por la persona adecuada. Conozco una persona que pensé en mi juventud que nunca se casaría, porque desde mi perspectiva, no era agraciada esa persona. No solo por su atractivo físico, sino porque tenía ciertos limitaciones físicas. Sin embargo, para mi asombro, se casó con una persona muy atractiva, más de lo normal.

Recuerda tú no eres ni un accidente intergaláctico para depender del horóscopo ni producto de un momento pasional aunque te quisieran abortar, sino que fuiste planificado por la misma mente que diseñó el universo.

Un accidente es algo inesperado, regularmente indeseado y de resultados poco placenteros e inciertos.

Tu Eres una obra de arte, original sin copias, cuando Dios te hizo, estaba inspirado y le saliste un poema.

Por eso muchos te recitan pero no todos te comprenden, porque solo el que te compuso, sabe la historia detrás de tu existencia.

*Porque tal es su pensamiento en su corazón, tal es él...***Proverbios 23:7.**

Nosotros somos el sub-producto de lo que pensamos. Nuestros pensamientos lo expresamos con palabras, ellas proceden de la abundancia del corazón, por tanto este se alojan las palabras y cuando son emitidas y hallan cabida en otro ser, se convierte en un círculo vicioso.

¿Qué es lo que escuchamos a diario? Con frecuencia pensamos que la sabiduría se limita a la conducta y a las palabras. Cuando oímos como los sabios podremos aconsejar con sabiduría.

Debemos entrenar nuestro oído para escuchar la voz de Dios. Cuando uno entrena su oído para oír, todos los días podrá hablar palabras que dan aliento. Isaías 50:4 "Jehová el Señor me dio lengua de sabios, para saber hablar palabras al cansado; despertará mañana tras mañana, despertará mi oído para que oiga como los sabios"

Cuando las dificultades necesitan un sitio donde pernoctar, encuentran un buen lugar en ciertas personas. Hay quienes son muy atractivos de los problemas y todo el que trate de ayudarle, dormirá con ellos. Recuerda, rodéate de sabios y aumentarás tu saber, aléjate de los necios para que no corras su misma suerte, Jonatán era bueno, pero murió junto a su malvado padre, por asociarse con El y pelear sus batallas; no se metan en pleitos ajenos porque no saldrán ilesos de ellos.

Estoy cansado de ver gente llorar por quien ya no está mientras ignoran a los que están a su lado.

Ya basta de comer la cáscara y botar la pulpa.

No desperdiciemos la oportunidad de disfrutar el paisaje por estar pensando en la meta.

Concluyamos algo y no estemos constantemente comenzando cosas y dejándolas por la mitad.

PERLAS PARA CUERDOS. Noviembre 25

Santiago 1:23. *Porque si alguno es oidor de la palabra pero no hacedor de ella, éste es semejante al hombre que considera en un espejo su rostro natural.*

Hay una mala costumbre en ciertos círculos y es que cuando alguien abandona una comunidad que es competencia, saliendo por la puerta de atrás, otros los reciben como héroes de guerra y le dan galardones por su infidelidad y traición. No saben que están poniendo cuchillo a su garganta y que lo mismo que hizo a los otros te lo hará a ti pero esta vez dolerá menos, porque a ti no te debe nada y te llevara hasta los recuerdos gratos y La Paz del alma.

Recuerda este principio y refrán popular: "Todo lo que el hombre siembra, eso también segara" y "perro huevero aunque le quemen el hocico sigue siendo huevero" en otras palabras, lo mismo que le hizo a los otros te lo volverá a hacer a ti.

Siempre digo que las personas que viven como Caín, errantes, con quien están disgustados es consigo mismos, por tanto donde quiera que vayan tendrán problemas porque no es que el mundo hiede sino ellos mismos.

Algunas personas toman decisiones y hacen cualquier cosa por alcanzar poder, prestigio y fortuna y luego no pueden mirarse en el espejo porque no les gusta la imagen que reflejan.

Lo bueno y malo de los espejos es que ellos no mienten y lo que sabemos de ellos es que el limpiarlos no modificará la imagen que reflejan de nosotros.

Por eso, solo una buena y limpia conciencia nos podrá traer un reflejo personal satisfactorio, porque la imagen será natural u original.

Isaías 55:10-11. *Porque como desciende de los cielos la lluvia y la nieve, y no vuelve allá, sino que riega la tierra, y la hace germinar y producir, y da semilla al que siembra, y pan al que come, así será mi palabra que sale de mi boca; no volverá a mí vacía, sino que realizará lo que me place, y cumplirá aquello para lo que la envié.*

Algunas personas les gusta citar la palabra de Dios sacándola de contexto y creyendo que si creen lo que ellos esperan sucederá. No funciona así, el texto que leímos dice que ellas *"realizará lo que me place, y cumplirá aquello para lo que la envié"*

No es mi interpretación lo que hace que la palabra de Dios sea efectiva, sino, cuando la citamos correctamente de acuerdo a la intención del que la envió.

Por otro lado, la palabra es como el agua que cae de los cielos, pero, misma agua que se usa para irrigación es la que produce inundación. Todo depende de la canalización.

Si el terreno no está preparado para recibirla se desborda y arrastra todo lo que encuentra a su paso.

Jesús hablando de los que oyen la palabra y no la ponen en práctica dijo: Pero cualquiera que me oye estas palabras y no las hace, le compararé a un hombre insensato, que edificó su casa sobre la arena; y descendió lluvia, y vinieron ríos, y soplaron vientos, y dieron con ímpetu contra aquella casa; y cayó, y fue grande su ruina. **Mateo 7:26-27.**

"Enséñanos de tal modo a contar nuestros días que traigamos al corazón sabiduría" **Salmos 90:12**

Siempre encuentro personas que no aparentan su verdadera edad y como en los EUA podemos sacar provecho de llegar a la tercera edad, cuando en algún Restaurant dicen que son "Senior Citizen" muchos no lo creen.

En días pasados pensé a qué se debía este hecho. Siempre he dicho que es la "Gracia de Dios" pero conozco algunos agraciados que están "desvencijados" y llegué a la conclusión que un espíritu divertido o juguetón también ayuda, porque como alguien dijo; "no se deja de jugar porque se envejece, sino todo lo contrario, se envejece porque se deja de jugar" ¡Disfruta la vida que Dios te dio y reconócelo a Él por su Gracia y lo bien que luces!

Nuestras vidas son el producto de una serie de decisiones que hemos tomado. El deseo de Dios es que nos vaya bien y para ello nos deja instrucciones en su palabra, no para amargarnos la vida y ponernos las cosas difíciles, sino por nuestro bien. A veces creemos que al hacer algo contrario a lo que Dios dice y no ver el resultado de inmediato, nos hemos salido con la nuestra, pero no es así; "Toda siembra tiene una cosecha" y así como el fruto no se ve enseguida se siembra, sino con el tiempo, así también nuestras malas decisiones. Pablo lo dice así: "No os engañéis, Dios no puede ser burlado, todo lo que el hombre siembra eso segará"

En el día de ayer recibí una llamada de la oficina de uno de mis doctores para recordarme una cita previa que habíamos acordado. El resto del día "mi reloj" se la pasó recordándome mi mortalidad. Bienaventurados los que no le hacen caso al llamado del reloj cronológico y permanecen retando el paso del tiempo. Muchos son como los habitantes de la isla griega de Icaria, que un tercio de ellos sobrepasan los 90 años de edad y se conservan muy bien.

Efesios 5:20. *Dando siempre gracias por todo al Dios y Padre, en el nombre de nuestro Señor Jesucristo.*

No se puede ser agradecidos si no se ha entendido la Gracia de Dios. En el NT la palabra griega que se usa es – eucharistos = Gracias. Esta palabra griega se compone de dos palabras, una es – eu = "Bien" y la otra palabra es – "charizomai" que vine de cháris, = "Gracia" o Favor inmerecido.

Lo que significa es, que un creyente agradecido es un creyente que ha creído y recibido el "bien y la gracia de Dios en su vida" y cuando usted le pregunta ¿Cómo está? Su respuesta es Eucharistos: Bien gracias. De allí sale eucaristía, nombre que también se le da a la cena del Señor.

Muchas cosas las damos por sentadas, y no valoramos la existencia de las mismas siendo agradecidos. Por eso, cuando nos faltan ponemos el grito al cielo, sino pregúntenle a las personas que están varados en aeropuertos o paradas de autobús. O cuando falta el vehículo por desperfecto mecánico, o falta de combustible.

Cuando viajes da gracias por ese medio, da gracias por la vida, por la salud, porque tienes con qué viajar y razones de viajar. No esperes el día de acción de gracias para ser agradecido

Los seres humanos somos por naturaleza ingratos. Le damos una propina a alguien que pocas veces hemos visto y a la persona que nos sirve a diario, ni siquiera las gracias, por el contrario, si un día no le sale como siempre; le criticamos.

Tomemos un minutos este día para bendecir a esa persona que nos ama y nos sirve, digámosle cuanto apreciamos su cuidado por nosotros. Qué bueno que Dios es fiel.

Génesis 3:16. *A la mujer dijo: Multiplicaré en gran manera los dolores en tus preñeces; con dolor darás a luz los hijos; y tu deseo será para tu marido,[a] y él se enseñoreará de ti.*

Nosotros estamos viviendo en una sociedad Hedonista {Búsqueda de placer y supresión del dolor para alcanzar la felicidad}, pero los creyentes debemos ver el dolor como lo que es una señal de advertencia, como parte de la vida, porque eso lo que nos indica es estás vivo y que hay un área dañada. Debemos entender que existen enfermedades en las cuales el dolor no se percibe y es la razón por la cual las personas que la sufren pierden algunos de sus miembros, como en la lepra.

Dr. Paul Brand de Carville, Luisiana, fue un hombre que hizo campaña a favor del dolor. Sin dudar, Brand dijo: «¡Gracias a Dios por inventar el dolor! Es el dechado de su genio creador». El Dr. Brand, cuando dijo eso, estaba capacitado para emitir tal juicio, ya que fue uno de los más destacados expertos del mundo sobre la lepra, que ataca el sistema nervioso.

Los pacientes afectados de lepra pierden los dedos de manos y pies, no debido a que la enfermedad cause la descomposición de los tejidos, sino precisamente por la falta de sensaciones. Nada les advierte cuando el agua está demasiado caliente o el mango de un martillo está astillado. El auto-maltrato destruye sus cuerpos.

C. S. Lewis introdujo la frase: «el dolor, megáfono de Dios». Es una frase apropiada, porque el dolor grita realmente. Cuando me golpeo el dedo de un pie o me tuerzo el tobillo, el dolor le dice a mi cerebro que algo anda mal. De igual modo, la existencia del sufrimiento en esta tierra es, creo, un alarido que nos dice a todos que algo está mal. Nos hace considerar otros valores.

Lo que podemos señalar al culminar es que la vida comienza con dolor de alguien y terminará con dolor de muchos.

"Y volviendo el ángel de Jehová la segunda vez, lo tocó, diciendo: Levántate y come porque largo camino te resta. **1 Reyes 19:7.**

Algunas veces los peores enemigos no son los adversarios naturales, ni las grandes derrotas, sino, todo lo contrario, los enemigos más difíciles de conquistar son nuestras falsas expectativas e interpretaciones y las grandes victorias.

Ese fue el caso de Elías que después de una gran victoria contra los falsos profetas y sus protectores, escuchó la voz de Jezabel que sembró desaliento y salió corriendo y se escondió en una cueva.

Cuando estamos cansados, agotados, y desanimados, cuando ha muerto la ilusión; Somos despertados por el Señor con un desafío a cambiar o renovar nuestra visión de las cosas.

Una palabra de Dios nos despierta y cambia el foco que está gobernando nuestra perspectiva.

Cuando nuestro pasado es más relevante que nuestro futuro o lo que es lo mismo, cuando nuestra historia tiene mayor importancia que nuestra visión, estamos envejeciendo y es tiempo de dar lugar a otros.

Hoy Dios nos dice en su palabra que mucho camino hay por delante y piensa que Caleb cuando tenía 85 años pidió el monte donde estaban los gigantes, pero, también su promesa.

Oremos para que Dios nos abra los ojos y nos despierte a la realidad de que son más los que están con nosotros que los adversarios.

Diciembre

PERLAS PARA CUERDOS. Diciembre 1

Lucas 16:10-12. *El que es fiel en lo muy poco, también es fiel en lo mucho; y el que es injusto en lo muy poco, también es injusto en lo mucho. / Pues si no fuisteis fieles en las riquezas injustas, ¿quién os confiará lo verdadero? / Y si en lo ajeno no fuisteis fieles, ¿quién os dará lo que es vuestro?*

Los que hemos sido llamados por Dios a la vida de servicio a los demás, debemos comenzar sirviendo en lo poco, en lo ajeno en lo temporal, para luego ascender a lo mucho, a lo propio y a lo eterno.

Tanto la fidelidad como la lealtad son virtudes de personas espirituales. Dios dice en el profeta Malaquías, que *no seáis desleales en vuestros espíritus.*

David aprendió los aspectos básicos del servicio en "los rediles" de su padre. Practicó con ovejas antes de ser ascendido a cuidar de las personas. Pero, donde verdaderamente demostró el material de que estaba hecho, fue en su trato con Saúl su mentor y jefe al que a pesar de que en varias oportunidades este intentó matarlo, nunca lo tocó ni con el pétalo de una flor.

Algunas personas cuando abandonan una relación sea sentimental, de trabajo o de fe y cuando encuentran a alguien que conocía de ese vínculo, tratan de desacreditar al otro o a los otros, aduciendo cosas que denigran a la otra parte y le hacen lucir bien. Pero cuando le preguntan a la otra parte se descubre una maraña de malas conductas e infidelidades. Por eso los sabios siempre hablan bien de todas sus antiguas relaciones, para que no se descubra su propio pasado.

Seamos hoy amables con extraños, gentiles y tolerantes con personas difíciles de amar. Hagamos algo con lo que tenemos a mano mientras llega lo que estamos esperando.

PERLAS PARA CUERDOS. Diciembre 2

Génesis 4:26. *Y a Set también le nació un hijo, y llamó su nombre Enós. Entonces los hombres comenzaron a invocar el nombre de Jehová.*

El nombre *Enós* significa: "Hombre en su fragilidad"

Cuando el ser humano se da cuenta de sus limitaciones, debilidades y vulnerabilidad, entonces como *Enós*, comienza a invocar a Dios. Mientras está sano, enriquecido, y tranquilo se olvida del creador.

Por eso Dios no tiene problemas permitiendo que problemas invadan nuestra existencia para que volvamos nuestros ojos a Él, porque si no, somos como el caballo que sin frenos nos desbocamos.

Algunas personas que nos escriben o se acercan a nosotros para que oremos por algún ser querido que está en un hospital o en la cárcel a veces se muestran impacientes ante la falta de respuesta de Dios para sacarlos de esos lugares y siempre mi respuesta es la misma, muchas personas no aprenden hasta que han tocado fondo.

No son las cicatrices ajenas las que mejor hablan, sino las propias, esas son las que marcan y nos relatan una historia de valiente esfuerzo.

Al contemplar esta semana lo queremos hacer es invocar al todopoderoso Dios, para que nos guarde de todas las acechanzas del diablo; nos libre de hombres malos de mujeres impías y sobre todo de nosotros mismos y que nos permita ver todo lo que Dios tiene en reserva para nosotros.

Cancelamos toda operación de enfermedades de origen desconocido y de microbios que pululan en los aires y nos comprometemos a ser fieles a Dios, a los seres amados, y a cumplir el propósito al que hemos sido llamados. En el nombre de Jesús. Amén.

PERLAS PARA CUERDOS. Diciembre 3

*Él les dijo: Seguramente me citaréis este refrán: Médico, cú-
rate a ti mismo. Todo cuanto hemos oído que se ha hecho en
Capernaúm, hazlo también aquí en tu pueblo. Y añadió: En
verdad os digo que no hay profeta sin honra sino en su propia
tierra y entre los suyos.* **Lucas 4:23-24.**

Cuando se presentan esos momentos de crisis existenciales
profesionales, casi siempre nos preguntamos; ¿para qué es-
tudié o me hice de tal o cual carrera?

Pero, luego que hacemos una evaluación de los momentos
agradables y de las vidas que ayudamos, nos damos cuenta
que si volviéramos a comenzar, lo haríamos de nuevo; trope-
zaríamos con la misma piedra.

Eso es en cuanto a la persona misma, pero, muchas veces los
más cercanos no reconocen su trabajo, su valía y su esfuerzo. Eso
es ser profeta sin honra en su tierra o médico auto-medicándose.

A Jesús le sucedió eso, porque ni aún los suyos creían en Él,
pues pensaban que estaba fuera de sí. **Juan 10:20.**

Muchas veces ni el servicio ni los logros son reconocidos por
los nuestros, mientras que en otros admiran y aprecian sus
aportes, el servicio, el desprendimiento, los sacrificios.

Se magnifican con lupas las bendiciones económicas, los
errores, el status social, pero, ignoran voluntariamente los
desvelos, el precio emocional, el desgaste físico y el sacrificio
sentimental o familiar qué hay que pagar.

Mientras veía la nueva serie médica "The resident" en FOX,
escuché en el transcurso del capítulo estas expresiones que
les cito a continuación:

"La medicina no es practicada por Santos; es un negocio. Los
errores médicos son la tercera causa de muerte en los EUA
después del Cáncer y las enfermedades del corazón. Si fuera
fácil ser un doctor en medicina, todo el mundo fuera médico,
porque este es el mejor trabajo del mundo a pesar de todo y
por causa de todo"

Quiero reconocer y bendecir a todos aquellos seres que han
dado tanto y que han arriesgado su propia salud tratando de
prevenir, curar y rehabilitar la de otros a cambio de tan poco.
Nadie podrá pagar con dinero tus esfuerzos y sacrificios.

Y todo lo que hagáis, hacedlo de corazón, como para el Señor y no para los hombres" **Colosenses 3:23.**

Quiero recordarles lo que recibí por las redes de un animal y que nos sirva de ejemplo a los que quieren abandonar una causa justa o poner a un lado el talento y los dones dados por Dios.

El gallo canta aunque nadie lo anime ni se lo agradezca. En realidad, no espera que nadie lo haga.

A él no le importa que haya otros que lo hagan mejor.

No hay que pagarle, ni tiene agentes, ni espera que lo inviten, ni averigua si hay micrófonos ni cuánta es la audiencia que le va a escuchar.

El solo cumple fielmente con su llamado. "

Cuando abandonamos o dejamos de hacer las pequeñas cosas del diario vivir, poco a poco dejamos de servir y por tanto de existir.

Toma tiempo hoy para mover aquellas cositas que has postergado y que son un estorbo para lo grande que esperas.

Qué tal un gesto de amabilidad o gentileza en este día? Una palabra agradable que alumbre la vida de alguien sacándole una sonrisa

PERLAS PARA CUERDOS. Diciembre 5

2 Samuel 12:5, 7. *"Y se encendió la ira de David en gran manera contra aquel hombre, y dijo a Natán: Vive el Señor, que ciertamente el hombre que hizo esto merece morir; Entonces Natán dijo a David: Tú eres aquel hombre"*

La historia de donde hemos sacado ese extracto corresponde a la interacción que tuvo el profeta Natan con el Rey David en donde el primero le expone a David de un hombre que tenía muchos animales y de su vecino que tenía una sola ovejita y al primero le llegó visita y para atenderle tomo la única que tenía su vecino en vez de una de las suyas.

Ese verso fue la respuesta de David a Natan.

David había cometido un pecado al vivir con la mujer de uno de sus soldados mientras este estaba en el frente de batalla y de ese encuentro, hubo un embarazo. Y luego para ocultar sus hechos una serie de marañas que finalizaron con complot para poner al frente de batalla al fiel soldado para que muriera.

Creyó el rey que su pecado había quedado oculto a los ojos De Dios, pero Dios le demuestra que todo pecado no es contra su prójimo solamente sino contra la santidad de Dios.

Los apasionamientos hacen que se obvien los razonamientos. Cuando se es fanático, se condena a los que cojean de una pierna sin percatarse que son lisiados de ambas.

Alguien dijo: "Dime lo que atacas y te diré de lo que adoleces"

No miremos la paja en el ojo ajeno sin antes sacar la viga del ojo propio.

Hoy es un buen día para auto-examinarnos.

Gálatas 6:7. *No os engañéis; Dios no puede ser burlado; pues todo lo que el hombre siembre, eso también segará.*

La vida es un eco, todo lo que soltamos, nos volverá; es como un boomerang que vuelve a quien le lanzó.

Oigo y escucho a personas atribuirle a Dios, cosas desagradables y desgracias que afectan tanto a adultos malvados como a niños inocentes y eso es atribuirle despropósito a Dios que es bueno.

¡Qué interesante! Leí a alguien quejándose porque le habían traicionado. Pero pensé, ¿Será que no se acuerda que un momento dado también traicionó?

Tenemos un sentido muy alto de justicia cuando se trata de la ofensa de otros, pero un concepto magnificado de la misericordia cuando somos nosotros los que dañamos.

Amigos todo lo que se siembra en esta vida, se cosecha; y lo que no quieres que te hagan a tí, no lo hagas a otros. Esa es la regla de oro!

Una persona habla porque piensa, sus pensamientos revelan lo que es, y ambos [pensamientos y Ser] muestran su sistema de valores o creencia. Por eso cada vez que hablamos no solo mostramos lo que pensamos, sino nuestra fe y finalmente lo que Somos. **Proverbios 23:7; 2 Corintios 4:13.**

PERLAS PARA CUERDOS. Diciembre 7

Honra a tu padre y a tu madre, que es el primer mandamiento con promesa; para que te vaya bien, y seas de larga vida sobre la tierra. **Efesios 6:2-3**

Viendo el cariño y el esfuerzo de mi sobrina y sus cuñados en el cuidado de mi hermano mayor "Pascualito" quien fue trasladado desde Santiago, República Dominicana a New Jersey tras una operación de cadera por una caída, pensé en lo que decía el Salmista que es Bienaventurado el que se rodea de hijos.

Los padres están para formar a los hijos para que sean seres de bien, pero, luego es el deber de los hijos de cuidar a sus "Viejos" sin quejas.

Ese hombre a quien recuerdo fuerte, trabajador incansable y honesto, verlo tan vulnerable, me rompió el corazón.

Después que los hijos han crecido no deben depender de los padres, sino, que deben proveer para ellos. Cuando no lo hacen; de acuerdo al texto que hoy meditamos, les va mal y se les acorta la vida.

En estos días hay una gran vigilancia sobre el maltrato a los seres más vulnerables y ello no es solamente sobre los niños, mujeres y personas con necesidades especiales, sino contra los ancianos. Pero, la vigilancia más cercana contra esos abusos es desde el cielo, y siempre ha estado.

El buen trato y la honra a los padres no es simplemente con pedirle la bendición y hacer viejos chistes y contar viejas historias, sino, en tener cuidado de ellos para que no les falte nada.

PERLAS PARA CUERDOS. Diciembre 8

"Estando persuadido de esto, que el que comenzó en vosotros la buena obra, la perfeccionará hasta el día de Jesucristo..." **Filipenses 1:6.**

Hay una aplicación en mi ipad que deforma la apariencia natural de las personas. Mi nieto Samuel al verme desfigurado me dijo: Abuelo "you are scary" en otras palabras "metes miedo" y me puse a pensar que todo lo que se sale de lo natural de Dios, mete miedo.

A veces me veo a mi mismo en ciertas circunstancias y yo mismo me tengo miedo.

Pero, eso no me detiene y solo me anima para darme cuenta que en los momentos que la gente me alaba y ve mi mejor lado, se, que solo soy un producto sin terminar un trabajo "bajo construcción"

Siempre me gusta recordar que cuando la gente dice cosas buenas de nosotros, no debemos tomarlos muy en serio porque primero, las mismas personas que nos halagan no están esperando que nos lo creamos y segundo porque esos mismos que hoy te dicen "Hosanna" mañana gritarán "Crucifícale" como a Jesús.

Alguien dijo con mucha sabiduría: Cuando alguien diga algo bueno de ti, créele la mitad. Para que cuando diga algo malo de ti, también le creas la mitad. Recuerda eres una obra sin terminar, pero, el que comenzó la buena obra la terminará y eso ocurre a través de procesos que no son muy placenteros.

Salmos 92:12-14. *El justo florecerá como la palmera; Crecerá como el cedro en el Líbano. Plantados en la casa de Jehová, En los atrios de nuestro Dios florecerán. Aun en la vejez fructificarán; Estarán vigorosos y verdes,*

Nunca uses como verdad la mentira de que estás muy viejo para eso. La vejez es real pero en ocasiones puede ser subjetiva y producto de sueños postergados.

Nunca serás lo suficientemente viejo si tienes algo que te apasiona.

* Leonardo Da Vinci pintó la Mona Lisa a sus 51 años.

* El coronel Sanders a sus 61 años inauguró KFC.

* Nelson Mandela tenía 76 cuando se convirtió en presidente.

* Caleb tenía más de 85 años cuando conquistó Hebrón. Josué 14:10-12.

* Sara a los 90 años fue renovada y con su belleza atrajo la atención de un rey pagano y siendo estéril concibió de su amado esposo.

* Abraham se mantuvo creyendo y contra toda esperanza procreó a Isaac el hijo de la promesa a sus 100 años.

* Ana la profetiza hija de Fanuel tenía 84 de viuda después de haber vivido con su marido 7 años y no se apartaba del templo, sirviendo de noche y de día con ayunos y oraciones cuando recibió al mesías en sus manos.

Todavía crees que eres viejo.

Todo tiene su tiempo todo lo que se hace debajo del sol tiene su hora" **Eclesiastés 3:1.**

La vida es una sucesión de momentos. Los seres humanos tenemos una chispa de eternidad, y los momentos que vivimos es para cumplir de este lado del tiempo aquellas cosas que en la eternidad no tienen presencia.

No hay cosa que cause más tristeza y desconsuelo que algo fuera de su tiempo; Ver la lluvia caer trae paz o nostalgia, pero, fuera de su tiempo encuentra terrenos saturados provocando inundaciones.

Comer es bueno, pero, fuera de tiempo sobrecarga el organismo de grasa y viene el sobrepeso.

A todos nos gusta ser y tener cosas bellas, porque Dios todo lo hizo hermoso, pero, de nada nos sirve cuando la falta de alimento aqueja, como dijo el autor, con hambre, hasta la belleza cansa. En otras palabras, todo se afea cuando lo sacas de su tiempo.

Nuestro trabajo es estar a la expectativa porque no sabemos si hoy entra una nueva temporada para nosotros. Pidámosle a Dios que nos mantenga alerta, con los ojos abiertos y actitud positiva porque en cualquier momento alguien puede tocar a nuestra puerta y cuando abramos, sorpresa. Dios nos puede sorprender hoy con su bondad y abundancia.

PERLAS PARA CUERDOS. Diciembre 11

Jesús dijo: Mi tiempo no ha llegado, pero vuestro tiempo siempre es oportuno. **Juan 7:6.** *LBLA.*

Las oportunidades son Circunstancias favorables que se dan en un momento adecuado para hacer algo. También es Sazón, coyuntura, o conveniencia de tiempo y de lugar.

Las oportunidades son raras, se presentan de repente, en cuanto a tiempo son transitorias y si no se aprovechan quizás no vuelvan.

Abre tus ojos, porque hay una nueva estación entrando. Echa mano de ella, el resultado depende de Dios.

Cuando vengan las oportunidades, debemos estar dispuestos para aprovecharlas cada vez que se nos presenten.

El nuevo nacimiento es esa segunda oportunidad que se nos presenta a todos en la vida después de un estruendoso fracaso, pero son muy pocos los que la aprovechan. Solo Cristo quien resucitó de entre los muertos puede dar a los que le reciben ese chance de comenzar a vivir de nuevo.

Mientras tenemos aliento de vida hay esperanza. Siempre se puede comenzar de nuevo. Dios es Dios de nuevas oportunidades, aprovecha las que se te presentan este día.

Porque todos nuestros días marchan a su ocaso a causa de tu ira; Se acaban nuestros años como un suspiro. Los años de nuestra vida son setenta años; Y, en los más robustos, hasta ochenta años; Con todo, su fortaleza es molestia y trabajos, Porque pronto pasan, y volamos. **Salmos 90:9-10**

Uno de los más hermosos dones que Dios nos ha dado es poder apreciar nuestro tiempo y las temporadas que nos toca vivir.

Hacemos el ridículo cuándo actuamos fuera de la temporada que vivimos. Ayer me reí tanto con un amigo inconverso de la infancia con quien compartía porque hablábamos de ese tema me dijo: "Ay si Daniel, mira lo que me pasó mientras iba en un ascensor; entró una preciosa mujer y no sé de dónde le hice un avance sexual, y la dama me dijo: ¡Caballero; no haga eso, váyase a su casa y no pase vergüenza conmigo, porque suponga que yo aceptara su proposición, usted no tiene con qué responderme! ¡Yo lo único que le dije fue, es verdad, perdone mi frescura!

"Nuestros días marchan a su ocaso y pronto volamos" dice la palabra de Dios. Es de Sabios reconocer la brevedad de la vida y que pronto daremos cuenta al creador, de toda palabra que haya salido de nuestra boca, de toda acción y hasta de cada pensamiento.

Si tienes fuerzas, aprovecha ahora y dale lo mejor de ti a aquel que te dio lo mejor de sí aún cuando estabas distante. Jesús te dice, *el que a mí viene yo no le echo fuera"* Búscalo hoy y sírvele de todo corazón, con toda tu mente y todas tus fuerzas.

PERLAS PARA CUERDOS. Diciembre 13

Alumbrando los ojos de vuestro entendimiento, para que sepáis cuál es la esperanza a que él os ha llamado, y cuáles las riquezas de la gloria de su herencia en los santos" **Efesios 1:18.**

Tenía una persona a la cual atendía con regularidad y la cual tenía un hijito muy inquieto, el chamaquito era un terremoto, por donde pasaba nada quedaba igual y ella le decía "Me estás volviendo loca"

Un día ella lo estaba presionando para que hiciera algo y el chiquito le dijo; "¿Mami, te estás volviendo loca?

Con nuestras palabras podemos fecundar o con ellas podemos esterilizar. La lengua es un arma poderosa y puede ser usada para edificar, sanar, libertar, bendecir o para calumniar, destruir, enfermar, matar y maldecir.

Cuando una familia o comunidad tiene buen entendimiento y sus congregantes tienen una buena relación, es porque el velo del egoísmo y la indiferencia les ha sido quitado y tienen una buena identidad.

Cuando los componentes no son mantenidos por la esperanza que les dan el amor y el entendimiento del papel de cada uno, entonces para conservarlos hay que entretenerlos o meterles miedo, haciéndolos más esclavos que antes. "

Dios nos ha dado a todos dones hermosos y talentos para que los usemos para bien de nuestra vida en comunidad.

¡Usemos bien las palabras hoy!

En el amor no hay temor, sino que el perfecto amor echa fuera al temor; porque el temor conlleva en sí castigo, y el que teme, no ha sido perfeccionado en el amor. **1 Juan 4:18.**

Lo inverso del amor no es el odio, sino el temor, este por tanto es la ausencia de ese don perfecto.

El odio, es una multiplicación descontrolada y mal dirigida del amor por sí mismo; es como un cáncer.

Un Cáncer en los ojos puede ser glaucoma
Un Cáncer en la sangre podría ser Leucemia
Un Cáncer en los ganglios puede ser Linfoma.
Un Cáncer de la piel; Melanoma, pero
El Cáncer del alma; Es Envidia.

Alguien dijo que amor con amor se paga, pero, no es cierto, no hay con qué recompensar pequeños gestos o simples actos de amor.

El que amemos a alguien, no significa necesariamente que esa persona nos tenga que amar.

Si es cierto que el amor es simple, las personas somos complicadas y podemos mal interpretar el amor con ser egoístas y posesivos.

Desde pequeños al golpear y maltratar a los hijos se les hace creer que es por amor. Por eso es que los abusadores podrían mal interpretar los asesinatos con amor. Ya basta de violencia de géneros

Efesios 5:26-27. *Para santificarla, habiéndola purificado con el lavamiento del agua por la palabra, / a fin de presentarla él a sí mismo como una iglesia gloriosa, que no tenga mancha ni arruga ni cosa semejante, sino que sea santa y sin mancha.*

Yo no quiero vivir un cristianismo ocasional con una fe situacional. Esa clase de vida vive remendando cosas que se presentan; quiero ser parte de una iglesia transformacional, que sabe de dónde viene, para dónde va, cuál es su asignación, que se eleva más allá de las circunstancias y se adelanta a los acontecimientos.

Una iglesia que no pierde su tiempo en debates estériles al final de los cuales solo quedan pútridas heridas que se mantienen abiertas. Que se preocupa de cumplir su rol en cualquier sociedad que le toque vivir, es una iglesia que no necesita que indoctos ni personas que respiran por esas heridas la defiendan porque es columna y valuarte de la verdad y la verdad se defiende sola.

Usemos las palabras para edificar y no para destruir, purifiquemos y santifiquemos por la buena palabra a aquellos que amamos y queremos conservar. Solo una persona desquiciada pretende conservar y que otros valoren lo que ellos mismos devalúan con sus palabras.

Al final de cuenta si hermoseas a alguien con tus palabras es para presentártela a ti mismo sin manchas y sin arrugas. Por eso cuando alguien alaba a mi esposa porque se conserva muy bien yo les doy las gracias porque es un elogio para mí y un testimonio de que la trato bien.

Jesucristo es el mismo, ayer, y hoy, y por los siglos. **Hebreos 13:8.**

Nosotros quisiéramos un Dios que cambiara sus requerimientos cuando no nos convienen o su palabra cuando nos confronta.

Fui invitado a un conocido canal de TV para hablar de familia y el porqué de la desintegración de la misma en los últimos años, aparentemente la conductora del programa estaba leyendo uno de mis libros que habla del tema. Lo vi como una oportunidad para alcanzar a mayor cantidad de gente.

Cuando faltaba un día para el programa, me llamó la productora del mismo para darme las instrucciones de lugar. No podía hablar de la homosexualidad, ni de religión ni de pecado. No hay problema le dije, pero, cuando llego el día, me volvió a llamar para decirme que no debía mencionar a Dios ni a Jesús. Le dije; esa es la principal razón del deterioro social el intentar sacar a Dios y su palabra del hogar; búsquese a otro, le dije, donde mi Señor no puede entrar, yo no voy, porque El vive en mi!

No te dejes engañar. Algunos maestros errados enseñan que Dios se adapta, que cambia con los tiempos. Eso no es cierto! Dios es el mismo ayer, hoy y por siempre.

Un dios variable es producto de la imaginación de mentes corruptas para justificar su pecado. Escapa por tu vida, que eso se pega. Dios es santo y los que son sus hijos tienen su imagen porque tienen su mismo ADN.

PERLAS PARA CUERDOS. Diciembre 17

Filipenses 2:5. *"Haya, pues, en vosotros el mismo sentir que hubo también en Cristo Jesús..."*

La Biblia es una colección de libros escritos por hombres santos inspirados por Dios para que sirviera de guía a aquellos que le aman y le sirven, en otras palabras para los que tienen una relación con El.

Es un error aplicársela a quien no conoce a Dios, es como leer carta de amor ajena. A ellos les escribo hoy;

Declaro, a la única vida que le puedo decretar (la mía) que mis emociones están reguladas por la palabra de Dios. Que lo que otros piensen o digan de mí no me afectará.

Le quito toda autoridad a mis adversarios para usar mi pasado en mi contra y que pueda afectar mi futuro.

Confieso que mi ayer no existe, no hay memoria de Él, ha sido borrado, mi deuda fue cancelada y nada tengo que ver con ello. Yo sólo acepte la oferta gratuita de aquel de quién soy deudor.

Confirmo lo que mi padre Dios ha dicho de mí; que soy hijo amado, que todo estará bien porque estaré amparado bajo la sombra de su abrigo, que ninguna enfermedad, que ningún arma forjada contra mí, ni lo que lenguas malvadas puedan expresar, no prosperarán en mi vida, por tanto caminaré confiadamente de la mano de mi todopoderoso Padre. En el nombre de Jesús.

Así que, por sus frutos los conoceréis. No todo el que me dice: Señor, Señor, entrará en el reino de los cielos, sino el que hace la voluntad de mi Padre que está en los cielos. Muchos me dirán en aquel día: Señor, Señor, ¿no profetizamos en tu nombre, y en tu nombre echamos fuera demonios, y en tu nombre hicimos muchos milagros? Y entonces les diré claramente: Nunca os conocí; apartaos de mí, hacedores de iniquidad. **Mateo 7:20-23.**

El que creamos una cosa con mucha fe no la convierte en realidad.

Siempre escucho y leo a personas diciendo cosas semejantes y no son más que fantasías. Lo que se cumple cuando lo creemos es la Verdad, y la verdad es lo que Dios ha dicho en su palabra. Por ejemplo, cuántos de nosotros no hemos oído decir a personas bien intencionadas que Dios dice: "Ayúdate que yo te ayudaré" suena bonito y hasta espiritual, pero, solo tiene un problema; Dios no dijo eso en su palabra!

Yo se que todos hemos oído hablar del síndrome del avestruz, que cuando ve el peligro esconde la cabeza en la arena y piensa que como no ve el peligro, no existe; así también le pasa a quien ignora la palabra de Dios.

No basta con hablar de Dios y hasta citar algunas verdades, hay que dar frutos y los que dan frutos son los que están unidos a Él en una relación vital.

De nada nos sirve que hagamos cosas para Dios y en nombre de Dios si no tenemos su carácter.

Una de las cosas que los que le servimos al Señor atesoramos más, es la esperanza de un día estar con Él, en su presencia. Qué triste sería que después de haber dedicado una vida entera a proclamar su mensaje y ser servidores de Él, cuando llegue el final no nos dejen entrar a su morada eterna, porque no estamos en el registro.

PERLAS PARA CUERDOS. Diciembre 19

Mi pecado te declaré, y no encubrí mi iniquidad. Dije: Confesaré mis transgresiones a Jehová; Y tú perdonaste la maldad de mi pecado. Por esto orará a ti todo santo en el tiempo en que puedas ser hallado; Ciertamente en la inundación de muchas aguas no llegarán éstas a él. Tú eres mi refugio; me guardarás de la angustia; Con cánticos de liberación me rodearás. **Salmos 32:5-7.**

Ruego a Dios porque en los próximos días haya una secuencia de eventos soñados e inesperados. Que te sorprenda Dios y te encuentre al doblar una esquina y te pregunte: ¿Me llamabas?

Llene el Señor tu barca de aquellas cosas que inútilmente buscaste en la noche, pero que al llegar el día escuches su voz que te dice; !Es a la derecha!

Que el bien y la misericordia te persigan hasta que te den alcance.

Profetizo sobre tu vida que la sequía se acabó, que el invierno ya pasó, hoy escuchas la voz de tu amado Señor que como el canto de la tórtola en la primavera te invita a la intimidad.

Que descubras cosas ocultas para la mayoría pero perceptibles a tus sentidos espirituales; que cosas que ojo no vió ni oído oyó ni han subido a corazón de hombre sean las que Dios te revele porque te ama.

Declaro que personas desconocidas para ti te reconocerán porque te han visto en sus sueños y te dirán cosas que están preparadas y ellos han visto de ti y tu futuro, porque Dios no ha terminado su trabajo contigo.

Ah, y en los próximos meses serás irreconocible para gentes que te han tratado por mucho tiempo por el cambio que habrá en ti. Tómate una foto ahora, porque cuando Dios termine su trato contigo tu carácter será tu mejor testimonio de la grandeza de Dios.

PERLAS PARA CUERDOS. Diciembre 20

El ánimo del hombre le sostiene en su enfermedad; Más ¿quién sostendrá al animo angustiado? **Proverbios 18:14.**

Es conocido de muchos que hace tiempo la ciencia ha relacionado el desaliento y la depresión con la inmunodeficiencia o defensas bajas. Por el contrario un buen estado de ánimo estimula el sistema de defensas.

Al ver a uno de mis hermanos mayores en una sala de hospital después de un infarto en el apex, una pequeña hemorragia cerebral en el área de Broca, una caída con fractura de pelvis con su consecuente cirugía, al ver su actitud después de recibir varias sesiones de diálisis por falla renal; recordé lo fuerte que era cuando éramos jóvenes y cómo yo lo admiraba.

Pensé que en esta vida ante las situaciones adversas que se nos presentan, algunas detrás de otras, tenemos opciones:

-Ser víctimas y vivir quejándonos.

-Ser sobrevivientes y resignarnos.

-Ser vencedores de cualquier circunstancia y decirle "¿Ese es tu mejor golpe?"

-Ser conquistadores. Sabiendo que lo que para otros ha sido un diagnóstico de muerte, yo con mi fe en el Dios todopoderoso lo voy rebasar; porque soy más que vencedor.

Se ha demostrado ya por estudios estadísticos que las personas que oran y tienen fe, se recuperan más rápidamente que los que no. Eso se debe a que hay esperanza. Sin embargo a los deprimidos, no solo lo están del ánimo, sino de su sistema de defensas.

¿Y tú, Cuál será tú actitud hoy?

PERLAS PARA CUERDOS. Diciembre 21

Job 29:20. *Mi gloria se renueva en mí, Y mi arco se fortalece en mi mano.*

El ser humano fue diseñado con la capacidad de renovarse y eso comienza con renovar la mente, sigue con cambiar el lenguaje y tener mejor actitud.

Soy un hombre de fe y por tanto declaro que las cosas en realidad son diferentes a como las veo.

Asevero que la verdad es lo que Dios ha dicho y no lo que oyen mis oídos. Bendigo en un mundo lleno de quejas, de críticas, de lamentos y traiciones.

Confirmo que los mejores días están por delante y que lo mal vivido era solo parte de mi aprendizaje para que no me olvide de quién fue que me sacó del lodazal y me sentó con los príncipes de su pueblo. Me gozaré y disfrutaré de lo que tengo y confieso con mis labios-junto con el poeta-que si lo que espero no esperara, lo mismo que te quiero te quisiera"

Mientras estemos en la disposición de aprender nunca estaremos obsoletos. Renueva tu mente y estarás actualizado; renueva tus fuerzas como las águilas y estarás rejuvenecido, aprende nuevas cosas y nunca serás anticuado, haz hoy algo que no hacías ayer y nunca caerás en desuso.

Que tus descendientes y discípulos te imiten pero nunca te igualen porque nunca te hayas detenido. Que puedas decir junto al patriarca: "En mi nido moriré, Y como arena multiplicaré mis días. / Mi raíz está al alcance de las aguas, Y en mis ramas se posa el rocío. **Job 29:18-19.**

Gálatas 2:18. *Porque si las cosas que antes destruí, las mismas vuelvo a edificar transgresor me hago.*

Ya sabemos que una de las diferencias entre una oveja y un cerdo es que la oveja puede caer en el lodo pero no se queda allí, el puerco se goza en el muladar.

En algunas oportunidades nos comportamos como tales al volver a deleitarnos en las cosas de las cuales hemos salido.

Muchas veces tratando de corregir nuestra imagen por lo que otros piensan de nosotros, volvemos a costumbres que ya habíamos superado y añadimos a nuestras vidas preocupación, temor, dolor y miseria.

No pasemos nuestro corto tiempo tratando de vivir la vida que otros nos asignan y no dejemos de ser nosotros mismos para convertirnos en imitaciones por las opiniones de insatisfechos consigo mismos que tratan de vivir sus vidas con las nuestras.

Si en vez de acallar la opinión ajena, nos hacemos eco de ella por nuestro comportamiento, acortamos nuestra existencia por algo que no somos ni fuimos llamados a tener.

Cuando nos vemos al espejo, ¿qué refleja? ¿La imagen nuestra o un falso yo que ni el mismo Señor reconoce?

¡Seamos originales, genuinos, auténticos!

Paz a vosotros

PERLAS PARA CUERDOS. Diciembre 23

El ángel les dijo: Dejad de temer, porque os traigo buenas noticias de gran gozo, que lo será para todo el pueblo; que os ha nacido hoy, en la ciudad de David, un Salvador, que es Cristo el Señor. **Lucas 2:10-11.**

Ya hemos explicado que cuando el hombre pecó originalmente aparecieron una serie de sentimientos que no estaban en su formación.

Entre ellos está el temor. También dijimos que el temor es lo opuesto al amor, y que cuando llega uno el otro se va, no pueden coexistir. También sabemos que la venida de Jesús a la tierra es para traer buenas noticias de salvación.

Pero en estas fechas donde se supone que la gente debe tener paz, estar llenos de gozo y disfrutar del mensaje de esperanza, es contradictoriamente la temporada donde más se deprime la gente y se quitan la vida.

Todo por el mercantilismo, porque se ha comercializado tanto la fecha que si alguien no tiene lo que los otros tienen, ni pueden ir donde los otros van, entonces de deprimen.

Yo desde que conocí al Señor me he propuesto, no permitir a mi esposa cocinar, ni compramos ropas nuevas ni regalos para la ocasión, para darle por la cabeza al sincretismo de la fecha.

Recuerda que La muerte no es la solución a nuestras deficiencias y carencias; es solo el capítulo final de un libro que no hemos tenido el tiempo para leer por completo.

El mejor regalo que puedas recibir es a Jesús como salvador, el más hermoso mensaje es; nos ha nacido un Salvador que es Cristo el Señor.

Porque un niño nos ha nacido, un hijo nos es dado, y el principado sobre su hombro; y se llamará su nombre: Admirable, Consejero, Dios fuerte, Padre eterno, Príncipe de paz. **Isaías 9:6.**

El mensaje de la navidad es muy sencillo, lo mejor del mundo no es dado, vea que no fue comprado, para que ninguna religión ni secta se quiera apropiar de Él.

Jesús nació en un establo, fue colocado en un pesebre pero no se quedó allí respirando la maloliente fragancia de las ovejas.

Jesús murió por ti en una cruz, para que con su muerte tú puedas vivir. El fue crucificado, pero, no se quedó en la cruz, ni en la tumba para que vivas en melancolía con cara de viernes santo; sino que resucitó y está sentado a la diestra del Padre, para que te goces en sus conquistas, si es que le has aceptado como Salvador y Señor de tu vida.

La clase de vida que llevas honra o no ese sacrificio. Tú decides: O vives como víctima lamentándote y llorando por lo que no tienes o agradecido(a) celebrando por lo que sí tienes.

Si no has aceptado el regalo de Dios, hoy es un buen día para hacerlo. Si no lo has hecho, te invito a que lo recibas en tu corazón y si ya lo hiciste; ¡celebra!

Hoy es día de celebrar a Cristo en el culto racional de gratitud de cualquier día de la semana.

PERLAS PARA CUERDOS. Diciembre 25

Lucas 2:14. *¡Gloria a Dios en las alturas; Y en la tierra paz; buena voluntad para con los hombres!*

Permítanme comenzar esta reflexión navideña con un pequeño análisis lógico: "Nadie puede dar lo que no tiene" En días como estos mucha gente nos desea paz, pero, si ellos mismos no tienen paz, eso que nos desean se queda en eso; un buen deseo. Por eso, Jesús dijo: "La paz os dejo, mi paz os doy, no como el mundo la da yo os la doy.

La paz no es un simple concepto abstracto, sino que es una persona, la palabra que en el nuevo testamento se usa para paz en el idioma original, tiene una raíz que implica 'Estar a una con" "Estar en armonía, de acuerdo con".

No puede haber paz sin estar a una con Dios y su palabra. Lo demás es secuela de esa deficiencia. Para que el mensaje evangélico navideño sea real en nuestras vidas, debemos tener al príncipe de paz gobernando nuestro ser.

Si queremos tener paz debemos tener a aquel que dijo: "La paz os dejo, mi paz os doy"

El tipo más hermoso que encuentro en el antiguo testamento de un padre guerrero y un hijo pacífico, es David, el rey de Israel, quien fue un guerrero y llenó sus manos de sangre, para que su heredero Salomón no tuviera que pelear, sino que reinara en paz y así fue. ¿Sabes lo que significa Salomón? Pacífico! Asimismo, Jesús sufrió la violencia de los malvados y de la injusticia para que sus seguidores vivieran en paz. La paz es un fruto de la vida cristiana. Si eres creyente y no la tienes, alguien te está robando tu cosecha

PERLAS PARA CUERDOS. Diciembre 26

Les decía también: ¡Qué bien dejáis a un lado el mandamiento de Dios, para conservar vuestra tradición! **Marcos 7:9.**

La palabra tradición en el lenguaje original viene de *paradidōmi* que es una palabra compuesta y que traduce transmisión y literalmente traer de atrás y en latín del verbo *tradere*, que significa entregar.

Quiere decir entonces que tradición es lo que nuestros antepasados nos han entregado. La tradición nos sirve para conservar lo que nuestros antepasados han aprendido y en ese sentido es buena.

Pero, muchas veces en la Biblia la encontramos como algo negativo, porque la misma se opone a lo que Dios ha dicho, y no importa cuán bonito o simpático o "cool" parezca, al final es para destrucción de nuestras vidas.

La Navidad de acuerdo a la tradición es una festividad para disfrutar, embriagarse y juntarse en familias y donde los excesos son permitidos.

Pero, si lo vemos desde la perspectiva Bíblica debería ser un tiempo de gozo sí, pero de reflexión porque representa la Gracia que Jesus con su nacimiento nos trajo a la humanidad. Pues, siendo malos, Dios nos da el regalo de la vida, a los que lo quieran.

En esta fecha, las familias se reúnen y comen juntas muchas cosas, con abundancia y diferentes a las que usualmente disfrutan. Unos la celebran, algunos la ignoran, otros la critican o simplemente no creen.

La celebración o no, no nos hace más ni menos cristianos. Pero, no deberíamos dejar que los que no tienen ni idea de lo que significa ni representa, distorsionen lo que tú y yo hemos recibido, es como si dejáramos a otros celebrar nuestro aniversario de bodas. Eso sí, si lo hacemos, "cualquier cosa que hagáis hacedlo como para el Señor.

PERLAS PARA CUERDOS. Diciembre 27

Os aseguro, hermanos, por la gloria que de vosotros tengo en nuestro Señor Jesucristo, que cada día muero. **1 Corintios 15:31.**

Esta expresión la dijo el apóstol Pablo, tratando de explicar la realidad y su esperanza en la resurrección de entre los muertos. Como abogado que era, presenta su mejor argumento para dicho fin.

Vivir es morir un poco cada día. De pronto nos damos cuenta que los años han pasado y que dejan su marca, Se van los hijos, Bajan los niveles hormonales y llegan las andro y la menopausia; se va la visita mensual que nadie quería, se caen los cabellos, los dientes y muchas cosas se caen.

Se pierden relaciones, posiciones, y cosas que antes eran estables pierden su firmeza. Cosas y trabajos, en los cuales habíamos depositado la confianza y seguridad se alejan para nunca más volver; en fin, desde que uno nace comienza a morir poco a poco y todo depende de cada uno de nosotros de cómo enfrentaremos ese momento.

Quizás lo haremos Como Simeón diciendo "Despide a tu siervo en paz" O cómo Joab aferrado a los cuernos del altar.

Recuerda vamos a morir como hemos vivido.

Quiero invitarte a la más hermosa experiencia que jamás hayas vivido. A amar sin esperar nada a cambio. A perderte en esa otra persona de tal manera que no puedas encontrarte fuera de ella. A salirte de ti para encontrar el propio yo en el ser que se ama; en el objeto de ese amor.

Después que partieron ellos, he aquí que un ángel del Señor se apareció en sueños a José y dijo: Levántate, toma al niño y a su madre, y huye a Egipto, y permanece allí hasta que yo te diga; porque acontecerá que Herodes buscará al niño para matarlo. **Mateo 2:13.**

Inocencia en el cristianismo, según el diccionario, es el Estado de las personas antes del pecado original, que se hallan libres de culpa o pecado.

Hay otra acepción de inocencia que es el "Estado y actitud del que no tiene mala intención, malicia o picardía"

En la acepción jurídica es la ausencia de culpabilidad en un hecho o delito.

Hoy se celebra en nuestros países el día de los Santos inocentes en conmemoración de la matanza de niños que ordenó Herodes para infructuosamente intentar quitarle la vida al niño que había nacido y que los sabios que vinieron del oriente identificaron como el "Rey de los Judios que ha nacido"

Algunos aprovechan para hacerle bromas y "engañar" con noticias falsas a los incautos. Es como el "April's fool" de EUA.

Pero lo que quiero decirle que delante de Dios no hay inocencia pura porque todos nacemos siendo pecadores. Los niños, solo no tienen conciencia de pecado. Por eso es tan importante la instrucción a nuestros niños, para que aprendan a hacer el bien aún teniendo una naturaleza de maldad.

En mi infancia, los adultos decían a los niños traviesos; A ese muchacho le retoña la maldad"

PERLAS PARA CUERDOS. Diciembre 29

Fortaleceos en el Señor y en el poder de su fuerza. **Efesios 6:10.**

Cuando pensemos que ya no podemos más con una situación, es tiempo de darle la oportunidad a Dios para que El lo haga en y por nosotros. La mayor dificultad que Dios encuentra no son nuestros problemas, sino nuestra voluntad.

Las limitaciones no nos debilitan cómo podrían pensar los explotadores que buscan nuestras zonas álgidas, para aprovecharse de nosotros; por el contrario, ellas nos permiten levantarnos de nuestras zonas de confort y al final, siendo probados, salir fortalecidos.

Recuerda lo que dijo el poeta: *"Las tempestades prueban las almas y las hacen fuertes"*

Hay multitudes de personas que nacieron con desventajas físicas que han aprovechado esas circunstancias para salir adelante y hoy andan por el mundo entero diciéndole a los que están "completos" que sí se puede salir adelante, y que las mayores deficiencias que tenemos los seres humanos radican en la parte más profundas del ser y no en lo visible solamente.

El espíritu humano es capaz de sobreponerse a cualquier desgracia y sacar lo mejor de ello. Por tanto, en este día es tiempo de poner a un lado la queja por cosas triviales y pasajeras, para enfocarnos en las que si importan y son eternas.

Siempre recuerdo una vieja estrofa que decía, me quejé porque no tenía zapatos hasta que vi a alguien que no tenía pies.

Al llegar Jesús a la región de Cesarea de Filipo, preguntó a sus discípulos, diciendo: ¿Quién dicen los hombres que es el Hijo del Hombre? Él les dijo: Y vosotros, ¿quién decís que soy yo? **Mateo 16:13, 15.**

Al finalizar un año más, y mirar al futuro es bueno meditar en lo que nos resta del camino. Casi siempre, analizamos lo que logramos y evaluamos lo que nos faltó.

En los EUA a diferencia de algunos países Latinoamericanos, los que han dirigido los destinos de la nación no pueden volver a hacerlo después de 2 periodos y dedican su tiempo y energías a preservar lo que ellos lograron y para ello levantan museos en donde archivan su historia

Hoy, como en muchas ocasiones, he pensado en lo que dirá de mi la gente cuando ya no esté, o mis días de liderazgo hayan terminado; eso me sirve de auto-evaluación, para lo que pienso hacer el año que entra.

Hoy al pensar en lo que está adelante amanecí pensando en qué yo quiero que digan de mi cuando ya no esté. Vino a mí una expresión que usó Pablo al escribir a los Corintios; "Yo recibí del Señor, lo que también os he enseñado" Eso quiero que sea mi mayor legado y lo que quisiera que piensen de mi los que Dios me ha asignado para formar como discípulos.

Al final de cuentas, a este mundo nada hemos traído y sin lugar a dudas nada podremos sacar. Nos pasamos toda una vida ahorrando para tener algo durante los años no productivos, para luego darnos cuenta que no lo podremos disfrutar. Con razón decía Salomón "Todo es vanidad en esta vida"

PERLAS PARA CUERDOS. Diciembre 31

Filipenses 3:13b. *Olvidando lo que queda atrás y extendiéndonos a lo que está adelante, prosigo a la meta.*

De acuerdo a nuestro calendario Gregoriano un año termina y otro se iniciará en una hora. Una nueva temporada que nos trae nuevas oportunidades de comenzar de cero.

Es tiempo de celebración por las memorias de las triunfos obtenidos en ese lapso y de reflexión para enmendar las cosas que pudimos hacer mejor.

Quiero declarar que por causa de la unción; volverás a ser bendición, y a recuperar el dominio de tu territorio y todo lo que el diablo te ha robado te lo tendrá que devolver con intereses.

Habrá nuevas experiencias, otras conexiones, tu reto será experimentarlas desde la perspectiva de la victoria y rechazar el viejo modelo del fracaso.

Tengo una buena noticia para tí y es que tú tienes el poder -dado por Dios- para tomar una decisión que marcará favorablemente tu vida para siempre y volverás a ser bendición, y a recuperar el dominio de tu territorio y todo lo que el diablo te ha robado te lo tendrá que devolver con intereses.

Hemos estado todo un año escarbando para encontrar el tesoro, golpeando para sacar el agua, esforzándonos para dar lo mejor de nosotros.

No hemos sido cerdos que pisotean las perlas, las hemos usado y las hemos lucido y otros se darán cuenta que somos cuerdos porque hemos reflexionado antes de tomar decisiones. Otro año comienza mañana y lo haremos de la misma manera que el que termina, con expectativa confiada en nuestro Señor quién nos depara en su gracia un futuro más excelente.

Otros Libros Por El Autor
Para ordenar otros libros
Comuníquese al
Tel: 973-274-0995
o escriba
office@cccalvario.com / cccnewark.com

Viviendo La Vida
En Familia.

El Taller Del
Maestro.

La Salida.

La Iglesia Como
Agente De Cambio.

Virgen, Vida Y
Milagros.

El Justo Por Su
Fe Vivira.

El Héroe
que hay en Ti.